"十二五"职业教育国家规划教材

经全国职业教育教材审定委员会审定·修订版

高等职业教育高水平专业群创新系列教材·汽车类

汽车售后 活页工单式 服务管理（第4版）

主　编　赵晓宛　初宏伟

副主编　徐广琳　徐　磊

北京理工大学出版社

BEIJING INSTITUTE OF TECHNOLOGY PRESS

内容简介

《汽车售后服务管理（第4版）》从汽车售后服务的实际情况出发，以汽车售后服务管理岗位的典型工作任务为载体，用情境导入的方式对汽车售后服务管理各方面工作进行了详细的介绍。本教材以提高客户满意度为中心，针对特约经销商售后服务相关岗位的核心业务如服务接待、备件管理和索赔管理等内容加以重点介绍，同时介绍了特约经销商内部机构设置、人员岗位设置及内部管理等相关知识，便于将来在汽车服务顾问、备件管理员、索赔员等岗位实习、就业的学生学习掌握相关的职业知识，具备相关的职业能力和素养。本教材还介绍了特约经销商其他业务内容，如销售、二手车、保险与理赔等，为学生在以后的汽车销售和汽车后市场岗位群发展打下知识基础。为了满足在特约经销商工作的职业院校学生和其他从业人员的多元发展需求，本教材还编入了汽车售后服务领域创业内容。

本教材内容从高等职业教育改革的实际出发，紧密联系企业实际，注重突出针对性和实用性。可供高职高专汽车运用与维修类专业教学使用，也可以作为相关行业企业岗位培训用教材，同时还可供汽车售后服务及管理人员学习与参考。

版权专有　侵权必究

图书在版编目（CIP）数据

汽车售后服务管理 / 赵晓宛，初宏伟主编. —4版.
--北京：北京理工大学出版社，2021.11
　ISBN 978-7-5763-0635-4

Ⅰ. ①汽… Ⅱ. ①赵… ②初… Ⅲ. ①汽车-售后服务-教材　Ⅳ. ①F407.471.5

中国版本图书馆CIP数据核字（2021）第222386号

出版发行 /	北京理工大学出版社有限责任公司
社　　址 /	北京市海淀区中关村南大街5号
邮　　编 /	100081
电　　话 /	（010）68914775（总编室）
	（010）82562903（教材售后服务热线）
	（010）68944723（其他图书服务热线）
网　　址 /	http：//www.bitpress.com.cn
经　　销 /	全国各地新华书店
印　　刷 /	河北盛世彩捷印刷有限公司
开　　本 /	787毫米×1092毫米　1/16
印　　张 /	20
字　　数 /	443千字
版　　次 /	2021年11月第4版　2021年11月第1次印刷
定　　价 /	58.00元

责任编辑 / 封　雪
文案编辑 / 封　雪
责任校对 / 刘亚男
责任印制 / 李志强

图书出现印装质量问题，请拨打售后服务热线，本社负责调换

前　言

随着汽车越来越多地走进家庭，汽车消费结构发生了根本性变化，消费者需求越来越多样化，汽车特约经销商（4S 店）目前仍然是我国汽车销售市场和维修服务市场的重要力量，作为维系客户忠诚度和品牌口碑不可或缺的汽车售后服务，已经成为汽车企业乃至整个汽车行业可持续发展的重要组成部分。

汽车售后服务作为维系车主关系和提升用户满意度的重要指标，也日益受到企业的普遍重视，在推出各具特色的服务品牌与服务内容的同时，也增设了很多人性化的售后服务措施与客户关怀项目，为用户车辆的维修保养提供了极大的便利。现实情况表明，进一步提升汽车企业对售后服务的认识与重视程度，进一步规范企业的售后服务行为非常必要，特约经销商经过多年发展，在服务培训、服务意识等影响服务质量的关键因素方面仍有进一步改进的需要。

《汽车售后服务管理（第 4 版）》从汽车售后服务的实际情况出发，以汽车售后服务管理岗位的典型工作内容为载体，用情境导入的方式对汽车售后服务管理工作进行了详细的介绍。本教材以提高客户满意度为中心，针对特约经销商售后服务相关岗位的核心业务如服务接待、备件管理和索赔管理等内容加以重点介绍，同时介绍了特约经销商内部机构设置、人员岗位设置及内部管理等相关知识，便于将来在汽车服务顾问、备件管理员、索赔员等岗位实习、就业的学生学习掌握相关的职业知识，具备相关的职业能力和素养。本教材还介绍了特约经销商其他业务内容，如销售、二手车、保险与理赔等，为学生在以后的汽车销售和汽车后市场岗位群多元发展打下知识基础。为了满足在特约经销商工作的职业院校学生和其他从业人员的多元发展需求，本教材还编入了拓展模块——汽车售后服务领域创业，希望能为这部分人员提供借鉴。

为更好地全面培养学生的职业素养和职业能力，教材的各个模块融入了很多课程思政元素和"1+X"职业资格认证元素；还配备了大量学习任务单和工作任务单，方便教师组织教学；新增加了相关视频、动画、图片和文档，能够丰富教学表现形式。以上内容均能通过扫描教材内的二维码阅读和使用。

本书编写分工如下，赵晓宛编写模块4和拓展模块；初宏伟编写模块5、模块6和模块7；徐广琳编写模块1、模块2、模块3和模块8；徐磊编写绪论。参加编写的人员还有田丰福、孙凤双、石庆国、李梦雪、谢丹、叶鹏、崔艳宇、刘颖楠、毕方英、彭敏。

由于编者水平有限、时间仓促，书中难免有错误和不妥之处，恳请读者批评指正。

编 者

目 录

绪论 ··· 1

模块 1　特约经销商基础知识 ·· 9
　　任务 1　特约经销商概述 ··· 10
　　任务 2　经销商的组织机构与人员管理 ······································ 14

模块 2　服务接待 ·· 27
　　任务 1　服务接待岗位概述 ·· 28
　　任务 2　汽车售后服务流程 ·· 31
　　任务 3　服务接待礼仪 ·· 54
　　任务 4　处理客户投诉 ·· 61

模块 3　车间修理 ·· 73
　　任务 1　车间修理岗位 ·· 74
　　任务 2　车间修理类型 ·· 78
　　任务 3　车间修理管理 ·· 89

模块 4　备件管理 ·· 95
　　任务 1　备件相关岗位概述 ·· 96
　　任务 2　备件的订货管理 ··· 99
　　任务 3　备件的库房管理 ·· 108

模块 5　索赔管理 ·· 117
　　任务 1　汽车产品的"三包"规定及汽车召回 ····························· 118
　　任务 2　索赔管理与索赔员岗位 ··· 129

　　任务3　索赔条例 132
　　任务4　索赔程序 136
　　任务5　索赔件管理 149
　　案例解析——客户索赔的案例处理 153
　　模块实操考核——完成零件索赔 157

模块6　车间内部管理 159
　　任务1　人力资源管理 160
　　任务2　培训管理 167
　　任务3　专用工具、设备、资料管理 177
　　任务4　信息管理与计算机网络管理 186
　　案例解析——经销商内部培训实施案例 194
　　模块实操考核——组织一场校园招聘会 196

模块7　客户满意度管理 199
　　任务1　客户服务体系概述 200
　　任务2　提高客户满意度的流程 214
　　任务3　一次修复率对客户满意度的影响 225
　　任务4　提高客户感受与客户满意度 230
　　任务5　提高服务意识与客户满意度 235
　　案例解析——一次修复率的提升 242
　　模块实操考核——沟通技巧运用 245

模块8　特约经销商其他业务 247
　　任务1　销售业务 248
　　任务2　二手车业务 265
　　任务3　保险理赔业务 271
　　任务4　汽车美容与装饰 279

拓展模块　汽车售后服务领域创业 287
　　任务1　经营战略制定 288
　　任务2　汽车售后服务企业形象识别系统战略 297
　　任务3　汽车售后服务企业经营战略落实 302
　　案例解析——制定加盟某汽车维修连锁品牌的计划书 307

参考文献 312

绪 论

全球汽车工业经过 100 多年的发展已经步入了稳定发展的成熟期，产销量增长平稳，而且已经成为世界各国重要的经济支柱之一。近十多年来，我国汽车市场进入了快速发展期，汽车保有量已达到两亿多辆，需求量也逐渐趋于饱和状态。自 2018 年开始"遇冷"后，消费主力减少，而且随着高铁线路网的扩散以及受城市限牌等因素的影响，汽车销量进入低迷状态。

一、汽车产销量及售后市场情况概述

1. 汽车产销量分析

2018 年，全球汽车销量结束了连续 7 年的上涨，中国的汽车市场产销量也出现了轻微的下滑。根据汽车工业协会提供的数据显示，自 2018 年开始，我国汽车产销量处于逐年下滑趋势。

如图 0-1 所示，与 2019 年相比，2020 年我国汽车产销量分别下滑了 22.27% 和 21.70%，为近五年来汽车产销量降幅最大的一年，主要原因在于 2020 年新冠肺炎疫情导致经济下滑，人们的购买力下降，致使汽车行业在 2020 年产销量大幅下降。

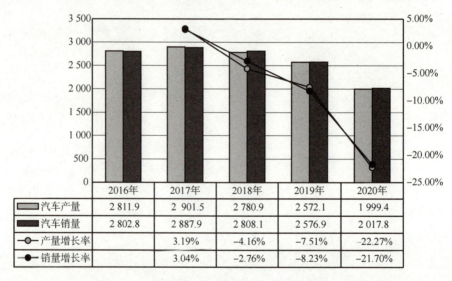

图 0-1　2016—2020 年我国汽车产销量及增长率分析

虽然最近几年的汽车产销量出现了下滑，但我国汽车产销量已经连续 11 年稳居世界首位，而且汽车保有量数字也比较庞大。正是这些每年居世界首位的产销量和数字庞大的保有量，使我国的汽车售后市场规模超过 1.2 万亿元。

2. 汽车售后市场行业概述

我国汽车售后市场在 20 世纪 90 年代才萌芽，相比其他国家起步较晚。随着国外 4S 店模式和国际连锁汽修企业的进入，我国汽车售后市场迎来了发展机遇。

从市场渠道方面来看，2019 年我国汽车售后市场渠道以 4S 店为主，占渠道总比例的 46%，线上电商渠道合计占 50%（自营汽车电商占 29%，导流平台占 13%，综合电商占 8%），传统门店渠道仅占 4%。2019 年，我国汽车售后市场渠道占比情况如图 0-2 所示。

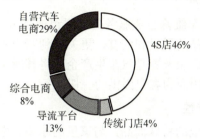

图 0-2　2019 年我国汽车后市场渠道占比情况

3. 汽车售后市场行业现状分析

汽车售后市场规模与汽车保有量及车龄紧密相关，汽车保有量越大、车龄时间越长，汽车售后市场的需求量越大。据公安部交管局最新统计数据显示，2020 年 9 月，我国汽车保有量已经达到了 2.75 亿辆，市场依然有增长的潜力，因此为售后市场发展带来了广阔的空间。2012—2020 年 9 月我国汽车保有量情况统计如图 0-3 所示。

图 0-3　2012—2020 年 9 月我国汽车保有量情况统计

随着人们生活水平的提高，汽车保有量的逐年增加，汽车售后市场的各类服务正在飞速发展，市场需求巨大。有数据显示，2019 年，我国汽车售后市场行业规模已经达到了 13 327 亿元，同比增长 11.47%，2020 年已经达到 14 350 亿元。2012—2020 年我国汽车市场行业规模及增速如图 0-4 所示。

图 0-4　2012—2020 年我国汽车市场行业规模及增速

二、认识汽车售后服务

汽车售后服务是现代汽车维修企业服务的重要组成部分。做好汽车的售后服务工作，不仅关系到汽车生产企业产品的质量和信誉，更关系到客户的满意度和忠诚度。那么什么是汽车售后服务呢？汽车售后服务就是汽车生产企业将其所生产的汽车作为商品销售出去后，为了保证其能够正常使用而为客户提供的一切服务。

1. 汽车售后服务的特殊性

汽车是由上万个零件组成的特殊商品，与家里的冰箱、电视等不同，大部分情况下处于动态和复杂多变的环境中，因此对可靠性、安全性的要求很高。由于汽车是靠运动实现功能的，因此道路状况、气候条件、驾驶习惯、使用频率、自然磨损、老化等都会对汽车的性能、整车和部件的使用寿命产生影响。这就决定了汽车必须根据行驶里程和时间定期进行维修和保养，这也体现出汽车售后服务的特殊性。

2. 汽车售后服务的作用

车主买汽车就是作为代步工具，所以各个汽车生产企业必须要确保汽车能正常使用。汽车生产企业为车主提供售后服务的目的主要有3点：

（1）确保汽车性能的正常发挥：车主在使用汽车的过程中，难免会出现一些问题，这些问题可能是因为操作失误、发生交通事故、汽车零部件到了生命周期等多种原因产生的，这些都决定了汽车生产企业要为客户提供售后服务工作。

（2）维护客户和发展客户：汽车生产企业只有为客户提供优质的、全方位的售后服务，让客户满意，才能维护住老客户，借助老客户的信任，帮助自己发展新客户。

（3）收集市场和客户的信息：汽车生产企业通过品牌经销商为客户提供售后服务的过程，可以收集到各种信息，包括质量担保期内的零件或者整车质量问题、某些故障的维修频次等，然后改进生产工艺、工艺设计、物流管理等多方面的工作。

三、汽车售后服务的现状

1. 汽车售后服务市场总体情况

2016年，中国汽车售后服务市场规模为8 500亿元，美国为3 506.7亿美元，是中国的2.74倍，但从市场增速来看，中国的市场增速远高于美国，这说明两国的市场规模（图0-5）差距正在逐步缩小。

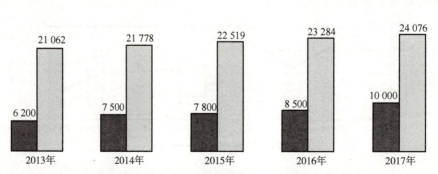

图0-5 中美两国汽车售后市场规模对比

中美两国的授权、非授权体系对整个汽车售后服务市场占比情况不同。中国售后维修企业共有46万家，其中特约经销商约2.8万家，非授权企业为43.3万家，从业人数近400万人。授权体系售后产值占总体售后产值的60%。美国售后维修企业57万家，其中特约经销商约1.7万家，授权体系售后产值仅占总体售后产值的31.2%。美国独立体系市场占有比较大的市场份额，非授权体系市场份额达到68.8%。

从单店数据来看，中国单店的售后产值平均为1 900万元，也就是说，从最大的店来说，最好的店达到2亿元、3亿元，但是平均水平只有近2 000万，是美国的50%。

2. 特约经销商售后服务业务情况

利润结构方面，中美两国的授权汽车经销商售后利润结构（图0-6）有一定的差距。近年来，美国经销商对新车利润的依赖程度已经下降至20%以下，而我国经销商的利润来源依然有近30%来自新车。

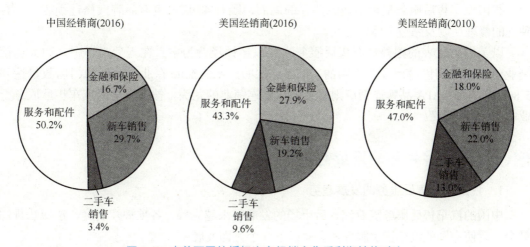

图0-6　中美两国的授权汽车经销商售后利润结构对比

从售后服务收入方面分析，美国500强经销商中，有71.80%售后利润为0.5亿～1.5亿美元，如图0-7所示。

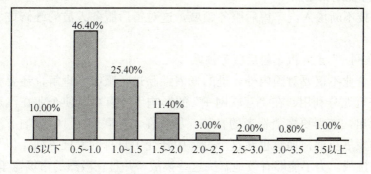

图0-7　美国500强经销商售后收入分布

在我国经销商售后业务中，43%的收入来自车险理赔业务，事故车维修占比较高；而在美国喷漆业务收入占比仅有7%（图0-8），售后业务对钣喷的依赖度远低于我国经销商。

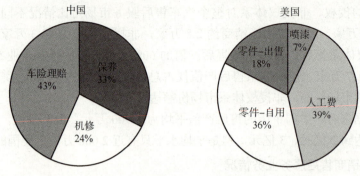

图0-8 中美经销商售后服务业务利润分布

3. 汽车售后服务模式

我国汽车售后服务呈现多模式并存的局面,既有4S店,也有品牌汽修连锁店,还有独立的修理厂以及路边个体汽修店。

以美国为代表的国外汽车售后服务主要以连锁经营为主。在售后市场中,四大连锁企业份额占美国售后市场总份额的15.2%。例如,AutoZone在北美地区的门店数量达到5 806家,而NAPA品牌连锁店则是美国汽修连锁业的龙头,被誉为美国汽车售后服务行业中的"麦当劳"。

四、汽车售后服务的发展趋势

1. 我国汽车售后服务的发展趋势

中国的汽车售后服务随着汽车后市场的发展越来越完善,各项规章制度、法律法规的健全,促使中国的汽车售后服务业会向以下3个方面发展:

(1)逐渐趋向于品牌化经营,这里的品牌化不一定都指4S店,也可以是连锁经营的修理厂。

(2)车主的观念发生了变化,汽车以保养为主,保养做得好,减少了维修的次数,把可能出现的故障扼杀在起点。

(3)高科技不断渗入汽车售后服务领域,这对售后服务人员的维修技术提出了更高的要求。

(4)"互联网+"走入汽车售后服务领域。

汽车生产企业不仅要对国内外先进的发展经验进行吸收和理解,还要积极地将自身的发展优势进行充分利用,在"互联网+"的影响下才有可能使企业在汽车后市场服务行业中脱颖而出,获得更多消费者的青睐。尽管在"互联网+"的影响下汽车售后服务企业有了新的发展机遇,而且也在这个过程中转变了自身的发展方向,但与机遇伴随而生的是更多的挑战。为了能够有效地解决这些挑战,并且在激烈的市场竞争中脱颖而出,汽车生产企业必须不断适应市场需求与"互联网+"汽车后市场服务的未来发展趋势。

另外,随着互联网与汽车售后服务结合的程度不断加深,以及拥有私家车的人数越来越多,需求也从简单的"维修"转变为需要更多的服务方式和更高的服务水平。利用互联网技术搭建平台可以使客户不出家门便能够预约服务，大大缩短了为了得到服务而耗费的时间。通过网上预约企业可以提前接好订单，并按照客户的实际需求进行预先准备。可以看出，"互联网+"的存在大大提升了汽车生产企业服务效率和服务水平；同时，也将企业的服务范围不断扩大，服务项目更加细化。因此，可以将互联网与汽车售后市场服务企业进行深度融合，提高经济效益和社会效益，促使企业探索出适合自身发展的模式和经营方法，充分激发服务优势并加以利用。

　　汽车售后市场服务企业若想尽可能适应"互联网+"的发展状态，运用互联网技术来检索更多的客户，可以与相关的信息平台展开合作，由信息平台将企业信息上传，凭此来获得更多的资源和客户。

模块 1

特约经销商基础知识

模块1 特约经销商基础知识		
模块名称	任务名称	难度描述
特约经销商基础知识	任务1 特约经销商概述	初级技能
	任务2 经销商的组织机构与人员管理	"1+X"汽车维修企业运营与项目管理技术中级技能

说明：

本课程设计遵循德国双元制职业教育理论，参考"1+X"汽车维修企业运营与项目管理技术标准，以服务客户为理念，按照汽车售后服务企业标准设计。

任务 1　特约经销商概述			
任务难度	初级		
学时	1学时	班级	
成绩		日期	
姓名		教师签名	
能力目标	知识	1. 掌握特约销商的概念 2. 了解特约经销商特点 3. 了解汽车生产厂家对经销商的支持 4. 了解品牌经销商企业文化	
	素养	1. 培养社会责任意识 2. 建立良好的商业道德意识	

情境导入

李女士的捷达汽车行驶了 28 800 km，该进行定期保养了。可是李女士有些犹豫不决，是去 4S 店保养呢，还是去其他的修配厂保养呢？去 4S 店保养，质量有保障，但是花费有点高；去修配厂保养，比较便宜，但是质量又无法保证。你觉得哪种选择比较好呢？你的理由是什么？

任务相关信息

经过多年的发展，特约经销商已经成为目前汽车销售维修市场上的重要力量。怎样改善经营与管理，提高服务水平和提高客户满意度是汽车特约经销商和汽车生产企业都十分重视的问题。为了深入了解和掌握特约经销商的经营与管理各项业务，首先需要了解一些特约经销商的基础知识。

一、特约经销商概念

1. 特约经销商

特约经销商就是汽车生产企业授权在指定区域内从事合同产品的销售、服务等经营活动的法人实体，是集整车销售（Sale）、售后服务（Service）、零配件供应（Sparepart）、信息反馈（Survey）四位于一体的现代化汽车修理企业，也被称为特约（特许）经销商，简称经销商，即常说的 4S 店。

1）整车销售

向客户提供汽车生产厂家的品牌新车，为客户介绍车型的性能、结构特点、性价比等优点，并向客户提供试乘试驾、汽车上牌、汽车信贷等服务，建立汽车生产厂家的品牌效应。

2）售后服务

汽车售后服务不仅是汽车流通领域的一个重要环节，也是一项非常繁杂的工程，它涵盖了汽车的质量保障、索赔、维修保养服务、汽车零部件供给、维修技术培训、技术咨询及指导等与产品和市场有关的一系列内容。汽车生产企业可以通过它加强与客户的关系，树立企业形象，提高产品信誉，扩大产品影响，培养客户的忠诚度。汽车售后服务主要包括技术咨询，维修养护、故障救援、保险理赔、保修、服务质量跟踪、信息反馈、服务质量投诉、纠纷处理。

3）零配件供应

为品牌车辆客户提供正品的原厂零配件，并提供原厂零配件质量担保；为客户提供原厂零配件索赔等业务，及时与汽车生产厂家备件部反馈零配件使用信息和质量信息。

4）信息反馈

定期回访客户，了解客户的心理及需求，倾听客户意见，认真做好记录，建立客户档案，收集客户对汽车的使用信息和质量信息的意见，并定期向汽车生产企业的售后服务管理部门反馈。

2．单一服务经销商

汽车生产企业授权在指定区域内从事合同产品服务的法人实体或企业，是集售后服务、零配件供应、信息反馈三位于一体的现代化修理企业，没有整车销售职能，被称为单一服务经销商。丰田品牌称这样的经销商为 TASS（Toyota Authorized Service System，单项维修服务）店。

二、特约商特点

特约经销商具备以下特点：

（1）标准、系列化的建筑风格。

（2）统一、标准化的标识系统。

（3）全新的管理模式。

（4）现代化的企业微机管理及网络通信。

（5）汽车上牌、保险、售前、售中、售后一条龙服务。

（6）规范化的接待服务。

（7）先进、实用的专用工具、仪器和设备。

（8）专业化的修理。

（9）全国统一的原厂备件价格。

（10）最合理的工时收费。

（11）最佳的社会效益和经济效益。

三、经销商责任

经销商与汽车生产企业共同对所负责区域合同产品的市场进行充分开拓，为提高产品的市场份额和持续增长做出努力。经销商应维护汽车生产企业的产品信誉和声誉，树立汽车生产企业的产品形象和服务形象，履行其在协议中明确承担的责任。

四、经销商、汽车生产企业（主机厂）与客户的关系

汽车生产企业也叫主机厂。经销商与汽车生产企业是合作伙伴关系；经销商自主经营、自负盈亏，汽车生产企业不参与经销商的经营管理；经销商必须按照汽车生产企业的标准要求开展销售、服务方面的业务；经销商应接受汽车生产企业的监督指导，而汽车生产企业应在业务方面为经销商提供支持。汽车生产企业、经销商与客户的关系如图1-1所示。

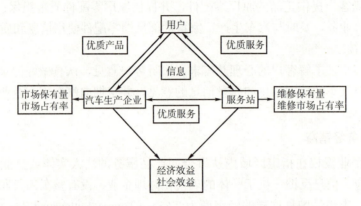

图1-1　汽车生产企业、经销商与客户的关系

五、汽车生产企业对经销商的支持

汽车生产企业应对经销商提供以下支持：
（1）提供统一的建筑标准。
（2）提供统一的形象建设标准及标识标准。
（3）贯彻先进的管理模式。
（4）免费提供技术培训、管理培训、索赔培训、备件培训及计算机业务培训。
（5）疑难维修技术支持。
（6）提供技术资料、管理资料。
（7）统一订购专用工具、仪器设备，指导通用工具的订购。
（8）提供售后服务联网软件及经销商内部管理软件。
（9）提供原厂备件。
（10）免费提供产品宣传及服务宣传资料。
（11）授权开展售前整备、首保及索赔业务。
（12）指导经销商开展服务营销。

拓展知识

品牌经销商介绍请扫描二维码学习。

品牌经销商介绍

★ 任务工单

主题	掌握特约经销商的概念及生产厂家对经销商的支持	
说明	1. 完善特约经销商概念学习页信息 2. 完善生产厂家对经销商支持的学习页信息	时间：45分钟

★ 工作页 / 学习页

1. 什么是特约经销商？

2. 相对于修理厂而言，特约经销商的优势在于能够得到厂家的很多支持，那么汽车生产厂家对特约经销商有哪些支持呢？

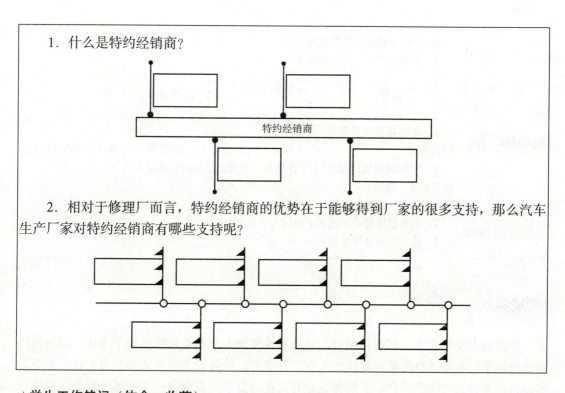

★ 学生工作笔记（体会、收获）：

_____

_____

_____

任务 2 经销商的组织机构与人员管理		
任务难度	初级	
学时	1学时	班级
成绩		日期
姓名		教师签名

能力目标	知识	1．了解经销商的组织机构设置 2．掌握经销商人员岗位要求	
	技能	技能	能力描述
		1．能够建设售后服务团队架构 2．能够制定售后团队成员职责、要求	"1+X"汽车维修企业运营与项目管理技术中级技能 【工作任务：维修企业的团队建设】
	素养	1．培养积极努力、追求上进的人生态度 2．建立团队合作意识	

情境导入

田健马上要毕业了，寒假在家时，父母和其他亲人都劝他先随便找个工作。田健自己也比较迷茫，不知道自己适合做什么工作。开学后，他咨询了专业老师和班主任，专业老师建议他多参加一些招聘会，了解各企业对岗位的要求，看看自己适合哪些岗位，这样有的放矢地找工作就容易多了，成功的机会也能大大增加。那么，汽车售后服务企业有哪些岗位？对从事该岗位的人员又有哪些要求呢？

任务相关信息

企业的组织机构就像人体的骨骼系统，是企业实现战略目标和构造核心竞争力的载体，也是企业员工发挥各自优势、获得自身发展的平台。员工作为企业的重要组成部分，对企业的发展和壮大具有举足轻重的作用。

一、经销商组织机构

一个好的组织机构可以让企业员工步调一致，同心协力，向着同一个目标迈进，而一个不合理的组织机构会使企业组织效率降低，内耗增加，影响企业的成功和发展目标的实现。

1. 经销商部门设置

在日常的运营工作中,经销商各个部门的相互协调配合,对提高工作效率起着十分重要的作用。一般情况下,各品牌经销商内部的机构不尽相同,但大致相似,如图1-2所示。

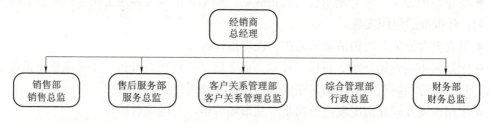

图1-2　特约经销商组织机构

2. 各部门职能与岗位

1) 销售部

(1) 部门职能:负责根据汽车生产企业对整车销售的有关规划积极开拓市场,完成工作年会制订的季、年度销售计划,认真做好客户的开发及维护工作。定期将销售经营情况及市场信息汇报给经销商站长及汽车生产企业售后服务部。

(2) 岗位人员:销售总监、销售经理、大客户经理、二手车经理和附件精品经理等,如图1-3所示。

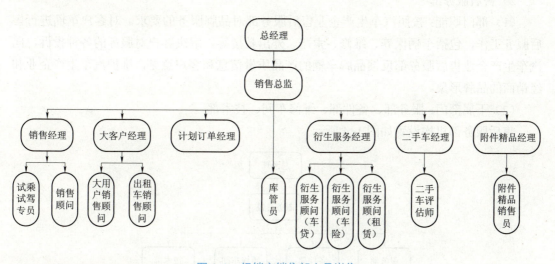

图1-3　经销商销售部人员岗位

总经理职责:
● 落实国家及行业的各项法律法规,制定、落实企业方针政策,并贯彻汽车生产企业的各项政策。
● 直接领导各部长及服务总监的工作。
● 负责公司内文件的审批。

- 负责定期对公司的经营状况、管理、服务质量等进行评审。
- 负责公司所需资源的配备。
- 有投资决策权、经营权、人事任免权、现金使用审批权等。

销售总监职责：
- 受总经理领导，参与制定公司营销战略。根据营销战略制定公司营销组合策略和营销计划，经批准后组织实施。
- 负责重大公关、促销活动的总体、现场指挥。
- 定期对市场营销环境、目标、计划、业务活动进行核查分析，及时调整营销策略和计划，制定预防和纠正措施，确保完成营销目标和营销计划。
- 根据市场及同业情况制定公司新产品市场价格，经批准后执行。
- 负责重大营销合同的谈判与签订。
- 主持制定、修订营销系统主管的工作程序和规章制度，经批准后施行。
- 制定营销系统年度专业培训计划并协助培训部实施。
- 协助总经理建立、调整公司营销组织，细分市场，建立、拓展、调整市场营销网络。
- 负责分解下达年度的工作目标和市场营销预算，并根据市场和公司实际情况及时进行调整和有效控制。
- 定期和不定期拜访重点客户，及时了解和处理问题。
- 代表公司与政府对口部门和有关社会团体、机构联络。

2）售后服务部

（1）部门职能：按照汽车生产企业售后服务部对品牌服务的要求，对客户车辆进行售后服务工作，包括车辆保养、维修、索赔、外出救援等，解决客户对服务的各种投诉，向汽车生产企业售后服务部反馈品牌车辆的产品质量信息和客户意见，维护汽车生产企业和经销商的品牌形象。

（2）下属部门：服务部、备件部、维修车间、技术部。

售后服务部机构设置如图1-4所示。

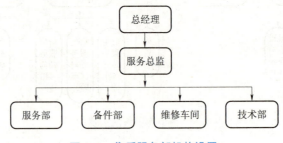

图1-4 售后服务部机构设置

服务总监职责：
- 按品牌服务的要求，对经销商进行管理。
- 负责与汽车生产企业售后服务部门的业务联系，并落实其各项工作安排。
- 直接领导服务经理、备件经理和技术经理的工作。

- 重大质量问题及服务纠纷的处理。
- 定期向总经理和汽车生产企业售后服务科报告经销商的生产、经营和管理等工作。
- 具有生产指挥权、监督权、站内人员调动权,对公司投资、经营等活动的建议权。

3)客户关系管理部

客户关系管理部有时也称为市场部,其人员岗位如图 1-5 所示。

(1)部门职能:负责对客户信息进行管理,维系客户关系,进行客户投诉管理,提高客户区管理及服务水平,倾听客户心声,推进服务质量,整合经销商各部门的客户关系和客户满意度,提高经销商客户关系和客户满意度水平。

(2)岗位人员:客户关系管理总监、客户管理经理、客户信息主管、客服专员等。

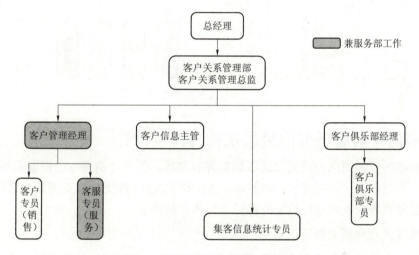

图 1-5 客户关系管理部人员岗位

客户关系管理总监职责:
- 负责销售/售后的回访标准建立、回访过程监控及质量改进工作。
- 负责将回访中用户反馈信息、满意度调查结果等信息传递给相关部门,负责推动相关部门给予解决和改进。
- 负责搭建经销商客户满意度调查体系,并监督实施情况。
- 负责经销商销售和服务满意度调查结果的分析,推进相关部门改进,完成满意度目标。
- 组织相关部门对客户投诉进行处理,对于重大投诉,负责与主机厂共同协调处理。
- 负责配合公司市场活动,并将客户沟通信息反馈给市场部。

4)综合管理部

(1)部门职能:负责经销商的人事关系管理以及经销商的日常行政办公和后勤保卫管理。

(2)下属部门:人力资源部、行政部。

(3)岗位人员:人力资源经理、行政经理等,如图 1-6 所示。

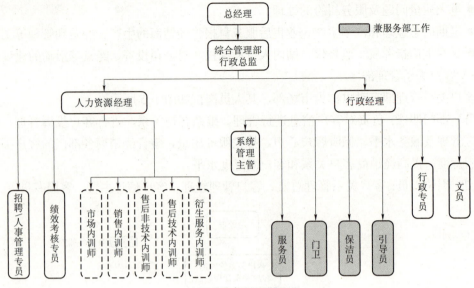

图1-6 综合部人员岗位

二、经销商售后服务部门组织机构与岗位设置

每个品牌的经销商岗位设置及岗位职责各有差异,各个经销商也会根据实际情况进行调配岗位。完善各岗位的职责及任职要求,既有利于人员的管理,也更方便各部门的协调。汽车售后服务管理的主体是售后服务部门,具体介绍如下。

1. 一汽-大众经销商售后服务部门

一汽-大众经销商售后服务的组织机构由服务部、备件部、维修车间、技术部组成,相当于其他品牌的接待前台,其组织机构与岗位设置如图1-7所示。

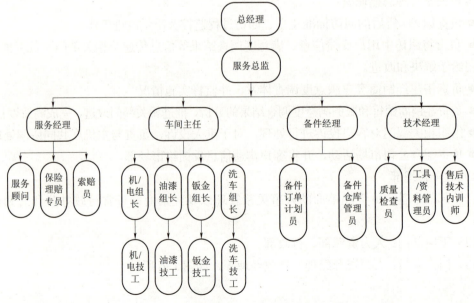

图1-7 一汽-大众经销商售后服务的组织机构与岗位设置

1）服务部

服务部由服务经理管理，其职责与权限包括以下方面：
- 负责解决服务过程中与客户发生的纠纷。
- 负责同备件经理协调，解决维修所需备件。
- 负责外出救援服务、预约服务、客户投诉、走访客户等工作的管理，并参与对重大维修服务项目的评审。
- 负责下属劳动纪律的管理。
- 负责所辖区域环境的管理。
- 监督和指导服务顾问、索赔员和保险理赔专员的日常业务。

服务经理的直接下属：
- 服务顾问。
- 索赔员。
- 保险理赔专员。

2）维修车间

维修车间由车间主任管理，其职责与权限包括以下方面：
- 随时掌握车间员工的工作进度，督促工作的有效性和高效性。
- 能够按照进厂车辆的优先次序和员工的技术水平，合理组织分配任务。
- 定期统计车间员工效率表及返修率。
- 与接待人员沟通协调，控制车间维修量情况。
- 按照需要做适当人员调整，最大限度地提高生产力和员工的生产率。
- 充分利用设备资源和人力资源。
- 严格控管车间费用。
- 车辆终检合格后及时告知相应接待，做好交车准备。

车间主任的直接下属：
- 机修组长。
- 钣金组长。
- 喷漆组长。
- 洗车组长。

车间主任的下属还应包括机电维修工、钣金维修工、喷漆维修工和洗车工。

3）备件部

备件部由备件经理管理，其职责与权限包括以下方面：
- 负责保证维修所需的充足的备件供应，对是否是原厂备件负责。
- 负责建立合理的备件库存量，指导库管员对库房的管理。
- 负责备件订购计划的审批。
- 负责组织备件的到货验收及备件的入库检验。
- 负责定期组织人员进行库存盘点。
- 负责审核备件管理账目，抽检库存备件状况。
- 负责实施备件管理方面的培训。

- 负责制定备件位置码。

备件经理的直接下属：
- 备件销售计划员。
- 备件仓库管理员。

4）技术部

技术部由技术经理管理，其职责与权限包括以下方面：
- 负责定期收集技术疑难问题及批量投放的质量信息。
- 负责 HST 等技术资料的消化、吸收并指导使用。
- 协助汽车生产企业售后服务科开展技术支持工作。
- 负责控制、监督经销商的维修质量。
- 负责疑难故障的诊断及维修技术攻关，指导车辆维修。
- 负责监督、指导维修人员使用专用工具。
- 负责建立文件化的质量体系，推行 ISO9001 标准认证。

技术经理的直接下属：
- 质量检查员。
- 内部培训员。
- 工具/资料管理员。

2. 丰田品牌经销商的组织机构与售后服务岗位设置

1）经销商的组织机构

丰田品牌经销商的组织机构与大众品牌基本相同，不过取消了"总监"的称呼，如服务总监改称为服务经理，所以丰田品牌经销商的服务经理和大众品牌的服务经理职责和权限是不同的，其权限要大一些，如图 1-8 所示。

2）售后服务岗位设置

（1）服务主管。

权限与职责：
- 遵守公司规章制度，不泄露公司机密。
- 领导、分配、协调下属员工的工作。
- 制定维修接待的各项管理指标及工作计划并监督完成。
- 负责提高维修业务接待的服务质量及专业水平。
- 提出提高客户满意度的方案并监督执行。
- 检查接待是否严格按一汽丰田"关怀客户七步法"进行接待工作。
- 按考核制度对接待人员进行公平公正的考核。
- 分析各项数据报表，制订改善计划并进行改善。
- 在售后服务经理领导下开展工作，重大问题及时向售后服务经理汇报。
- 监督完成一汽丰田的召回服务，维护丰田及公司的形象。
- 有计划地分配接待接车，妥善安排客户预约服务。
- 合理安排拖车司机的工作时间和内容。
- 试车后正确诊断故障并反映给车间，以便有效解决车辆问题。

- 对已交车辆账目进行核实，监督车辆的放行。
- 负责服务部内部备件、车间的沟通、协调工作。

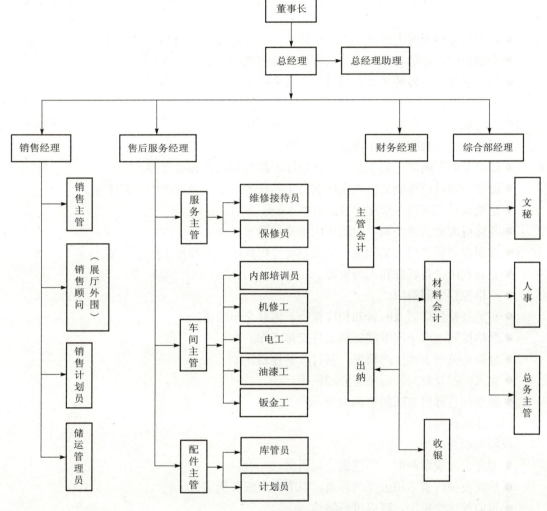

图 1-8　丰田经销商岗位分工图

（2）保修专员。

权限与职责：
- 遵守公司规章制度，不泄露公司机密。
- 建立并向客户讲解新车客户保修手册。
- 负责车辆保修期内索赔的全部工作，确保按流程正确执行。
- 完成一汽丰田的召回服务，维护丰田及公司的形象。
- 电话跟踪新车客户的使用情况，通知首保，与客户建立良好的关系。
- 严格按一汽丰田"关怀客户七步法"进行接待工作。
- 对应公司商品车的修护业务，负责与车间接洽。
- 向一汽丰田回传索赔、召回等相关资料。

- 向客户提供服务信息并帮助客户解决车辆的问题。
- 专业地处理客户的投诉,并进行有效的初期应对。
- 通过市场技术报告向一汽丰田汽车销售有限公司(FTMS)技术组上报车辆的技术问题。
- 将保修零件及时上交至一汽丰田汽车销售有限公司(FTMS)技术组。
- 完成公司制定的各项目标,负责维修接待区的"4S"工作。
- 与客户建立良好的关系,通过提高服务质量来提高客户满意度。

(3)车间主管。

权限与职责:

- 遵守公司规章制度,不泄露公司机密。
- 随时掌握车间员工的工作进度,督促工作的有效性和高效性。
- 能够按照进厂车辆的优先次序和员工的技术水平,合理组织分配任务。
- 定期统计车间员工效率表及返修率。
- 与接待人员沟通协调,控制车间维修量情况。
- 按照需要做适当人员调整,最大限度地提高生产力和员工的生产率。
- 充分利用设备资源和人力资源。
- 严格控管车间费用。
- 车辆终检合格后及时告知相应接待,做好交车准备。
- 严格按照一汽丰田维修标准流程安排工作。
- 分析相关报表和生产情况,制订改善计划。
- 重大问题及时向售后服务经理汇报。
- 服务部各部门之间的协调沟通。

(4)诊断技师。

权限与职责:

- 遵守公司规章制度,不泄露公司机密。
- 诊断技师代表丰田公司的形象,以为客户服务为宗旨。
- 可监控维修程序,可以进行终检。
- 即使在压力下也能保持客观,不掺杂个人的意见与观点。
- 有较强的独立意识,能够表达自己的观点并且能够做出正确决策。
- 能够较好地分析复杂问题,独立提出自己的策略。
- 能够对疑难问题提供技术指导,成功解决问题。
- 潜心学习,能够培训其他员工。
- 能够向同事提供专业的技术信息作为参考意见。
- 向维修顾问提供关于故障诊断的技术支持和解决方案。
- 保持车间的"5S"管理。
- 工作中主动辅导新员工,提高他们的技术水平。
- 在维修中发现问题,应及时同客户联系。
- 主动协助领班搞好车间的各项工作。

- 发现问题及时向领班汇报。
- 施工中注意安全生产。

三、经销商人员管理

1. 经销商的岗位设置要求

随着汽车保有量的持续增加，各个品牌都会有计划地增加经销商的数量，经销商数量的增加，必然导致人才需求量的增加。但是，每家经销商对人员的需求并不是大批量的、一次性的，这是一个逐渐增加的过程。表1-1所示就是某品牌经销商对各岗位人员的需求设置。

表1-1 经销商岗位设置要求

岗位	级别	数量要求	如业务量不足，可由以下岗位兼职	最低人数
服务总监	一级	1名	专职	1
服务经理	二级	1名	专职	1
机修车间主任	二级	1名	专职	1
钣喷车间主任	二级	1名	日钣喷维修台次在6台以下，可由机修车间主任兼任	
车间调度员	三级	1名	机修台次/天≥40必须设专职车间调度员；机修台次/天<40可暂时由车间主任兼职	
备件经理	二级	1名	专职	1
技术经理	二级	1名	专职	1
索赔员	四级	至少1名，按每名索赔员年索赔量不超过2 000台次配备	专职	
服务顾问	四级	按每名服务顾问每日最多接待10位客户配备，并且最低配备2人	专职	2
保险理赔员	四级	至少1人	专职	1
备件订货计划员	四级		备件经理	
备件仓库管理员	四级		备件经理	
质量检查员	四级	按每名质检员每天最多检查20台车配备	技术经理	
工具/资料管理员	四级	1名	专职	1
售后技术内训师	四级	日维修台次30台以上时，必须设置专职人员	技术经理	
机/电组长	四级	按照实际工作量分组，每组设组长1名	专职	1

续表

岗位	级别	数量要求	如业务量不足，可由以下岗位兼职	最低人数
油漆组长	四级	按照实际工作量分组，每组设组长1名	专职	1
钣金组长	四级	按照实际工作量分组，每组设组长1名	专职	1
洗车组长	四级	按照实际工作量分组，每组设组长1名	专职	1
机/电技工	五级	按每名维修人员每天维修车辆3台配备，并且最低配备4人	专职	4
油漆技工	五级	按每名维修人员每天维修车辆1.5台配备，并且最低配备1人	专职	1
钣金技工	五级	按每名维修人员每天维修车辆1.5台配备，并且最低配备1人	专职	1
移车员	五级	按实际需求设定人数	洗车组长	
洗车技工	五级	按实际需求设定人数	专职	
引导员	五级	按实际需求设定人数	可由服务顾问兼职	
接待员	五级	按实际需求设定人数	可由服务顾问兼职	

2. 经销商服务组织机构管理要求

（1）每个汽车生产企业特约经销商必须按照汽车生产企业售后服务要求设立组织机构，在签订《意向性协议》后2个月内申报服务组织员。此机构由经销商站长领导并开展工作。

（2）经销商专职管理人员（服务总监、服务经理、备件经理、财务人员、销售经理、销售计划员、索赔员，业务接待员、备件计划员和车间主任等）由建站单位推荐德才兼备的人员担任，然后填报《管理人员任职资格表》，送汽车生产企业售后服务科审批备案。

（3）经销商建站初期，部分管理人员可兼数职，但必须是具备一定能力和精力并且能够做好兼职工作。

（4）经销商管理人员及技术工人必须经汽车生产企业公司售后服务人员培训，考核合格者方可上岗工作。凡未经培训或考核不合格者不得上岗，由经销商另行推荐其他人员。

（5）已经通过培训或考核合格的专职人员（服务总监、服务经理、备件经理、索赔员及备件计划员等）未经汽车生产企业售后服务科允许，不准擅自调离经销商，如需调离经销商，应事先征得汽车生产企业有关业务科室同意，并填写接替人员的任职资格表申报售后服务科服务组织员，售后服务科将对申报人员进行培训，考核合格后方可上岗工作。

（6）经销商任何员工，在工作中因工作失误给汽车生产企业及经销商造成不良影响，汽车生产企业售后服务科保留取消其任职资格的权力，经销商应立即更换，同时申报接替者有关资料。

（7）下列人员应认真填报《特约经销商普通员工任职资格表》：质量检查员、工具／

资料员、技术工人及站内其他辅助人员。

（8）对擅自撤销、更换管理人员的经销商，将视情节做如下处理：网内通报批评，经销商评比降低一个档次；撤销经销商的索赔资格或备件订货资格，直至撤销汽车生产企业特许经销商资格；未经过培训上岗人员负责的业务汽车生产企业售后服务科将不予受理。

模块考核

主题	根据企业招聘会信息，制定自我提升计划	
说明	完成自我提升计划任务工单	时间：45分钟

★ 工作页 / 学习页

一、考核任务描述

下面是某4S店的招聘信息，请同学们根据岗位职责，查找自己条件的不足，然后制定自我学习和自我提升计划。这样当适合自己的企业来招聘时，就能抓住机遇，找到满意的工作了。

序号	招聘职位	招聘人数	岗位说明	对应聘人员的要求
1	一般维修	5人	1. 协助机修大工进行汽车维修 2. 进行机修学习	1. 认真学习 2. 踏实肯干 3. 机修相关专业
2	售后服务顾问	5人	1. 协助服务顾问进行客户接待 2. 学习售后服务接待流程	1. 认真学习 2. 踏实肯干 3. 汽车相关专业
3	喷漆	5人	1. 进行汽车喷漆工作 2. 认真学习喷漆工作	1. 认真学习 2. 踏实肯干 3. 机修相关专业
4	钣金	1人	1. 进行汽车钣金工作 2. 认真学习钣金工作	1. 认真学习 2. 踏实肯干 3. 机修相关专业
5	销售实习生	2人	1. 协助销售顾问进行汽车销售工作 2. 学习销售服务流程	1. 认真学习 2. 踏实肯干 3. 汽车相关专业
6	配件管理	4人	1. 进行汽车零配件管理工作 2. 认真学习零配件管理保养工作	1. 认真学习 2. 踏实肯干 3. 汽车相关专业

二、自我提升学习计划

（　　）学习提升计划
我的就业目标岗位是：（　　　　　　　　　　）
我需要提升的职业技能： 1. 2. 3. ……
我的提升计划：
学习内容1：
学习内容2：
学习内容3：
……

思政课堂

讨论：在我们的工作、学习和成长过程中，你如何理解"终身学习"？

参考建议：业精于勤，荒于嬉，领悟无止境。吾生也有涯，而知也无涯。生于忧患而死于安乐。新工艺、新知识、新技术不断涌现，社会竞争残酷，必须提高自己的竞争力、拥有积极的人生态度和持之以恒的学习态度……

模块 2

服务接待

模块名称	任务名称		难度描述
	模块2　服务接待		
服务接待	任务1	服务接待岗位概述	初级技能
	任务2	汽车售后服务流程	"1+X"汽车维修企业运营与项目管理技术中级技能
	任务3	服务接待礼仪	"1+X"汽车维修企业运营与项目管理技术中级技能
	任务4	处理客户投诉	"1+X"汽车维修企业运营与项目管理技术中级技能

说明：

本课程设计遵循德国双元制职业教育理论，参考"1+X"汽车维修企业运营与项目管理技术标准，以服务客户为理念，按照汽车售后服务企业服务流程设计。

任务1 服务接待岗位概述				
任务难度	初级			
学时	1学时	班级		
成绩		日期		
姓名		教师签名		
能力目标	知识	1. 掌握服务顾问的岗位职责 2. 掌握服务顾问的素质要求		
	素养	1. 培养沟通能力 2. 能够与团队成员协作完成任务		

情境导入

小玉快要大三毕业了，参加过很多招聘会，面对众多的企业和五花八门的岗位，他有点糊涂了，自己比较喜欢销售工作，可是又觉得售后接待工作也很适合自己，选来选去，难以做出决定。即将要毕业的同学们，你们是不是也和小玉一样困惑呢？那我们就一起分析一下4S店的服务接待工作吧，看看这个岗位到底适不适合你，同时了解一下你需要做哪些准备。

任务相关信息

特约经销商的售后服务接待主要由服务顾问来完成，服务顾问（Service Advisor，SA）负责接待客户和处理客户车辆保养维修的相关事宜，是汽车维修保养活动的沟通中心。汽车服务顾问是客户接触经销商的第一面窗口，是体现"客户为中心"服务理念的关键一环，直接关系到特约经销商的企业形象，对特约经销商服务质量的影响非常大，所以必须充分认识售后服务顾问岗位的重要性。

1. 服务顾问的职责

服务顾问的职责（图2-1）如下：

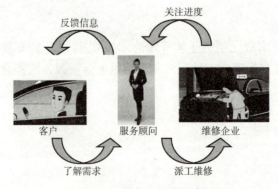

图2-1 服务顾问的职责

（1）引导、受理客户预约；
（2）负责维修车辆客户的接待工作；
（3）负责客户车辆的故障诊断，与客户达成协议（任务委托书）；
（4）负责车辆维修后的电话服务跟踪；
（5）负责向索赔员传递车辆状态信息，并负责索赔的技术鉴定；
（6）负责向维修技师传达客户的想法，描述车辆的故障形态，分配维修工作任务；
（7）负责交车工作，解释维修内容；
（8）负责建立、完善客户档案。

> 服务顾问接受的客户委托根据委托性质一般分为17种，分别是首保、索赔、保养、小修、大修、事故、返工、年审、预PDI、PDI、内修、保险、优惠索赔、免费检测、市场服务、外出救援和召回。多数情况下，服务顾问能接受以上全部委托，但是也有一部分经销商为了提高效率，又把服务顾问分为机电维修服务顾问和事故车服务顾问，其中事故车服务顾问接受钣金喷漆维修一类的客户委托。

2. 服务顾问的素质能力要求

服务顾问由于素质能力（图2-2）和经验差异，被经销商聘为助理服务顾问、服务顾问、资深服务顾问和首席服务顾问等不同职位。服务顾问应该具备以下的素质和能力：
（1）具有大专以上文化程度，汽车专业或汽车维修专业毕业。
（2）懂得汽车专业知识，有较丰富的汽车维修经验。
（3）能够准确地判断故障原因，并能准确估算维修价格及维修时间。
（4）具有管理经验，头脑灵活，有较强的语言表达能力、组织协调能力。
（5）能熟练地操作计算机，会使用常用办公软件。
（6）熟练驾驶汽车，有驾驶执照。

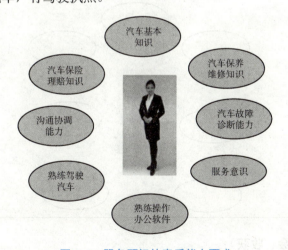

图2-2 服务顾问的素质能力要求

3. 服务顾问的工作特点

由于接待工作比较灵活，客户的类型又有很多，这就需要服务顾问掌握一定的心理学知识，及时了解客户需求，知道客户希望你为他做什么。服务顾问的主要工作对象是维修客户，需要建立和维护自己的客户群体，为自己赢得一定数量的忠诚客户。

服务顾问的工作涉及客户利益，因此需要熟练掌握常用配件的价格以及维修保养工时，准确地报出估价，让客户认可服务顾问给出的收费标准。

任务工单

主题	了解服务顾问岗位职责及素质要求	
说明	1. 完善服务顾问工作内容的学习页信息 2. 完善服务顾问需要具备的能力和条件的学习页信息	时间：45分钟

★ **工作页/学习页**

1. 根据岗位职责总结服务顾问的具体工作内容。

2. 根据服务顾问的素质能力要求，总结服务顾问需要具备哪些能力和条件。

★ **学生工作笔记（体会、收获）：**

_____

_____

任务 2　汽车售后服务流程

任务难度		中级	
学时	14学时	班级	
成绩		日期	
姓名		教师签名	
能力目标	知识	1. 掌握一汽-大众售后服务核心流程的价值及步骤 2. 掌握一汽-大众服务核心流程每个步骤中的实施要点	
	技能	技能	能力描述
		能够熟练执行维修/保养客户日常接待流程	"1+X"汽车维修企业运营与项目管理技术中级技能【工作任务：检验交车与回访作业】
	素养	1. 培养团队合作意识 2. 培养服务意识 3. 培养工匠精神	

情境导入

秦岭是一汽-大众某4S店的前台服务顾问，早晨刚上班就接到了一位客户的预约。这位客户的速腾汽车要做15 000 km保养，预约上午9：00到。如果你是秦岭，该如何圆满地完成该客户的服务接待工作？接待客户时又该注意哪些细节呢？

任务相关信息

一、规范服务流程的意义

汽车维修服务实现流程化管理，可以体现出"客户为中心"的服务理念，展现品牌服务特色与战略，让客户充分体会有形化服务的特色，以提升客户的忠诚度；以标准化、统一化的作业标准，规范所有服务网点，面对客户的服务行动；通过核心流程的优化作业提高客户满意度，同时提升服务效益。

二、典型品牌经销商服务流程

1. 一汽-大众售后服务

1）售后服务理念

一汽-大众一直秉承的售后服务理念是"严谨就是关爱"，体现了一汽-大众的专业精神和严格的服务标准。同时，也传达了一汽-大众对客户的责任心和关怀心，鞭策一汽-大众用最专业的技术、最贴心的服务，赢得客户的尊敬和赞誉。

"严谨"是一种态度,这种态度与德系车一脉相承。它体现在一丝不苟的决心、精细的零件、务实的管理、高超的技术、强大的规模、紧凑的时效、严格的标准、科学的流程。这种细致入微的精神,将始终贯穿在一汽-大众的服务体系之中。

"关爱"是一汽-大众的服务给予客户的感受。从走进服务大厅的那一刻开始,客户的感受就是检验一汽-大众服务的唯一标准,只有贴心的服务、令人信服的解决方案和真诚的销售方式,才能给一汽-大众带来好的口碑、强的信任感、高的满意度。即使客户的爱车行驶在路上,一汽-大众的关爱依旧如影随形。

2)服务承诺

(1)将在"1"分钟内接待您。
(2)给您提供"1"个公开、透明的价格标准。
(3)维修前,为您提供"1"套完整的维修方案。
(4)为您提供"1"个舒适整洁的休息空间。
(5)按照约定在第"1"时间交付您的爱车。
(6)维修后,为您解释在本店"1"切消费内容。
(7)每次来店将免费为您清洗车辆"1"次。
(8)为您提供原装备件"1"年或10万km的质量担保(先达为准,易损件除外)。

3)售后服务核心流程

一汽-大众汽车将经销商为客户提供售后服务的核心流程(图2-3)分为预约、准备工作、接车/制单、修理/进行工作、质检/内部交车、交车/结账、电话跟踪回访7个环节,并且对每个过程提出了标准的工作内容及要求。

图2-3 售后服务核心流程

思政课堂

讨论: 你认为服务顾问在执行服务流程中应如何诠释"严谨"的工作态度?

参考建议: 扎实的专业技能,敏锐的思维,服务意识,独立解决问题的能力,持续学习,承压能力,团队合作,责任心……

2. 丰田关怀客户七步法服务流程

1)售后服务理念

一汽丰田始终秉承"专业对车,诚意待人"的服务理念,从对车到对人开展双重关注,潜心打造"诚信服务"品牌，为客户创造更多价值，让客户尊享安心、喜悦的汽车生活。

"诚"指诚意待人的感恩心。一汽丰田通过服务节、感恩节以及爱车养护课堂等项目，面向客户给予感恩回报，为客户带去更多附加价值。

"信"指专业对车的信赖感。一汽丰田通过纯牌零件、QM60快速保养、远程巡回服务等项目，为客户提供令人放心的专业车辆售后服务。

2）丰田TOYOTA的"AAA"体验

丰田TOYOTA"AAA"体验是指安心、安全、爱用。

安心（我们用心，让您安心）：汽车的动力性、安全性、平滑性、操控性、舒适性等性能指标，每辆TOYOTA汽车都经过了1 000多项的钢铁、涂装材料、部件制品等检查，品质表里如一，故障率低意味着省钱、省时、省心。为了让客户安心驾乘，TOYOTA经销店救援热线24小时待命，随时随地为客户提供救援、抢修服务。

安全（我们尽心，为您安全）：TOYOTA独有的GOA（Global Outstanding Assessment，世界顶级安全设计）安全车身是根据世界多数国家的安全基准设计而成的，吸收碰撞能量的车身和高强度驾驶舱能够在碰撞发生时有效吸收碰撞能量，并将其分散至车身各部位骨架，将驾驶舱变形减小到最低限度，以确保座舱空间的安全。在主动安全方面，采用带有EBD（Electronic Brake force Distribution，电子制动力分配）的ABS（Antilock Brake System，防抱死制动系统），可以增加车辆的安全性。

爱用（我们真心，助您爱用）：购车是消费的开始而不是终结，维修服务在价值总量中占据着很大比重。所有的TOYOTA经销店都会定期举办温情护驾、真挚随行的"爱车养护课堂"，让众多客户了解日常养护及维修的专业知识，更懂得怎样用车和怎样爱车。

3）售后服务流程

丰田"关怀客户七步法"包括预约、接待、填写修理单、调度和生产、质量控制、交车和追踪服务7个步骤（图2-4），每个步骤相互配合。通过跟进丰田关怀客户服务7步流程，可以确保持续的客户满意度，从而实现客户量增加和利润的增加。通过一系列有成效、具有特色的服务项目，打造"专业对车，诚意待人"的诚信服务品牌，通过对人、车的双重关注，为客户奉上更加安心、放心、舒心的汽车精彩生活。

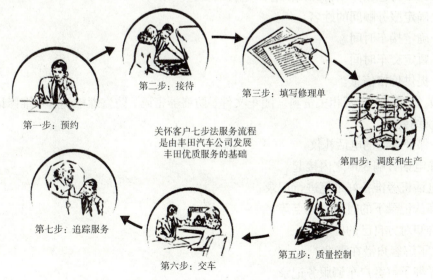

图2-4 丰田"关怀客户七步法"服务流程

三、一汽-大众售后服务核心流程详解

一汽-大众的经销商要达到一汽-大众的服务标准,遵从"严谨就是关爱"的服务理念,就必须按照标准服务流程来做。如果售后服务顾问能够遵循每个环节的服务标准,就能够超越客户最低限度的期望,满足客户要求,实现客户满意和忠诚。

下面就一汽-大众售后服务核心流程进行详细的说明。

1. 预约

1)预约的好处

预约是汽车维修服务流程的第一个重要环节,因为它构成了与客户的第一次接触,从而也就提供了立即与客户建立良好关系的机会。预约的意义在于:

(1)可以缩短客户等待时间,保证客户按约定的时间取车,从而减少客户的抱怨。

(2)可以非常准确地增加车间的设备利用率,减少设备空闲时间。

(3)可以对接受的汽车维修订单进行时间安排,削峰填谷。

(4)可以及时订购备件,减少备件库存。

2)预约的方式

(1)预约主要通过电话预约完成。分经销商主动预约和客户主动预约两种形式。

(2)经销商主动预约:根据提醒服务系统和客户档案,经销商主动预约客户进行维修保养。

(3)客户主动预约:引导客户主动与经销商预约。

3)预约工作内容

(1)询问客户及车辆基础信息(核对老客户数据、登记新客户数据)。

(2)询问行驶里程。

(3)询问上次维修时间及是否是重复维修。

(4)确认客户的需求、车辆故障问题。

(5)介绍特色服务项目和询问客户是否需要这些项目。

(6)确定服务顾问的姓名。

(7)确定接车时间。

(8)暂定交车时间。

(9)提供价格信息。

预约演示

(10)告知客户携带相关资料(随车文件、防盗器密码、防盗螺栓钥匙、维修记录等)。

4)预约要点

(1)保证必需的电话礼仪。

① 在电话铃响 3 声之内接起。

② 电话机旁准备好纸笔进行记录。

③ 确认记录下的时间、地点等。

④ 告知对方自己的姓名。

(2)了解客户潜在需求。

① 详细了解客户车辆服务记录。

② 尽可能提前收集信息，缩短客户服务登记的时间。

③ 确保让客户清楚可能需要做的其他服务项目。

（3）准确预计时间与费用。

① 如果是保养客户，应为其提供预计需要的时间和费用。

② 如果已经诊断过车辆，应提供预计需要的时间和费用。

③ 不能确定时应通知客户，在经过客户同意之后才进行下一步的工作。

（4）尽可能将预约放在空闲时间，避免太多约见挤在上午的繁忙时间及傍晚。

（5）留20%的车间容量应付简易修理、紧急修理、前一天遗留下来的修理及不能预见的延误。

（6）将预约间隔开，防止重叠。

（7）与安全有关的，返修客户及投诉客户的预约应予以优先安排。

典型案例

张先生是一家小型建筑装潢公司的老板，生意十分繁忙。这两天他感觉他开的桑塔纳轿车加速时有些发抖，于是他开车到自己经常光顾的一家维修站。刚一进门就看见业务接待桌前围了很多人，他等了半天才排上队，然后开好了派工单。张先生开车到维修间，看到车间里的车辆满满的，车间主任告诉他再有半小时才能给他的车辆检修，至于什么时候能修好，车间主任也说不清楚。这期间不停有人打电话找张先生办事，张先生有点不耐烦，决定不修了，就这样，他开着有问题的车返回了公司。一连几天，他都开着这辆车办事，虽然有点不舒服，也只好勉强这样。忽然有一天，他接到一个电话，是他曾经去过的另外一家修理厂的服务顾问打给他的，问他车辆状况怎么样？他把一肚子委屈一股脑向服务顾问倾诉，服务顾问问他什么时候方便，可以帮他预约，提前给他留出工位，准备好可能用到的配件和好的修理工。张先生想了想，决定次日早晨9:00去维修。第二天早晨8:00，服务顾问就给张先生打电话，说一切工作准备就绪，问张先生什么时间赴约，张先生说准时到达。当张先生9:00开车到达修理厂时，工作人员热情接待了他，并拿出早已准备好的维修委托书，请张先生签字，然后领他来到车间。车间业务虽然很忙，但早已为他准备好了工位和维修工。维修工是一位很精明的小伙子，他熟练地操作仪器检查故障，最后更换了四个火花塞，车辆故障就排除了，前后不到30分钟。张先生很满意，从此他成为这家修理厂的忠实客户。

5）预约流程（图2-5）

（1）进行预约：根据提醒服务系统及客户档案，一汽-大众经销商主动预约客户进行维修保养，对返修客户和投诉客户要特别标出，以引起其他相关工作人员的注意。

（2）填写预约表：参考客户档案，将客户及车辆信息填写在修理单上。

（3）确认预约：提前两天与客户联络，确认预约情况。

进行预约　　　　　填写预约表　　　　　确认预约

图 2-5　预约流程

子任务 ❶

主题	实践任务演练——客户主动预约	
说明	本任务需要同学扮演服务顾问和客户两种角色，另选择几名同学作为评价员，对服务顾问的表现进行评分，并且完成评分表。小组成员可轮流扮演服务顾问和客户。任务完成后，教师对任务完成情况进行点评评分	时间：45分钟

任务工单：客户主动预约

1. 任务描述

一位客户最近在驾车过程中发现车辆怠速时抖动严重，不知道是什么原因造成的，因此打电话给 4S 店预约检修。服务顾问接听电话并完成预约服务。

预约参考话术

预约登记表					
服务顾问		主修人		工位	
客户名称		联系人		联系电话	
牌照号		底盘号		行驶里程	
车型		预约登记日期			
预约接车开始时间			预约接车结束时间		
预约维修开始时间			预约维修结束时间		
维修类型		定期保养□　其他□	预约类型	主动□　　被动□	
交通服务			付费方式		
地址					
维修项目			维修备件		
预计维修项目费用合计		预计维修备件费用合计		预计总费用	
客户需求描述：					
经销商建议：					
预约专用工具：					
服务顾问预约准备确认					

备件确认	工具确认	车间调度员确认	服务顾问提前1小时确认
是否确认 是□ 否□	是否确认 是□ 否□	是否确认 是□ 否□	是否确认 是□ 否□
确认时间	确认时间	确认时间	确认时间
确认人	确认人	确认人	确认人
服务顾问签字：		签字时间：	

2．服务顾问表现评分

	评分内容	分值	评分
基本要求	态度亲和有礼貌	5	
	语速清晰缓和	5	
	不打断客户说话	5	
	及时、准确记录信息	5	
预约流程要求	是否在电话铃响3声内接听电话	5	
	是否自报公司名称、姓名及岗位	5	
	是否主动询问客户的需求	5	
	是否确定客户的预约时间	5	
	是否向客户说明维修所需的大致时间及费用	5	
	是否询问客户的等待方式	5	
	是否与客户确认预约时间及预约内容	5	
	是否提醒客户来店时带齐相关文件	5	
	电话结束后，是否感谢客户的来电	5	
	是否填写预约登记表	5	
评分员对服务顾问整体表现评分		30	
评分员评价总分		100	
教师评分		100	
综合得分（评分员评价总分×0.5+教师评分×0.5）		100	

★ 学生工作笔记（体会、收获）：

_____

_____

_____

2. 准备工作

1）准备工作内容

（1）草拟工作定单：包括目前为止已了解的内容，可以节约接车时间。

（2）检查是否是重复维修，如果是，在定单上做标记以便特别关注。

准备工作演示

（3）检查上次维修时发现但没纠正的问题，记录在本次定单上，以便再次提醒客户。

（4）估计是否需要进一步工作。

（5）通知有关人员（车间、备件、接待、资料、工具）做准备。

（6）提前一天检查各方能力的准备情况（技师、备件、专用工具、技术资料）。

（7）根据维修项目的难易程度合理安排人员。

（8）定好技术方案（针对重复维修、疑难问题）。

（9）如果是外出服务预约，还要做其他相应准备。

2）准备工作要点

（1）填写欢迎板。

（2）填写预约登记表。

（3）备件部设有专用的预约备件存放区。

（4）准备相应的工具、工位和技术方案。

（5）落实所负责的预约备件完全到位。

（6）提前 1 小时进行电话确认。

（7）服务顾问确保做好准备工作：

① 做好任何特别需要的准备，如召回、维修。

② 确保有零部件，如有可能提前取出来，提供最快的服务。

③ 在服务通道准备预约客户的欢迎牌欢迎他们的到来。

④ 如果有可能，提前准备好可能需要的交通工具、出租车、往返甲车、替换车。

⑤ 要有技术人员立即诊断预约维修客户的车辆。

（8）如准备工作出现问题，预约不能如期进行，尽快告诉客户重新预约。

（9）建议车间使用工作任务分配板。

3）准备工作流程（图 2-6）

（1）准备修理单。

参考客户档案，计算机印出资料或预约表，将客户及车辆资料写在修理单上。对返修客户和投诉客户要特别标出，以引起其他相关工作人员的注意。

（2）确认备件库的预约备件。

确定供简单工作及定期检查用的主要零件有库存，若预约备件不足，则要求备件部门订购必要的备件。

（3）确认维修技术人员。

根据维修项目的难易程度合理安排维修人员，准备相应的工具、工位和技术方案。

准备修理单　　　　确认备件库的预约备件　　　确认维修技术人员

图 2-6　准备工作流程

3. 接车/制单

1）接车/制单工作内容

（1）识别客户需求（客户细分）。

（2）自我介绍。

（3）耐心倾听客户陈述。

（4）当着客户的面使用保护罩。

（5）全面彻底的维修检查。

（6）如有必要可与客户共同试车。

（7）总结客户需求，与客户共同核实车辆、客户信息，将所有故障及客户意见（修或不修）写在任务单上，客户在任务单上签字。

（8）提供详细价格信息。

（9）签订关于车辆外观、车内物品的协议或此内容包括在任务单上。

（10）确定交车时间和方式（交车时间尽可能避开收银台前的拥挤时间）。

（11）向客户承诺工作质量，做质量担保说明和超值服务项目说明。

接车制单演示

2）接车/制单工作要求

（1）遵守预约的接车时间（客户不需要等待）。

（2）预约好的服务顾问要在场，不能因为工作忙，就让其他人员（如维修人员）代替，这样会让客户感到不受重视，客户会对企业产生不信任感。

（3）要求维修经理指派人员协助自己，以免在繁忙时间对客户造成不便。

（4）将胸牌戴在显眼的位置，以便客户知道在与谁打交道。这样有利于增加信任度。

（5）接车时间要充足（足够的时间关照客户及做维修方面的解释说明）。

（6）接待的客户分为预约客户、未预约客户。

① 预约客户：取出已准备好的维修单和客户档案，陪同客户进入维修区。这样，客户感到服务顾问对自己的预约十分重视，对接待这一环节会很满意。

② 未预约客户：仔细询问，按接待规范进行登记。

（7）在填写维修单之前与客户一起对车辆进行检查，使用五件套，提供手提袋装纳客户的物品，向客户解释检查内容及益处；同时，看一下车辆是否存在某些缺陷（如车身某处有划痕、某个灯破碎等），把这些缺陷在维修单上注明。如果故障在行驶中发现，应与客户一起进行试车，发现新的故障还可以增加维修项目。若服务顾问对某种故障没有把握，也可以请一位有经验的技师一起进行车辆诊断。

（8）告诉客户所进行的维修工作的必要性和对车辆的好处。

（9）在确定维修范围之后，告诉客户可能花费的工时费及材料费。如果客户对费用感到吃惊或不满，应对此表示理解，并对其进行必要的解释，千万不要不理睬或讽刺挖苦。接待时对客户进行合理的解释，会换来客户的理解。

（10）在一些情况下，如果只有在拆下零件或总成后才能准确地确定故障和与此相关的费用时，报价应当特别谨慎。例如服务顾问应当告诉客户诸如以下措辞："以上是大修发动机的费用，维修离合器的费用核算不包括在内，只能在发动机拆下后才能确定"等。

（11）分析维修项目，告诉客户可能出现的几种情况，并表示会在处理之前事先征得客户的同意。例如客户要求更换活塞环，服务顾问应当提醒客户，可能会发现气缸磨损。拆下缸盖后，将检查结果告知客户，征求客户的意见。

（12）服务顾问打印维修单，与客户沟通确认后，请客户在维修单上签名确认。

（13）提醒客户将车上的贵重物品拿走。

3）接车/制单工作流程（图2-7）

图 2-7　接车/制单流程

（1）日常准备。

在客户到来之前，准备必要的文件、脚垫、座椅套等。

（2）接待客户。

礼貌地迎接客户，自我介绍，询问客户姓名，以及其是否预约过等。对于未预约客户，在修理单上写下客户和车辆的资料。询问客户是否是第一次到来。对于预约客户，取出已准备好的修理单和客户档案/资料。

（3）识别客户需求。

耐心倾听客户陈述，询问检查目的和里程表读数，然后确定技术检查程序（如40 000 km例行检查），了解故障现象及故障产生的情况等，用客户的原话将症状及要求写在修理单上。

（4）接车前的检查（环检）。

在填写维修单之前与客户一起对车辆进行检查，当着客户的面使用五件套，提供手提袋装纳客户的物品，同时看一下车辆是否存在某些缺陷（如车身某处有划痕、某个灯破碎等），有无贵重物品留在车中等，在维修单上注明这些缺陷。如果在行驶中发现故障，应与客户一起进行试车。

返修或投诉的车辆可要求车间主任协助,在修理单上注明"返修"或"投诉"。

(5)打印维修单(任务委托书)。

总结客户需求,解释要做的工作、估价和交车日期及时间,与客户共同核实车辆、客户信息,将所有故障及客户意见(修或不修)写在任务单上,服务顾问打印维修单,客户在任务单上签字。

子任务 ❷

主题	实践任务演练——服务顾问接待未预约客户	
说明	本任务需要同学扮演服务顾问和客户两种角色,另选择几名同学作为评价员,对服务顾问的表现进行评分,并且完成评分表。小组成员可轮流扮演服务顾问和客户。任务完成后,教师对任务完成情况进行点评评分	时间:90分钟

任务工单:服务顾问接待未预约客户

1. 任务描述

秦岭是一汽－大众 4S 店的前台服务顾问,他要接待一位没有预约的客户,这位客户要做速腾车的 15 000 公里保养;同时,他的汽车在刹车的时候偶尔会发出声音,客户希望把这个问题也检查一下,请完成该客户的接待工作。

接车制单参考话

<table>
<tr><td colspan="6" align="center">接车单</td></tr>
<tr><td rowspan="12">基本信息及需求确认</td><td>车牌号</td><td></td><td>车型</td><td></td><td>接车时间</td><td></td></tr>
<tr><td>客户姓名</td><td></td><td>客户联系电话</td><td></td><td>方便联系时间</td><td></td></tr>
<tr><td rowspan="6">客户陈述及要求:</td><td colspan="3"></td><td>是否预约</td><td>是□ 否□</td></tr>
<tr><td>是否需要预检</td><td>是□ 否□</td></tr>
<tr><td>是否需要路试</td><td>是□ 否□</td></tr>
<tr><td>贵重物品提醒</td><td>是□ 否□</td></tr>
<tr><td>是否洗车</td><td>是□ 否□</td></tr>
<tr><td>是否保留旧件</td><td>是□ 否□</td></tr>
<tr><td colspan="5">如保留旧件,放置位置:</td></tr>
<tr><td colspan="5">服务顾问建议:</td></tr>
<tr><td rowspan="2">预估维修项目(包括客户描述及经销商检测结果):</td><td colspan="4">预估维修费用及时间(备件、工时等)</td></tr>
<tr><td colspan="4">预估交车时间:</td></tr>
<tr><td colspan="5">注意:因车辆维修需要,有可能涉及路试,如有在路试中发生交通事故,按保险公司对交通事故处理方法处理!</td></tr>
</table>

	检查项目	接车确认	备注（如异常，请注明原因）	接车里程数：_____公里
接车检查	车辆主副及应急钥匙	正常□ 异常□		
	内饰	正常□ 异常□		0 1/2 1
	电子指示系统	正常□ 异常□		
	雨刮功能	正常□ 异常□		外观确认（含轮胎、轮毂（盖）、玻璃等，如有有问题，画圆圈标准在车辆相应位置）：
	天窗	正常□ 异常□		
	音响	正常□ 异常□		
	空调	正常□ 异常□		
	点烟器	正常□ 异常□		
	座椅及安全带	正常□ 异常□		
	后视镜	正常□ 异常□		
	玻璃升降	正常□ 异常□		
	天线	正常□ 异常□		
	备胎	正常□ 异常□		
	随车工具	正常□ 异常□		
	服务顾问签名：			客户签名：
整体评价	客户整体评价（请帮忙在下述相应表格中打"√"）			客户签字
	非常满意！□	满意！□	一般□	不满意！□ 非常不满意□

2. 服务顾问表现评分

	评分内容	分值	评分
基本要求	服务顾问是否尊称客户	5	
	服务顾问是否微笑向客户致意，并欢迎到店	5	
	不打断客户说话	5	
	对待客户车辆小心爱护	5	
接车／制单流程要求	服务顾问是否第一时间接待客户	5	
	服务顾问是否引导客户车辆停放到合适的位置	5	
	服务顾问是否自我介绍并递送名片	5	
	服务顾问是否主动询问您的维修保养需求	5	
	服务顾问是否进行了环车检查和记录	5	
	在检查时，服务顾问是否主动同时向您讲解他在检查什么	5	
	服务顾问是否当面主动使用五件套将车辆内饰罩住，保护内饰	5	
	服务顾问是否主动提醒您带走贵重物品	5	
	服务顾问是否主动告诉您维修/保养相关部件对您的驾车体验有什么好处	5	
	服务顾问是否详细介绍了本次保养/维修的内容	5	
	服务顾问是否主动口头向您提供了预估的费用和维修时间	5	
	评分员对服务顾问整体表现评分	25	
	评分员评价总分	100	
	教师评分	100	
	综合得分（评分员评价总分×0.5+教师评分×0.5）	100	

★学生工作笔记（体会、收获）：

_____

_____

_____

4. 修理/进行工作

1)维修的重要性

维修作业是维修企业的核心环节，维修企业的经营业绩和车辆维修质量主要由此环节产生，做好维修工作十分必要。

2)维修/进行工作的工作内容

（1）遵守接车时的安排。

（2）车间或小组分配维修任务，全面完成定单上的内容。

（3）保证修车时间。

（4）定单外维修需争得客户签字同意。

（5）正确使用专用工具、检测仪器，参考技术资料，避免野蛮操作。

（6）做好各工种和各工序之间的衔接。

（7）技师在维修工作定单上签字。

3)修理/进行工作的工作要求

（1）维修人员要保持良好的职业形象，穿着统一的工作服和安全鞋。

（2）作业时要使用座椅套、脚垫、翼子板罩、转向盘套、换挡杆套等必要的保护装置。

（3）不可在客户车内做吸烟、听音响、使用电话等与维修无关的事。

（4）作业时车辆要整齐摆放在车间，时刻保持地面、工具柜、工作台、工具等整齐清洁。

（5）作业时工具、油水、拆卸的部件及领用的新件不能摆放在地面上。

（6）维修完毕后，将旧件、工具、垃圾等收拾干净。

（7）将更换下来的旧件放在规定位置，以便客户带走。

（8）将座椅、转向盘、后视镜等调至原来的位置。如果拆卸过蓄电池，收音机、电子钟等存储的数据已被清除，应重新恢复。

子任务❸

主题	实践任务演练——服务顾问派工维修及增项处理	
说明	本任务需要同学扮演服务顾问、车间工作人员、维修技师、客户四种角色，另选择几名同学作为评价员，对服务顾问的表现进行评分，并且完成评分表。小组成员可轮流扮演服务顾问、车间工作人员、维修技师和客户。任务完成后，教师对任务完成情况进行点评评分	时间：90分钟

任务工单：服务顾问派工及增项处理

1. 任务描述

秦岭把刚刚做 15 000 公里保养的客户送入休息区等待以后，把客户车辆交接给车间工作人员并说明大致工作内容及注意事项，在维修过程中，车间工作人员实时更新维修进度看板信息，服务顾问及时关注看板进度变化，并适时将维修进度告知客户。在维修过程中，维修技师告知服务顾问刹车异响是因为刹车片磨损过薄，需要更换两侧后轮刹车片，服务顾问将这个维修增项信息告知客户，并对客户进行解释说明

维修工作参考话术

维修进度管理看板

序号	服务顾问	车牌号	进厂时间	预计交车时间	维修工位	维修进度					
						等待派工	等待配件	维修中	等待客户答复	质检中	等待交车
1											
2											
3											

维修项目变更申请表

车牌号：　　　　客户姓名：　　　　委托书号：　　　　时间：

序号	项目名称	预计工时费用	预计备件费用	有无备件	如无备件，请填写备件预计到货时间	客户选择
1				有□ 无□		维修□ 不维修□
2				有□ 无□		维修□ 不维修□
3				有□ 无□		维修□ 不维修□
4				有□ 无□		维修□ 不维修□

根据客户维修要求，维修费用和时间将相应增加，具体如下：

预估增加工时费用：　　　预估增加备件费用：　　　预估增加总费用：　　　预估增加时间：

客户确认签名：　　　　　　　　服务顾问签名：

维修技师签名：　　　　　　　　质量检查员签名：

备注：以上为我站检查发现的维修项目，凡是与车辆安全有关的问题，客户如不同意进行维修，引发的责任由客户自负。

2. 服务顾问表现评分

	评分内容	分值	评分
基本要求	服务顾问是否尊称客户	5	
	服务顾问态度是否亲和有礼	5	
	不打断客户说话	5	
	服务顾问是否服务积极主动	5	
维修工作流程要求	服务顾问是否将钥匙、工单等交给车间工作人员	5	
	服务顾问是否向车间工作人员说明工作内容	5	
	服务顾问是否向车间工作人员说明预估交车时间及注意事项	5	

	评分内容	分值	评分
维修工作流程要求	服务顾问是否查看维修进度看板	5	
	服务顾问是否主动关怀客户	5	
	服务顾问是否随时与技师沟通维修情况	5	
	发生增加项目时,服务顾问是否主动征求您对额外服务的确认	5	
	如果时间或者费用增加,服务顾问是否有告知,并说明变化的原因	5	
	在您等待期间,服务顾问是否至少一次向您通报维修进度	5	
	是否在约定的时间内完成维修/保养	5	
	服务顾问是否通知您维修保养工作已经完毕,现在您的车正在送去质检洗车	5	
	评分员对服务顾问整体表现评分	25	
	评分员评价总分	100	
	教师评分	100	
	综合得分(评分员评价总分×0.5+教师评分×0.5)	100	

★学生工作笔记(体会、收获):

_____

_____

_____

5. 质检/内部交车

1)质检的重要性

只有稳定的维修质量才能使客户满意,才能保障维修业务健康、持续、稳定地发展下去。因此,在维修过程中和维修结束后认真进行质检,不仅可以保障客户满意率,更重要的是还可以减少车辆返修率,为企业节省时间和资金,提高企业在客户心中的地位。

质检/内部交车演示

2)质检/内部交车的方式

(1)自检:在客户接车前纠正可能出现的问题。

(2)互检:班组长检查。

(3)终检:终检员签字(安全项目、重大维修项目根据行业标准检验)。

3)质检/内部交车的工作内容

(1)随时控制质量,即自检。

(2)路试(技师/工或服务顾问)。

(3)在工作单上写明发现但还没纠正的问题,服务顾问签字。

（4）清洁车辆。

（5）停车并记录停车位。

（6）准备服务包（特色服务介绍等宣传品、资料、礼品、客户意见调查卡等）。

（7）向服务顾问说明维修过程及问题。

4）质检/内部交车的工作要求

（1）了解客户的车辆历史，包括是否曾被召回。

（2）确认客户提到的所有需求。

（3）让客户了解获得所需信息的重要性。

（4）向客户解释，如果费用或时间变化会及时联系告知。

（5）确保维修车间通过有效的工作分配，做好准备为预约及未预约的客户提供服务。

（6）如果是返修或投诉，请维修经理亲自确认你所做的交车准备工作（如所做的工作、工作质量、换掉的零件、写好的文件等）。

建议让当初接待客户的那位业务接待人员做交车前的准备工作，并在交车时对所做的工作进行解释。

5）质检/内部交车流程（图2-8）

（1）维修后质量自检。

随时控制质量，在客户接车前纠正可能出现的问题，查看修理单，以确认最后检查已完成（如车间主任签字）。如有必要，技师/工或服务顾问进行路试。要求维修经理批准特别修理（如昂贵的修理、保修工作或返修等）的收费。要求维修经理亲自确认返修或投诉车辆的交车前的最后检查。在修理手册或质量保证书中记录下已完成的检查。

（2）清洁车辆。

确认车辆里外已清理干净。确认其他交车前的礼仪工作[将座椅恢复到原来位置，再次检查接车前的检查项目（车身损伤等），并与原先的检查进行比较]。

（3）准备交还给客户的材料。

准备要交还给客户或要给客户看的换下来的零件和材料、修理手册或质量保证书。

图2-8 质检/内部交车流程

6. 交车/结账

1）交车/结账的工作内容

（1）检查发票（材料费、工时费与实际是否相符）。

(2)向客户解释发票内容。

(3)向客户说明定单外工作和发现但还没解决的问题,对于必须修理但客户未同意的项目要请客户签字。

(4)给客户看旧件。

(5)指示客户看所做的维修工作。

(6)告知某些备件的剩余使用寿命(制动/轮胎)。

(7)向客户讲解必要的维修保养常识,宣传经销商的特色服务。

(8)向客户宣传预约的好处。

(9)告别客户。

2)交车/结账的工作要求

(1)准时交车。

(2)交车时间要充分。

(3)遵守估价和付款方式。

(4)确保车辆内外清洁,检查维修过的地方无损坏或油污,让客户可以明显地感受到你对他的车进行了处理。第一眼的印象往往是最重要的,那些并非为客户所期待的"额外的举手之劳"常常会在很大程度上增加客户的满意度。

　　交付客户一辆洁净的车辆非常重要,尤其是一些小细节,如烟灰盒里烟灰必须倒掉,时钟要调整正确,座椅位置要调整正确,汽车外观的保养占用的时间很少,却事半功倍。

(5)应该逐项解释收费项目(工时费和零件价格),并且展示换下来的零件。

(6)作为汽车保养专家,服务顾问应向客户讲述在维修过程中发现的问题及如何防止故障再发生。例如:"您的爱车制动摩擦片只剩下4毫米,大约只能行驶六七千千米,一定记住及时更换;否则,制动效果会降低,也可能造成制动盘的磨损。"

提供资料,让客户可以享受更多的驾驶乐趣。

(7)在客户取车时,服务顾问应亲自带领客户看一下维修完毕的车辆,并使他确信选择这家维修厂进行车辆维修的决定是正确的,并尽可能说明免费为客户进行的项目。例如:"手制动器行程太大了,可能导致手制动器失效,我们已帮您调整了。"

(8)当面展示给客户一些额外关怀。例如,给吱吱作响的车门铰链加油润滑;调整玻璃清洗液喷嘴角度。

(9)向客户提出关怀性建议,例如:"轮胎气压不足会增加燃油消耗,您应经常检查胎压;清洗液喷嘴被车蜡堵住了,清洗液喷不出来,我们已将车蜡清除了,以后打蜡时要多注意。"

3)交车/结账流程(图2-9)

(1)通知客户提车。

到休息室或打电话通知客户维修工作已完成,请客户提车。

（2）解释所做的工作和收费项目。

解释所做的工作，并展示换下的零件。陪客户到车旁，展示接车前检查的项目都已完成（如车门铰链已加油），展示所做工作的质量（如果在诊断时进行了路试，此时也应与客户一起进行路试），向客户讲述在维修中发现的问题，并且为其提供有用的资讯。

（3）请客户付款。

取下座椅套，陪客户至业务接待处。向客户解释所做的工作，请客户付款。通知客户下次保养检查的时间。询问客户何时进行维修后跟踪比较方便。

（4）送客户离去。

交还修理手册或质量保证书、锁匙等。陪同客户取车。感谢客户的光临，并且送他离去。

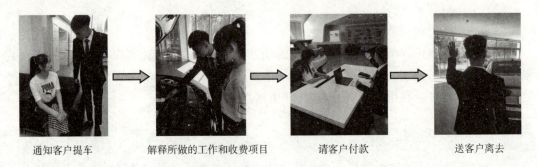

通知客户提车　　　解释所做的工作和收费项目　　　请客户付款　　　送客户离去

图 2-9　交车／结账流程

子任务 ④

主题	实践任务演练——服务顾问将车辆交付给客户	
说明	本任务需要同学扮演服务顾问、客户和收银员三种角色，另选几名同学作为评价员，对服务顾问的表现进行评分，并且完成评分表。小组成员可轮流扮演服务顾问、客户和收银员。任务完成后，教师对任务完成情况进行点评评分	时间：90分钟

任务工单：服务顾问将车辆交付给客户

1. 任务描述

做 15 000 公里保养的速腾汽车已经完成了质检工作，也已经给车子进行了全面的清洁。秦岭制作好维修结算单后，去休息区通知客户维修已经完成，请客户一同去验车，验车结束后，向客户详细说明结算单上的费用明细，并陪同客户结算，最后把钥匙交还给客户，送他离开

交车／结账参考话术

结算单					
				结算日期：	
客户		委托书号		牌照号	
联系人		电话		移动电话	
地址					
底盘号		进厂日期		发票号	
车型		行驶里程		发动机号	
下次保养时间			回访方式		
下次保养里程			回访时间		
维修项目					
修理项目代码	项目名称	工时	工时费	项目属性	
应收工时费		实收			
备件材料					
备件代码	备件名称	数量	计量单位	金额	
应收材料费			实收		
应收工时费：		管理费：		其他费用1：	
本次收款		大写			
建议维修项目					
维修项目代码	建议维修项目名称	工时费	材料费	备注	

尊敬的客户：建议您尽快为您的爱车实施以上建议维修项目，以保障车况良好和驾驶安全！如因为未实施以上项目而导致的车辆、人员等损失，本公司概不负责！

温馨提示：
提醒下次保养里程_____下次保养时间_____
提醒客户预约电话_____24小时服务电话_____
我们将在48小时内，在您方便的时段，以您喜欢的方式对我们的服务质量进行回访！
服务顾问：   服务总监：
客户签名：   日期：

2. 服务顾问表现评分

	评分内容	分值	评分
基本要求	服务顾问是否对客户使用尊称	5	
	态度是否谦和有礼	5	
	不打断客户说话	5	
	小心爱护客户车辆	5	
交车/结账流程要求	服务顾问是否戴着白手套,当面拆除车罩/内部保护套	5	
	服务顾问是否主动向您描述了保养效果,并向您阐述维修保养给您带来的好处	5	
	服务顾问是否向您确认工单上所有项目已完成	5	
	服务顾问是否主动解释结算单的各项费用和总维修费用	5	
	服务顾问是否告知提供免费洗车	5	
	服务顾问是否展示车辆内部整洁、无污渍	5	
	服务顾问是否展示车辆外部已清洗干净	5	
	车辆的设定(如收音机、座椅、后视镜等)是否和客户初始状态相同	5	
	服务顾问是否主动询问您是否需要更换下的零件	5	
	服务顾问是否陪同您到车旁,并提交了钥匙	5	
	服务顾问是否主动提醒下次保养时间/里程	5	
	评分员对服务顾问整体表现评分	25	
	评分员评价总分	100	
	教师评分	100	
	综合得分(评分员评价总分×0.5+教师评分×0.5)	100	

★学生工作笔记(体会、收获):

_____

_____

_____

7. 电话跟踪回访

1）电话跟踪回访的好处

（1）对客户的惠顾表示感谢，加深客户信任度。

（2）了解客户对服务是否满意；如果不满意，可以采取行动解决任何可能存在的问题。

（3）将跟踪结果反馈给服务顾问、服务经理、车间主任等，找出改进工作的措施，以利于今后的工作。

（4）通知客户下一次例行保养检查的时间。

2）电话跟踪回访的工作内容

电话跟踪回访流程如图 2-10 所示。

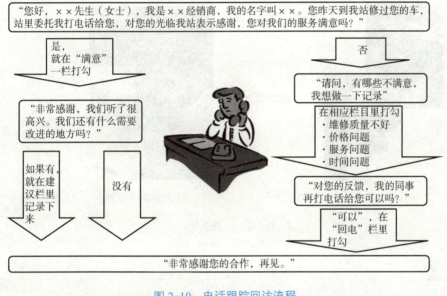

图 2-10 电话跟踪回访流程

跟踪回访演示

3）电话跟踪回访的工作要求

（1）打电话时为避免客户觉得他的车辆有问题，建议使用标准语言及标准语言顺序，发音要自然、友善。

（2）不要讲话太快，一方面，给没有准备的客户时间和机会回忆细节；另一方面避免客户觉得你很赶时间。

（3）不要打断客户，记下客户的评语，无论批评或表扬。

（4）维修后 48 小时之内打电话询问客户是否满意。

（5）打回访电话的人要懂基本维修常识，懂沟通及语言技巧。

（6）打电话要回避客户不方便接听电话的时间。

（7）如果客户有抱怨，不要找借口搪塞，告诉客户你已记下他的意见，并让客户相信如果他愿意有关人员会与他联系并解决问题，有关人员要立即处理，尽快回复客户。

（8）对跟踪的情况进行分析及采取改进措施。

（9）对客户的不合理要求进行合理解释。

4）电话跟踪回访流程（图2-11）

（1）维修后跟踪。

取出有关的修理单（在维修后48小时以内），通过电话，在预约的日期和时间联络客户，并且按照预定的程序进行跟踪（如感谢客户惠顾、确认他/她是否满意等）。如果客户满意，感谢客户，并欢迎继续光临惠顾；如果客户不满意或有投诉，感谢客户向你提出了问题，帮助你杜绝同样问题。请客户将车开回维修中心，解决投诉的问题。立即向维修经理报告投诉内容。

（2）回访跟踪结果反馈。

总结当天跟踪的结果，向维修经理报告跟踪结果。

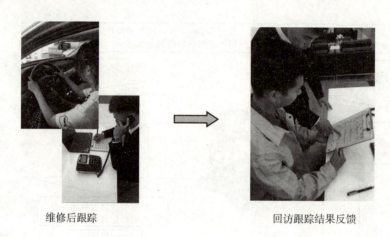

维修后跟踪　　　　　　　　回访跟踪结果反馈

图2-11　电话跟踪、回访流程

子任务❺

主题	实践任务演练——维修后48小时内电话跟踪回访客户	
说明	本任务需要同学扮演回访人员和客户两种角色，另选择几名同学作为评价员，对回访人员的表现进行评分，并且完成评分表。小组成员可轮流扮演回访人员和客户。任务完成后，教师对任务完成情况进行点评评分	时间：45分钟

任务工单：维修后48小时内对客户进行电话跟踪回访

1. 任务描述

秦岭的做速腾15 000公里保养的客户维修完成一天后，回访人员给这位客户打回访电话，询问关于车辆保养维修后的使用情况以及对各项服务的满意度，并把客户的意见和建议记录下来

电话跟踪回访参考话术

电话跟踪回访调查表					
编号：		客服专员：		调查时间：	
客户信息						
客户姓名		车牌号		车架号	
维修/保养日期		服务顾问		维修技师	
回访问题： 1.您对我们的服务满意吗？ 2.能陈述一下您的理由吗？ 3.您的车辆使用情况如何？					
满意（5分）		一般（3分）		不满意（0分）	
原因：					
客户抱怨/投诉的问题：					
解决方案：					
备注：					

2. 回访人员表现评分

	评分内容	分值	评分
基本要求	态度亲和、有礼貌	5	
	语速清晰缓和	5	
	不打断客户说话	5	
	及时、准确记录信息	5	
跟踪回访流程要求	回访人员是否在维修保养后的48小时内回访客户	5	
	是否首先报出店名和姓名	5	
	是否说明回访的目的	5	
	是否询问客户方便接听电话吗	5	
	是否询问客户车辆维修后的使用情况	5	
	回访人员是否询问客户对于服务经历的总体满意度	5	
	客户有抱怨时，在回访中是否有效地进行了解决	5	
	是否记录了客户反映的问题及建议	5	
	回访结束前是否对客户表示感谢（如感谢客户的配合等）	5	
	是否填写回访调查表	5	
	评分员对回访人员整体表现评分	30	
	评分员评价总分	100	
	教师评分	100	
	综合得分（评分员评价总分×0.5+教师评分×0.5）	100	

★ 学生工作笔记（体会、收获）：

_____

_____

任务 3　服务接待礼仪			
任务难度		中级	
学时	4学时	班级	
成绩		日期	
姓名		教师签名	
能力目标	知识	1. 掌握服务顾问的仪容仪表注意事项 2. 熟悉前台的各种接待礼仪	
	技能	技能	能力描述
		能够在接待客户过程中恰当地运用服务礼仪	"1+X"汽车维修企业运营与项目管理技术中级技能【工作任务：礼仪的规范及保养的规范】
	素养	1.培养礼仪素养 2.培养积极乐观的人生态度	

情境导入

2018 年 5 月，王女士开车到秦岭所在的 4S 店做定期保养维护，秦岭的同事接待了她。保养维护结束 2 天后进行电话回访时，王女士反映这位工作人员衬衫不整洁，说话口音比较重，听不太懂他说的话，感觉整体服务水平一般。针对王女士反映的这种情况，服务顾问在接待客户的过程中，要注意哪些方面的礼仪，才能让客户感觉很舒适呢？

任务相关信息

礼仪体现一个人的精神状况，给人留下视觉印象，代表一个人的气质。有形、规范、系统的服务礼仪，不仅可以树立服务顾问和企业的良好形象，还可以塑造受客户欢迎的服务规范和服务技巧，能让服务顾问在和客户交往中赢得理解、好感和信任。

一、仪容仪表

1. 男服务顾问

男服务顾问仪容仪表如图 2-12 所示。
（1）头发：每天洗头，梳理整齐，没有头皮屑。
（2）刘海：请梳理刘海，以保持额头爽洁。
（3）发色：保持原色，不染发或染黑色或棕色。
（4）发型：短发，发脚侧不过耳，后不过领，服帖整齐，不可蓬松杂乱。

（5）眼睛：清洁、无分泌物，避免眼中布满血丝。
（6）脸：面部清洁，胡须每日一理，刮干净。
（7）嘴巴和牙齿：饭后刷牙，牙齿清洁、无残留物及异味，口气清新。
（8）指甲：清洁，定期修剪，短于指尖。
（9）着装（基本）原则：庄重、整洁、大方；全身三种颜色以内。

穿西装（图2-13）的原则：
① 要拆除衣袖上的商标。
② 要熨烫平整。
③ 要扣好第一颗纽扣。
④ 要不卷不挽。
⑤ 要巧配内衣。
⑥ 外面的口袋不装东西。
⑦ 衬衣：标准工装。
⑧ 领带：领带紧贴领口，系得美观大方（颜色、长短、领带夹）。
⑨ 佩戴吊牌：戴工作吊牌，颈后吊绳须藏于衣领内，吊牌必须端正面向客户。
⑩ 佩戴胸牌：着西装时佩戴于左翻领扣处，着衬衣时佩戴于衬衣口袋齐平上1厘米正中。

2. 女服务顾问

女服务顾问仪容仪表如图2-14所示。

图2-12　男服务顾问仪容仪表　　图2-13　男服务顾问穿西装　　图2-14　女服务顾问仪容仪表

（1）头发：梳洗整齐，没有头皮屑。
（2）刘海：请梳理刘海，以保持额头爽洁。
（3）发色：染发不得过于鲜艳、怪异。
（4）发型：马尾、短发、盘发。
（5）发饰：选用大小适中的发饰。
（6）眼睛：清洁、无分泌物，避免眼中布满血丝。
（7）化妆：淡妆，涂亮色口红。
（8）嘴巴、牙齿：清洁、无残留物及异味，口气清新。
（9）指甲：清洁，定期修剪，短于指尖；指甲油只限于透明色。
（10）香水：清新淡雅，不可浓烈。

(11) 着装原则：简单、大方、整洁、明快。
① 职业装。
② 皮鞋。
③ 丝袜。
④ 首饰。
⑤ 工作牌。
⑥ 手机。

二、肢体语言

(1) 微笑：微笑是一种国际礼仪，能充分体现一个人的热情、修养和魅力。微笑可以感染客户，微笑可以激发热情，微笑可以增强创造力。

(2) 站姿：上身正直，挺胸收腹，腰直肩平，两臂自然下垂，如图 2-15 所示。

(3) 坐姿：上身正直，胸部向前挺，双肩放松平放，躯干等正对前方，目光平视面带微笑。入座时要轻，坐满椅子的 2/3，后背轻靠椅背，双膝自然并拢（男性可略分开），身体稍向前倾，表示对别人的尊重，如长时间端坐，可双腿交叉重叠，但要注意将上面的腿向回收，脚尖向下。

(4) 走姿：头部伸直，肩部放松，胸部舒展挺起，腹部和臀部适度收缩。

(5) 蹲姿：背不要弯，也不要低头，上身始终保持挺立，大方得体。

(6) 握手：握手的顺序是上级在先、主人在先、长者在先、女性在先。握手时力气不宜过大，但也不宜毫无力度，应目视对方并面带微笑，不能戴着手套与别人握手；握手的时间以 3～5 秒为宜。

交换名片：递名片（图 2-16）的次序是由下级或访问方先递名片，如是互相介绍时，应由先被介绍方递名片，递名片时应说"请多关照""请多指教"之类的寒暄语；互换名片时，应用右手拿着自己的名片，用左手接对方的名片后，用双手托住，同时也要看一遍对方的职务、姓名等。

图 2-15　男服务顾问站姿

图 2-16　递名片

三、服务用语

1. 声音的运用

（1）控制语音：语速的节奏，井井有条。

（2）重音运用：强调某些关键之处。

（3）亲切设计：让客户觉得你的声音很专业。

2. 标准服务用语

（1）欢迎光临。

（2）先生／女士您好。

（3）请问有什么需要帮忙的？

（4）请问先生／女士您需要在这里等吗？

（5）有什么问题，请随时跟我联系。

（6）这是我的名片，请多多指教。

3. 最常用的礼仪敬语

常说"请""谢谢""对不起"，常见礼仪如图 2-17 所示。

（1）"请"字常挂嘴边，有礼的人到处受欢迎。

（2）"谢谢"不一定在有实质的交易时才说，服务或体验也可以说一句谢谢。

（3）"对不起"是一种过失关怀的礼节，道歉并不表示错误。

图 2-17　常见礼仪

4. 禁忌语言

禁忌语言如下：

（1）不知道。

（2）好像。

（3）可能／大概／也许／含糊不清的语言。

（4）不能、不可以。

（5）这不是我的责任。

（6）问题不大，还行。

四、电话礼仪

1. 接电话的注意事项

接电话流程如图 2-18 所示。

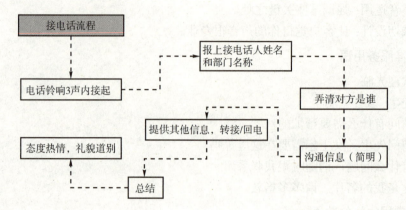

图 2-18　接电话流程

（1）电话铃响 3 声内接起。
（2）电话旁准备好纸笔进行记录。
（3）确认记录下的时间、地点等。
（4）告知对方自己的姓名。

2. 拨打电话的注意事项

拨打电话流程如图 2-19 所示。

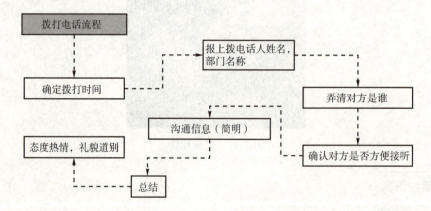

图 2-19　拨打电话流程

（1）重要的第一声。
（2）喜悦的心情。
（3）清晰明朗的声音。
（4）认真清楚的记录。
（5）了解拨打电话的目的。

(6)挂电话前的礼貌。

3. 转接电话标准用语

(1)您好！这里是××公司。

(2)请稍候，我将为您转接。

(3)对方占线，请您稍等一下。

(4)马上为您转接。

4. 留言电话用语

(1)×××，现在不在，我是××，是否可以由我为您服务？

(2)对不起，×××不在，是否需要留言？

(3)对不起，×××正在……，是否需要等候呢？

五、道歉的技巧

(1)道歉应当文明而规范。

(2)道歉应当及时。

(3)道歉应当大方。

(4)道歉并非万能的。

六、常用礼节

1. 问候礼仪

(1)早晨上班见面时，互相问候"早上好"等。

(2)因公外出应向部门中的其他人打招呼。

(3)在公司或外出时遇见客户，应面带微笑主动上前打招呼。

(4)下班时也应打招呼后再离开，如"明天见""再见"等。

2. 座次礼仪

(1)会客室中离门口较远的席位为上席，即图 2-20 中的席位 B。

(2)客户来访时，工作人员按照职位顺序从内向外入座，如图 2-21 所示。

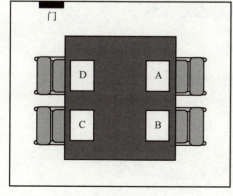

图 2-20　会客室座次

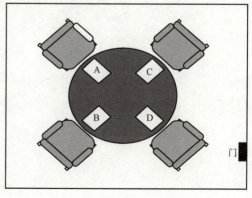

图 2-21　职位座次

3. 奉茶和咖啡的礼仪

（1）奉茶或咖啡时客户优先。

（2）留意奉茶或咖啡的动作。

（3）拿起托盘退出会客室。

4. 建立良好的人际关系

（1）遵时守约。

（2）尊重上级和资深同事。

（3）公私分明。

（4）加强沟通和交流。

（5）不回避责任。

（6）态度认真。

任务 4　处理客户投诉

任务难度	中级		
学时	3学时	班级	
成绩		日期	
姓名		教师签名	
能力目标	知识	1. 掌握处理客户抱怨的原则和流程 2. 掌握处理客户投诉的技巧和流程	
	技能	技能	能力描述
		能够妥善地解决客户抱怨或者投诉，并安抚客户	"1+X"汽车维修企业运营与项目管理技术中级技能【工作任务：维修企业客户投诉技巧】
	素养	1. 培养包容精神 2. 培养团队合作意识	

情境导入

赵先生的汽车发生了交通事故，送到某 4S 店进行维修，服务顾问承诺 10 天后就可以交车。没有汽车，赵先生的生活很不方便，到了第 9 天，赵先生赶紧到 4S 店查看爱车的修理情况，结果服务顾问告诉他还没有开始维修，维修人员还在等待零件，而且也不知道零件什么时候能送到。赵先生非常愤怒，一气之下投诉到服务经理那里，要求给他一个合理的解释。服务经理该如何处理赵先生的投诉，才能让他满意呢？

任务相关信息

一、客户抱怨的处理

1. 抱怨分析

统计表明，在表示不满意的客户中，有 6.5% 的人会使用公开的抱怨方式，这会给企业带来各种负面影响。如果这些抱怨处理不及时或不合理，就会有一些客户采取一些过激的方式，如不支付账单、对客户服务人员蛮横无理，更严重的是四处诋毁该公司，通过网络影响若干个潜在客户。所以我们要给客户提供抱怨的渠道，并认真对待客户的抱怨，在企业内部建立处理抱怨的规章制度和业务流程，如规定对客户抱怨的响应时间、处理方式和抱怨趋势分析等，如图 2-22 所示。

客户抱怨是指客户对汽车生产企业的产品、经销商的服务以及代表企业形象的员工的任何负面评论。

图 2-22 抱怨分析

1）分析客户抱怨的原因

当客户感受到所使用的产品或接受的服务没有达到预期时，就会抱怨，甚至投诉。导致客户抱怨的原因多种多样，因时而异，因人而异，很难一一列全，但在一般情况下，客户抱怨主要集中在产品问题和服务问题两大方面。造成客户对产品或者是服务不满意的体验是通过客户的感受和期望相比较后的一种差距，正是这些差距带来了客户的抱怨，其有以下 5 种。

（1）理解差距：客户的期望与企业管理者理解之间的差距，即企业不能正确理解客户的需求和想法。

（2）程序差距：目标与执行之间的差距，虽然理解了客户的需求，但没有完善的工作流程和规范来保证客户的需求和期望能够实现。

（3）行为差距：服务绩效的差距，即虽然已经了解了客户的需求，并且虽然企业内部制定了完善的工作流程和规范，但是得不到有效执行。

（4）促销差距：企业实际提供的产品和服务与对外沟通之间的差异，即客户得到的产品和服务质量达不到企业宣传和承诺的程度。

（5）感受差距：客户期望与客户感受之间的差距，即企业提供的产品和服务质量不能被客户完全地感受到。

2）正确看待客户抱怨

（1）抱怨就是客户有不满。

（2）有期望才有抱怨——不同的客户期望值有所不同。

（3）抱怨是促使企业改善服务的动力。

（4）妥善处理客户的抱怨可以促进销售——坏事有时也能变成好事。

3）应对客户抱怨的心理准备

（1）避免感情用事。我们不能要求每位客户在抱怨时仍彬彬有礼，因为他们在说话或态度上难免会出现过激行为，在这种情况下我们必须克制自己，应尽可能冷静、缓慢地交谈，这样可以缓冲客户的激动情绪，也为自己争取思考的时间。

（2）我们要有自己代表的是企业形象的觉悟。这里强调自觉性，这是一个为客户服务的人必须具备的思想素质，若不具备这种代表企业的力量来进行判断时，怀有抱怨的客户将会立即要求企业负责人出面，甚至与我们发生争执，造成不良影响。

（3）要有随时化解压力的心理准备。可以采用第三方立场来观察自己忍受客户愤怒的姿态，同时，也可向身边的人诉说整个事件以及所遭受的痛苦，以这种方法来安定自己的精神。

（4）要有把客户抱怨当磨炼的心理。有一份平静的、超然物外的心理对处理抱怨是十分有利的，如果人生事事皆顺心如意，那么人就不可能有所进步。

（5）要有把客户抱怨当成贵重情报的心理。抱怨是一种不满，是一种期待，是一种愤怒，但也传达出一种信息，客户通过抱怨能把他的需求动向反映给企业。一流的企业为了重获客户对他们的信赖，常将得失置之度外来处理客户的抱怨。

（6）不要害怕客户的抱怨。推销产品不可能不出现问题，售后服务再好的企业也会有客户抱怨，客户抱怨是因为他们的想法和企业的想法有一定差距。如果换一个角度来思考这个问题，这其实也等于为企业提供了协助客户和增加服务价值的良机。

（7）不要有"客户的攻击是在针对我"的心理。

4）分析抱怨客户的类型（图2-23）

（1）宣泄型客户。

① 客户需求点。

a. 我的痛苦你要知道。

b. 我的痛苦你要理解。

c. 你要站在我这边。

② 客户反应。

a. 你知道我开过来有多艰难？

b. 你知道我遭受了多大的痛苦？

c. 这事要是你，你说怎么办？

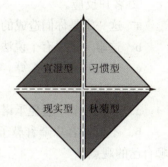

图2-23　抱怨客户的类型

③ 应对策略。

a. 让他们把内心中的不满发泄出来。

b. 花点时间耐心倾听。

c. 热情应对。

④ 应对话术。

a. 非常抱歉，这件事我非常理解。

b. 我非常能体谅您现在的心情。

c. 您的痛苦我能感受到。

d. 这件事要是我的话也会非常生气。

（2）习惯型客户。

① 客户需求点。

a. 我是对的。

b. 你要按照我的说法改进。

c. 你要感谢我对你们提的意见。

② 客户反应。

a. 这个问题是什么原因造成的？为什么会这样？以后还会不会出现同样的问题？

b. 这个问题会不会影响别的部件，是不是一次性帮我修好了？

③ 应对策略。

a. 用谦虚的态度，表现出尊敬的神态，耐心听取。

b. 整个谈判的过程保持礼仪，对客户的问题有问必答，回答解释时必须合理连贯，保持前后一致，不要自我矛盾。

④ 应对话术。

a. 经检查，我们的技师确认是……故障原因是……建议您……

b. 这个问题是不会牵扯到其他问题的，我们的技师维修完毕后会做详细检查的。

（3）秋菊型客户。

① 客户需求点。

a. 一定是你错了。

b. 一定要有个说法。

c. 最好能有补偿。

② 客户反应。

a. 这一定是你们造成的。

b. 这事一定得有个说法。

c. 这次的损失怎么算。

③ 应对策略。

a. 有礼有节，避免承诺超出自己的承受范围，合理运用"同情法"。

b. 不要被客户牵着鼻子走，分清主次话题，要关注事件的本身的问题所在，可以聊聊自己的观点。

④ 应对话术。

a. 这件事解决的方案有1.……2.……

b. 这件事非常抱歉，耽误了您的时间，这是一个小礼品代表我的歉意。

c. 造成这种现象的原因有1.……2.……

（4）现实型客户。

① 客户需求点。

a. 我爱人的意见是……

b. 我朋友的意见是……

c. 其实你们的服务很好的。

② 客户反应。

a. 我们领导认为这是质量问题。

b. 其实你们的服务挺好的，但是我爱人的意见是……

c. 我其实没什么意见。

③ 应对策略。

a. 动之以情，晓之以理，便于客户做出自己的判断。

b．尽可能和决策人联系。

④ 应对话术。

a．造成这种现象的原因是……

b．先生，我能和您的领导直接说明情况吗？

2．处理客户抱怨的原则

（1）以诚相待。

处理客户抱怨的目的是获得客户的理解和再度信任，如果客户感觉我们在处理抱怨时是没有诚意的敷衍，他们不仅不会再来，而且还可能在外大肆宣传我们服务不周，从而成为阻碍我们业务发展的障碍。

（2）迅速处理。

时间拖得越久越会激发客户的愤怒，同时也会使他们的想法变得更加根深蒂固而不易改变。如果说企业犯错可以原谅，那么及时处理原则是这个错误可以原谅的基础。

（3）对客户的抱怨表示理解。

客户总是有理的，但不是说客户总是正确的，认为客户总是有理的，可以使客户感到我们与他们站在一边，从而消除他们情感上的对立和隔阂，促使客户在洽谈中采取合作的态度，共同探讨解决面临的问题。

（4）站在客户的立场上想问题。

客户抱怨一旦产生，心理上自然会强烈认为自己是对的，与之交涉时一定要避免争吵，角色转换后，站在客户的立场上，想法和看法就会有很大转变。

3．客户抱怨处理流程

（1）充分理解客户抱怨。

① 用心服务，用心倾听和理解客户的感受，避免还未了解情况就提出解决问题的方法，应该让客户充分宣泄不满情绪。

② 面对情绪激动的客户，保持心平气和，态度诚恳，这是处理客户投诉的基本原则。

（2）受理客户抱怨。

在受理客户抱怨时，要保持良好的心态，运用沟通技巧积极地与客户沟通，注意收集信息。

（3）与客户协商解决问题并处理抱怨。

要耐心地与客户沟通，征得其认同，快速、简捷地解决客户抱怨，不要让客户失望。

（4）答复客户。

将抱怨处理答复客户。答复分为两种情况。

① 处理结果答复：答复客户时应该为客户准确说明处理结果。

② 升级处理答复：升级处理通常是客户提出的要求超出了服务顾问处理的权限，需要上级领导出面协商解决或批复时，处理客户投诉的一种方法。

（5）服务跟踪。

对抱怨客户的跟踪服务既是对我们处理客户投诉效果的检验，也是显示我们对客户负责和诚信的一种方式，跟踪服务的方式可以通过电话、电子邮件、信函、客户拜访等多种形式完成。

二、客户投诉处理

1. 投诉分析

如果忽视客户的抱怨,或者对客户的抱怨处理不当,就很容易发生客户投诉。我们首先要认真进行分析投诉,把客户投诉的原因、投诉的方式和客户的类型等方面分析清楚,才能进行下一步的投诉处理工作。

1)客户投诉的根源

(1)服务态度:服务客户时,服务态度不良或与客户沟通不够。

(2)维修质量:因维修技术欠佳,导致故障一次或多次未能修好。

(3)客户自身原因:由于客户自己操作不当,对汽车产品知识缺乏了解,使汽车出现故障。

(4)维修价格:客户认为维修价格与其期望相差太大。

(5)配件质量差别:由于配件质量差别或没通知客户,而使用了进口件或副厂件。使用进口件,价格太高,客户接受不了;使用副厂件,客户认为受到欺骗。

(6)维修不及时:在维修过程中,未能及时供应车辆所需配件或维修不熟练,或对维修工作量估计不足又没和客户沟通。

(7)产品质量:由于设计、制造或装配不良所产生的质量缺陷,与客户沟通不够。

2)投诉客户的类型

(1)冷漠型。态度消极冷漠,语言简单。在处理这类客户投诉时,应该表示热情关切,挖掘投诉原因,主动告知如何处理。

(2)善言型。表达力好,言语滔滔不绝,把遭遇告诉给周围的人,容易把负面信息扩散,不易说服。在处理这类客户投诉时,应该首先隔离其他客户,先行安慰其投诉行为,然后再逐渐弄清投诉主因。

(3)愤怒型。语调过高,肢体动作过大,有一定的危险性。在处理这类客户投诉时,首先也是隔离其他客户,认真倾听其意见,然后再逐渐弄清投诉主因,有必要则及时向上级领导汇报。

3)投诉客户的需求

(1)求得尊重。客户在接受服务的过程中,没有受到应有的尊重,或者没有得到其他客户一样的尊重。一般是出于服务态度方面的原因而投诉。

(2)求得发泄。由于维修不及时、维修质量不好或者是受到恶劣对待,或者是由于其他原因受到委屈而借机发泄。

(3)索求赔偿。一般是由维修质量出现问题、配件质量差别、维修价格超出心理预期等引起。

4)客户投诉的方式

(1)直接到服务前台投诉。向服务主管或服务顾问投诉,一般是由于维修质量、维修过程和维修价格等方面出现了问题。

(2)投诉给高层领导或客服部门。采用方式一般为以电话投诉或直接投诉。

(3)投诉厂家。由于对特约经销商的处理不满意,而投诉到厂家。

（4）向电视、广播、报纸等新闻媒体投诉或传播。希望通过新闻媒体来引起有关方面注意。

（5）向行业主管部门或消费者协会投诉。希望行业主管部门或消费者协会协助解决问题。

（6）在互联网上通过微博、论坛等方式发布信息。这种方式相对比较容易，而且影响力越来越大，不容忽视。

在以上的各种投诉方式中，服务顾问或者服务主管首先面对的是直接到服务前台投诉的方式，如果把这部分投诉处理好了，其他形式的投诉一般不会出现。

2. 处理投诉的原则

（1）不回避问题，第一时间处理。

（2）及时找出投诉原因，界定控制范围，寻求双方认可的服务范围。

（3）不作过度的承诺。

（4）必要时让上级参与，通过团队解决问题。

（5）对待客户投诉切忌躲、拖、哄、吓，只有认真负责、及时处理问题，才能让客户满意，从而真正解决客户投诉的问题。

3. 处理投诉的技巧

（1）运用身体语言的技巧。

① 表情自然、放松，不要紧张、严肃。

② 微笑，对客户表示关心。

③ 交谈或倾听时，保持眼神交流。

④ 认真倾听客户的抱怨，体会客户的心情，不要忽略客户的感觉。

⑤ 控制自我情绪，不要语调激动，不要抢话。

（2）稳定客户情绪的技巧。

① 单独交谈。将客户请到单独的房间交谈，这样可以稳定客户的情绪，有的人越在人多的地方情绪越激动。另外，将其与其他客户隔离开也可避免造成负面影响。

② 微笑表示歉意。

③ 让客户放松，请他坐下，给他倒茶。

④ 不争辩。应该明白客户不满意说明经销商的工作有不完善处，在客户情绪不稳定时与其争辩，收不到好效果。这时，更不能将自己的想法强加给客户。

⑤ 暂时转移一下话题。例如，问一下工作单位性质等，这样也可以通过客户喜欢聊的话题来拉近双方的距离。

（3）与客户交谈的技巧。

① 认真倾听，表示关怀，让客户感觉你确实想为他解决问题。

② 确认投诉的最主要内容。

③ 善用提问发掘客户的不满。

④ 必要时，还要认同客户的情感，对其抱怨表示理解。

（4）与客户谈判的技巧。

① 转移法：不作正面答复，以反问方式提醒客户明确双方的责任。

② 递延法：以请示上级为由争取时间。

③ 否认法：对客户所提问题有明显差异的，应予以否认。

④ 预防法：在预估事情可能要发生时，先进行提醒。

（5）自我调整的技巧。

① 调整心态的技巧。

a. 处理抱怨投诉是我们工作的一部分，正确面对。

b. 客户的抱怨投诉主要是针对事情本身而不是对你。

c. 在没有确定客户犯错之前，客户永远是对的。

d. 处理客户抱怨投诉时要保持关系平等，不要过分卑微顺从。

② 消除心理压力的技巧。

a. 补充维生素：压力会迅速消耗掉体内的维生素 B 族。

b. 运动：散步／游泳／骑车／打球。

c. 放松：看海／望星空／听轻音乐／做白日梦。

d. 家庭与朋友：积极／乐观／关爱／真诚／温馨／理解。

e. 微笑：保持适度的幽默感放松和减压。

4. 处理投诉的一般流程

实际投诉案例的客户类型、投诉原因和投诉需求多种多样，有时候甚至出现恶意投诉，处理方法也不尽相同，所以平时要注意积累，有条件的情况下可以模拟演练或观看教学片，形成不同预案，做到有备无患。在接到客户投诉的时候要对投诉事件做出迅速而全面的分析，把握处理投诉原则，注意处理技巧，可以参考下面的过程进行处理。

1）热情接待

凡客户出现投诉情况，多数态度不够友善，有些甚至怒气冲天，不管客户态度多么不好，作为服务顾问都应该热情周到，以礼相待，待如贵宾，如请到办公室、让到贵宾区、倒茶等，如此一则体现了处理投诉的态度，二则体现了"客户是上帝"的原则，三则可以缓解客户的愤怒情绪，减少双方的对立态度。

2）认真倾听

面对客户的投诉，首先是要以诚恳的态度认真倾听，并翔实记录客户投诉登记表。对客户诘问和颜悦色，无论客户说得对与错、多或少，甚至言辞激烈难听，都不要责难，客户言谈间更不要插话，要让客户把想说的一口气说完。客户把想说的说出来了，内心的火气也就消了一半，这样就便于下一步解决具体问题了。

3）真诚道歉

听完客户的倾诉，要真诚地向客户道歉，比如说："由于我店服务不周给您带来的不便，我代表公司向您表示歉意，或者大热天让您从大老远跑来实在不好意思"等。道歉要恰当合适，不是无原则地道歉，要在保持企业尊严的基础上道歉，道歉一则为了承担责任，二则为了消弭客户的火气。

4）仔细分析

根据客户的口述分析客户投诉属于哪一方面，比如是维修质量问题、服务态度问题、使用问题、服务价格问题等，更要从客户口述中分析客户投诉的要求；同时，还要分析客户的要求是否合理，以及具体问题属于哪个部门管理，解决投诉前是否有必要跟归口部门沟通或者跟相关上级领导请示。

5）努力解决

根据客户的投诉内容进行分析，依据本企业相关制度，参考相关法律规定，决定是经济赔偿、以旧换新、产品赔偿、更换配件、上门维修，还是培训指导客户正确使用产品等。把解决方案告知客户，如客户同意，则把处理意见登记在客户投诉登记表上并让客户签名确认，如果客户不同意，看争议在哪里，与客户协商解决，不卑不亢，以"息事宁人，保护名誉"为最高原则，尽量满足客户要求。如果自己确实无法解决客户投诉，则立即引荐给上级领导解决，以期圆满解决。当然客户的要求确实"太离谱"，则通过法律途径来解决客户投诉。如果客户投诉当时无法立即解决，需要说明原因和确切解决时间，到时主动约见客户。对于一些盲目投诉的客户要进行详细解释，或提供操作示范，或专家答疑，或领导接待，动之以情、晓之以理，使其口服心服，同时，向其展示企业的良好形象。

解决客户投诉应尽量避免在公开场所进行，受理投诉以谁受理谁负责，实行"首诉负责制"，如因权力限制可向领导请求授权批准，严禁推诿。

对于恶意的投诉，则义正词严，令其立即放弃恶意投诉。如果恶意投诉情节恶劣，或对本企业造成不良影响，或给销售造成损失，则直接通过法律渠道来解决。

客户投诉从一定意义上说并不是坏事，有投诉就说明有差距或不足，以此为方向，特约经销商可以提高维修技术、加强管理、完善服务，提高竞争力和效益，因此企业应以谦虚负责、宽容、求进的态度应对客户的一切善意投诉。

三、与客户冲突的处理

1. 冲突分析

冲突是指由于人们彼此之间观点、需要、欲望、利益、要求等方面的不相容而引起的一种相互对立、相互排斥的状态。在处理客户抱怨和投诉时，如果处理不当就会造成客户与特约经销商发生冲突，这样很容易导致一些恶劣后果，必须给予充分重视。为了能够更好地处理与客户的冲突，必须对冲突产生的根源以及冲突的类型等方面有正确的认识，以便圆满解决冲突。

1）与客户发生冲突的根源

（1）沟通差异：沟通不良容易造成服务人员与客户之间的误解，从而引发双方发生冲突。人们往往倾向于认为冲突大多数是由于缺乏沟通造成的。

（2）立场和观点差异：常因角色要求、决策目标、绩效标准和资源分配等不同而产生。

（3）人格差异：其结果使有些客户表现出尖刻、不可信任、不易合作的状态，导致双方发生冲突。

2）冲突的影响

（1）冲突的积极影响。

① 暴露经销商内部存在的问题，促进问题的公开讨论，增强企业的活力。

② 化解积怨，增进经销商员工之间或者服务人员与客户之间的沟通与了解程度，增强企业的凝聚力。

③ 冲突是经销商企业创新的重要源泉。

（2）冲突的消极影响。

① 造成沟通迟滞，在经销商内部造成员工之间的不满与不信任。

② 导致经销商内部变得封闭孤立缺乏合作，群体凝聚力降低。

③ 造成服务人员之间的明争暗斗而影响群体目标。

2. 处理冲突的原则

（1）用理性的态度对待冲突。

接受冲突的客观存在，只要有人的地方就会有冲突，不是所有的冲突都是坏事。有的冲突能让经销商的售后服务人员把问题看得更深入更全面，以便更好地解决存在的问题；有的冲突能让经销商的售后服务人员经受锻炼，变得更成熟。

（2）相信有冲突就有解决冲突的办法。

有冲突就有解决问题的办法，作为经销商的服务人员，要敢于面对冲突，冲突并不可怕，可怕的是对冲突惊慌失措，延误时机。不能以等待的态度希望冲突自动消失，要尝试用合理的方式去解决问题。

（3）处理冲突时对事不对人。

经销商的售后服务人员在面对客户的冲突要对事不对人，要就事论事，在工作过程中不要掺杂个人的感情和偏见，这样才能公平公正地处理与客户的冲突。

3. 处理冲突的技巧

（1）努力消除客户的敌意。

"态度决定一切"，以坦诚、包容的态度处理冲突，往往更能赢得支持和理解，使冲突的处理取得意想不到的效果。控制自己对冲突的反应，控制本能的身体反应，保持友善冷静的态度并营造和睦的氛围。在语言沟通的过程中，站在客户角度理解和体会客户的感受，注意言辞、语调和语速，让客户感受到服务人员的诚意，避免插话或妄下判断。

以积极的方式来描述让人愉快的结果，逐渐消除客户的敌意。

（2）及时缓解客户情绪。

经销商的售后服务人员在处理客户冲突时，当客户情绪过于激动，售后服务人员应该立即停下来，想办法缓解客户情绪，待其情绪稳定后再谈。

（3）避免使用结论性的词语。

经销商的售后服务人员在处理客户冲突时，不能使用"你总是""你一贯""你从来不"

等词语，也不要使用带感情色彩的词语如"我气愤极了""我最不喜欢"等。应该用一些准确表达的词语，如"在这个问题上""这次""有时"和"我更主张""我更赞同""我认为最理想的办法"等。

（4）不要一直和客户争辩。

经销商的售后服务人员面对客户提出的问题，不要固执地一直和客户进行争辩，而应从不同角度，采用不同方式沟通，这样更容易取得良好效果。

思政课堂

讨论：你认为自己如何才能成为一名优秀的服务顾问？

参考建议：做一名优秀的服务顾问，甚至成为资深服务顾问，是每个普通服务顾问的梦想。通过学习，大家可以认真地思考一下，如何才能做到优秀？思考后我们会发现服务顾问岗位虽然是个管理岗位，但他需要具备专业的管理知识，还要具备扎实的专业技能。这二者结合起来是做一个优秀服务顾问的基础。为了更优秀，还要学会处理各种客户的抱怨，学会并且善于与客户沟通也很重要。这些技能是工作中慢慢积累起来的，比如，记住常见的50个客户名称；记住50个常用备件的价格；记住常用的50项工时费，等等。希望能在工作中多发现，多积累，尽早让自己成为一名优秀的服务顾问。

任务实施

主题	实践任务演练——处理客户投诉	
说明	本任务需要同学扮演服务顾问和客户两种角色，另选择几名同学作为评价员，对服务顾问的表现进行评分，并且完成评分表。小组成员可轮流扮演服务顾问和客户，任务完成后，教师对任务完成情况进行点评评分	时间：90分钟

任务工单：处理客户投诉

1. 任务描述

李女士在某汽车4S店维修了车辆，开车回家后，发现车并没有修好，李女士生气地来到店里投诉维修质量太差。一名服务顾问接待了李女士，了解情况后，得知是由于李女士车子送修的时候正赶上店里的维修高峰期，在维修过程中，维修人员比较忙乱，少换了一个部件，导致车辆在使用过程中再次出现问题。服务顾问积极和李女士进行沟通，并提出了解决方案和补偿措施，李女士表示可以接受

投诉案例分享

编号：			客户投诉抱怨登记表			
客户姓名			电话：	投诉受理人：	问题来源：电话/来店/其他	
车型：	委托书号：		服务顾问：	受理时间：	年 月 日 时 分	
车牌号：	行驶里程：	万公里	维修技师：	问题发生日期：	最终解决日期：	
最近一次维修保养时间：			客户描述：			
问题类型： 维修质量 □　服务态度 □ 备件缺货 □　产品质量 □ 等待时间 □　其他问题 □						
解决方案：			改进措施：	客服跟踪：		
				客服签字：		
部门签字：	日期：		部门签字：			

2. 服务顾问表现评分

	评分内容	分值	评分
基本要求	服务顾问是否对客户使用尊称	5	
	服务顾问态度是否亲和有礼	5	
	不打断客户说话	5	
	服务顾问是否积极主动	5	
投诉处理要求	是否将客户带到方便谈话的地方	5	
	是否安抚客户的情绪	5	
	是否记录客户的投诉内容	5	
	是否对客户倾听并表示同情理解	5	
	是否向客户解释出现问题的原因	5	
	是否提出多种解决问题的方案	5	
	是否提出补偿措施	5	
	是否询问并尊重客户的意见	5	
	是否请客户在店内休息、等待	5	
	是否填写客户投诉抱怨登记表	5	
	是否对客户进行投诉跟踪回访	5	
	评分员对服务顾问整体表现评分	25	
	评分员评价总分	100	
	教师评分	100	
	综合得分（评分员评价总分×0.5+教师评分×0.5）	100	

★ 学生工作笔记（体会、收获）：

模块 3

车间修理

模块名称	任务名称	难度描述
车间修理	任务1　车间修理岗位	初级技能
	任务2　车间修理类型	"1+X"汽车维修企业运营与项目管理技术中级技能
	任务3　车间修理管理	"1+X"汽车维修企业运营与项目管理技术中级技能

说明：

本课程设计遵循德国双元制职业教育理论，参考"1+X"汽车维修企业运营与项目管理技术标准，以服务客户为理念，按照汽车售后服务企业标准设计。

任务 1　车间修理岗位

任务难度		初级	
学时	1学时	班级	
成绩		日期	
姓名		教师签名	
能力目标	知识	1. 掌握维修车间各工种岗位的职责 2. 掌握维修车间各工种岗位素质要求	
	素养	1. 培养工匠精神 2. 培养团队成员协作精神	

情境导入

郭同学是某高职院校的毕业生，他学习的专业是汽车检测与维修，毕业后想去某个品牌的 4S 店做维修工作，但是他又不知道自己具体能做什么，以及是否能胜任 4S 店的维修工作。这些问题困扰了郭同学很长时间，他非常纠结，不知道该如何选择。这不仅是郭同学一个人的毕业困惑，应该也是很多即将毕业，要走上工作岗位的同学都会面临的问题。那么我们就一起去了解一下 4S 店维修车间的各个岗位吧！

任务相关信息

4S 店的维修车间，主要从事品牌车辆的保养、故障诊断与修理、事故车辆的修理及保险拆检以及事故车辆的钣金喷漆恢复工作，当然，还有保障车辆进行维修保养的备件库房和专用工具等。各部门岗位人员相互配合、相互协调，保证维修时间和维修质量。维修车间主要有以下岗位：车间主任、技术经理、质检员、机电维修工、钣金维修工、喷漆维修工等。

一、汽车机电维修工的职责与条件

1. 岗位职责

（1）组织技工根据任务委托书正确完成维修任务。

（2）负责车辆的机修、电修工作。

（3）负责监督本工位设备及工具的维护与保养。

（4）负责工序质量的自检和互检。

（5）负责监督所辖工位区域"6S"管理。
（6）与服务顾问保持紧密沟通，报告维修进展、车辆状况以及提出修改／新增维修项目。
（7）参与重大、疑难故障的分析、鉴定。

2. 任职条件

（1）具有大专以上学历，汽车相关专业毕业为佳。
（2）有一定的计算机水平，熟练掌握常用的计算机软件。
（3）有汽车相关领域工作经历及 3 年以上汽车维修工作经验，具有较强的故障诊断技能。
（4）熟知汽车保养维护知识。
（5）有驾驶执照，熟悉汽车驾驶。
（6）通过主机厂的维修技师认证。

二、汽车钣金维修工的职责及条件

1. 岗位职责

（1）有优秀和详细的汽车系统、汽车服务、汽车维修和汽车诊断知识。
（2）具有汽车钣金维修领域系统知识。
（3）熟悉系统功能和系统线路、部件、装配总成。
（4）能够操作或快速学习使用所有的设备和系统。
（5）能够在设备出现故障时查明是系统的故障。
（6）能够系统化地进行综合维修、装配和修复基础系统。

2. 任职条件

（1）具有中专或高中以上学历。
（2）有相关领域工作经历及 3 年以上钣金维修经验。
（3）通过主机厂钣金技师认证。
（4）有汽车专业知识与技能，有钣金维修专业知识。

三、汽车喷漆维修工的职责与条件

1. 岗位职责

（1）具有汽车喷漆维修领域系统知识。
（2）熟悉汽车新的喷漆工艺。
（3）能够操作现有的设备和系统。
（4）能够在设备出现故障时查明是系统的故障还是使用者的不当使用造成的。
（5）能够使用最新的喷涂技术提高劳动生产率。
（6）通过技术信息和操作手册能够很快熟悉新系统和设备，并且能够专业地进行操作。

2. 任职条件

（1）具有中专或高中以上学历。

（2）有汽车相关领域工作经历及3年以上喷漆工作经验。

（3）通过主机厂技师认证。

（4）有汽车专业知识与技能，有喷漆专业知识。

四、车间质量检查员的职责及条件

1. 岗位职责

（1）对维修车辆进行质量检验（终检）和反馈，严格控制并保证维修质量，争取一次修复，尽量杜绝返修。

（2）负责返修质量的监督、检查。

（3）统计分析质量检验结果，对内部返修、外部返修情况进行统计分析，并提出改进建议。

（4）负责参与重大、疑难故障的分析、鉴定。

2. 任职条件

（1）具有大专以上学历，汽车相关专业毕业为佳。

（2）掌握常用的计算机知识。

（3）相关领域工作经历及3年以上汽车维修工作经验。

（4）具有丰富的汽车维修知识和汽车理论知识。

（5）熟悉汽车驾驶，有汽车驾驶执照。

（6）有较强的工作责任心、工作主动性和执行能力，有服务意识。

车间修理岗位

思政课堂

讨论：在4S店各种职业岗位中，你更倾向做哪些类型的工作呢？一线维修岗位还是管理类岗位？

参考建议：注重工作前期技术和经验的积累，年轻时不要太注重享受，没有苦何来甜？打好事业的基础，给自己适当的压力，经得起时间和社会的打磨，耐得住寂寞，大国工匠都是数十年如一日在一线工作，一步一个脚印地走下去，让自己成长起来的……

任务工单

主题	了解维修车间机电维修工岗位及素质要求	
说明	1. 完善车间机电维修工岗位工作内容学习页信息 2. 完善机电维修工需要具备的能力条件学习页信息	时间：45分钟

★ 工作页 / 学习页

1. 根据机电维修工的岗位职责，总结机电维修工具体的工作内容。

......

2. 根据机电维修工的素质能力要求，总结机电维修工需要具备哪些能力和条件。

......

★ 学生工作笔记（体会、收获）：

_____
_____
_____

任务 2　车间修理类型			
任务难度		中级		
学时	4学时	班级	
成绩		日期	
姓名		教师签名	
任务目标	知识	1. 掌握首保的内容和规定 2. 了解钣金和喷漆的工艺流程	
	技能	技能	能力描述
		能够熟练执行汽车保养流程	"1+X"汽车维修企业运营与项目管理技术中级技能【工作任务：礼仪的规范及保养的规范】
	素养	1. 培养安全环保意识 2. 培养工匠精神 3. 培养团队合作意识	

情境导入

某城市昨夜下过一场大雪，早晨上班的路上，陈先生在复杂拥挤的交通情况下，因为没来得及踩刹车，追尾了前车，造成前车后保险杠损伤，尾灯也碎了。陈先生赶紧给4S店打电话，然后及时把事故车送进了车间维修。同学们，假设现在由你负责维修陈先生的事故车，你应该如何安排这辆事故车的修理呢？

任务相关信息

车间修理的类型主要有3种：汽车保养、机电维修和钣金喷漆。

一、汽车保养

只有定期对车辆进行保养才能保证其始终处于良好的运行状态，并可以达到延长车辆使用寿命的目的。车辆保养通常分为定期保养和季节保养。

1. 定期保养

定期保养按照时间和里程的约定，包含的项目非常多，本书重点介绍常规保养、更换正时皮带、更换自动变速器油、检查底盘和首保（首次保养）这几项。

迈腾定期保养单

奥迪定期保养单

1）常规保养

更换机油、防冻液，更换"三滤"，蓄电池维护等。

更换"三滤"和机油是保养中最常见的项目，其中"三滤"指的是汽油滤清器、空气滤清器和机油滤清器，它们的作用是过滤汽油、空气和机油中的杂质，防止杂质进入发动机内部，引起发动机异常磨损或工作异常等现象。更换"三滤"的最终目的是更好地保护发动机，尽量延长发动机的使用寿命。

2）定期更换正时皮带

正时皮带的主要作用是驱动发动机的配气机构，使发动机的进、排气门在适当的时刻开启或关闭，来保证发动机的气缸能够正常地吸气和排气。对于所有的发动机来说，正时皮带是绝对不可以发生跳齿或断裂的。如果发生跳齿现象，发动机不能正常工作，便会出现怠速不稳、加速不良或不着车等现象；如果正时皮带断裂，发动机会立刻熄火，如果使用的是多气门发动机，还会导致活塞将气门顶弯，严重的会损坏发动机。正时皮带属于橡胶部件，随着发动机工作时间的增加，正时皮带和正时皮带的附件，如正时皮带张紧轮、正时皮带张紧器和水泵等都会发生磨损或老化。因此，凡是装有正时皮带的发动机，厂家都会严格要求在规定的周期内定期更换正时皮带及附件，更换周期则随着发动机的结构不同而有所不同。按照保养手册的要求，奥迪车行驶到8万公里时应该更换正时皮带，并且4S店的工作人员也将根据车辆使用情况给出适合客户车辆的具体建议。

3）定期更换自动变速器油

自动变速器需要经常检查变速器的油位和定期更换变速器油。例如，装有自动变速器的奥迪汽车要求每行驶6万公里必须更换自动变速器油。

更换自动变速器油

需要注意的是，在换油时必须更换厂家规定的自动变速器油。这是因为不同自动变速器的内部结构、摩擦部件和密封部件等都会有所不同，原厂用油是根据变速器的结构和材料特殊配制的，其他品牌的油即使质量很好，也未必适用，而且换变速器油时会有部分旧的油液残存在变速器的油道和液力变矩器内，当加入其他油液时，两种油液在自动变速器内部混合，可能会使自动变速器油的性能下降，导致自动变速器出现润滑不良或工作异常等故障，严重时还可能损坏自动变速器。

4）检查底盘

在常规保养中，除了一些部件需要定期更换以外，还有部分部件是需要定期检查的，如制动盘、摩擦片、制动管路、转向拉杆球头、减震器等，还有一些橡胶部件，如轮胎、球笼防尘套、上下支臂胶套以及平衡杆胶套等部件，这些部件因磨损或老化而出现故障会给车辆的行驶埋下安全隐患，因此给车辆做保养时还需要对底盘的部件进行详细检查。

需要注意的是，底盘的多数部件在损坏时，都会导致车辆在行驶过程中出现异常或颠簸时发出异响，建议车主如果听到这些异响，应该尽快查出产生部位及原因，然后视情况修复，这样才能够尽可能地保证行车安全。

5）首保

按汽车生产企业售后服务部规定的时间及时进行新车首保，无论是对于汽车的技术状态，还是将来对车辆备件进行索赔，影响都是非常大的。下面以一汽大众所产车辆为例，详细介绍首保这项业务。

（1）首保的目的：厂家为了保证使用厂家系列产品的客户车辆处于良好的技术状态，决定对售出的车辆进行强制性首次保养。此项工作由经销商承担，对客户免费，由厂家承担费用。

（2）首保相关规定。

① 凡客户购置一汽－大众公司生产的产品行驶到规定里程范围，应该接受新车首次免费保养。

保养里程：捷达、高尔夫、宝来、奥迪 C3V6 等 7 500 公里；奥迪 A6、A4 等 15 000 公里。超过里程的车辆将不提供免费保养服务；免费保养凭证为随车技术文件中的 7 500 公里（15 000 公里）免费保养凭证。

② 保养项目按照规定进行（保养手册）。

③ 保养后，客户认可，由经销商和客户在保养手册上盖章签字，以便日后办理索赔业务，未经首次保养的车辆，无索赔权。

④ 客户委托的公路送车单位，必须严格执行新车保养规定，若违反规定，厂家不再提供免费保养服务和质量担保。

（3）首保程序。

① 客户提供行车证、产品合格证、保养手册、免费保养凭证。

② 经销商审核、车证相符，对未超出保养里程的车辆给予免费保养服务。

（4）首保项目：参见定期保养单中的 7 500 公里和 150 000 公里保养项目。

（5）结算办法。

① 工时费及材料费由厂家承担，费用按规定执行。

② 保养检查时，发现质量问题，用索赔方式处理。

③ 因使用不当造成损坏，可由经销商提供有偿服务。

④ 保养结束后，填结算单，盖索赔章，开具发票，盖企业公章，按规定时间将结算单、发票及免费保养凭证寄往服务科审核结算。

⑤ 保养不当造成质量问题，由保养单位负责。

⑥ 不按照规定项目认真工作，造成不良后果的，将追究经销商责任。

6）定期保养的作业形式

目前，在经销商店里，定期保养的作业形式主要分为单人保养和双人快保，如图 3-1 所示。

单人保养主要靠一名维修工来完成全部的保养内容，耗时比较长，工作效率相对比较低；双人快保就是由 2 名技师在最短时间内按标准流程完成汽车的保养检测。双人快保的服务理念就是快捷、标准、专业、可靠。这里我们重点介绍双人快保。

(1) 快捷：双人快保最大的特点即是"快"。双人快保把传统的 1 名技师的保养检测工作变成由 2 名技师共同承担。通过双人配合，缩短作业时间，提高工作效率，提高工位和设备的使用率，缩短客户等待时间。以丰田卡罗拉系列轿车 4 万公里常规保养为例，传统保养流程的作业时间需要 260 分钟，而双人快保只需要 85 分钟即可完成厂家规定的 200 多项保养项目。

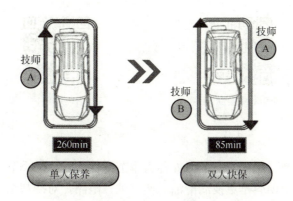

图 3-1 单人保养与双人快保的比较

（2）标准。

① 流程标准化：双人快保根据各种车型的不同特点，依托厂家技术标准为每款车型量身设计标准化操作大纲，严格执行厂家的所有技术标准。

② 操作标准化：双人快保充分体现了对操作标准化的苛求，每次保养检测所需的专用工具就多达十几种，充分确保了所有操作都按照规定标准完成。以行驶系统的检测为例，双人快保要求必须使用轮胎沟槽检测尺、钢板尺、螺旋测微仪、百分表等多种专用测量工具，对轮胎、刹车盘、刹车片、刹车卡钳等重要零部件进行十余项检测，充分确保行车安全和舒适性。

（3）专业。

① 专业技师：双人快保的技师都是经过严格的专项培训，达到厂家资质标准的专业人员。

② 专业操作：双人快保的操作既是标准的，也是专业的。双人快保由 2 名训练有素的专业技师以专业化操作对车辆进行全面的保养检测，从而保证车辆达到优良使用工况。例如，双人快保要求对机滤底座和放油螺塞进行检查和清洁，并确认螺纹没有损坏，并且在进行安装时，必须按照规定使用扭力扳手的力矩拧紧，而非正规的保养完全依靠技师的手感，很少使用扭力扳手进行紧固；双人快保要求在加入厂家所规定的机油后，起动发动机，模拟正常工况，进行渗漏检查以确保车辆万无一失，而很多 4S 店根本不进行此项检查。

（4）可靠。

① 检测项目全面：每一次双人快保，就相当于汽车的一次全面体检。双人快保要求对车辆进行规定里程的全部项目进行保养检测，从而避免安全隐患。

② 检测数据量化：双人快保针对不同车型，都配有相应的双人快保检修单，对于保养检测中能量化的数据都要求填写在检修单中，这样客户可以参照具体数值对保养检测服务做出直观的评定。对于保养检测中不能量化的数据，技师会根据专业知识和经验向客户提出建议。例如，结合实际情况对所有需要添加或更换的项目进行详细记录，依照标准必须更换的建议客户更换，还可以继续使用的，如电瓶、防冻液、变速器油、正时皮带等，只进行添加和调整，从而避免浪费，让客户满意。

双人快保演示　　　　　　　双人快保操作内容

2. 季节保养

为使汽车适应季节变化而实行的保养称为季节性保养。一般季节性保养可结合定期保养一并进行。主要作业内容是更换润滑油，调整油、电路，对冷却系统的检查保养等。例如空调检测和加氟。

汽车进入高温季节时，应对全车进行一次必要的技术检查和调整，其保养的主要内容有：一是检查冷却系机件，保证齐全完好。主要是检查冷却系的密封情况、风扇皮带的松紧度、散热器盖上的通风口和通气口是否畅通，冷却水是否充足、节温器状况是否良好等。另外，还要及时清除水垢，保证水路畅通。为减少水垢，发动机冷却水要尽量用软水或处理过的硬水。二是改善润滑条件，减轻机件磨损。首先，要保证润滑油的数量充足和质量良好，使机件能得到充分润滑；其次，要加强对空气滤清器和机油滤清器的保养，以保证它们工作正常。对多尘条件下使用的车辆，要适当缩短润滑油的更换周期。

在高温天气行驶的车辆要加装机油散热器和选用优质机油，变速器、主减速器和转向器中换用夏季厚质齿轮油，轮轴承换用滴点较高的润滑油。

冬季来临时，气温很低，要对车辆进行全面的检查和保养。要更换机油，选用黏度较小的发动机机油，在低温条件下，发动机机油的黏度随着温度下降而增大，流动性变差，因此应通过及时更换黏度较小的机油来弥补或消除这种不良影响。检查和补充防冻液时，应选择质好、腐蚀性低的防冻液，避免因防冻液质次而腐蚀机件的现象发生。检查制动及轮胎等，在冬天，制动显得尤为重要。如果发现制动不灵敏或跑偏，轮胎花纹磨损严重、气压不足，应重点矫正或更换。检查调整电解液密度。可适当调高电解液密度，防止因电解液密度过低而发生冻裂蓄电池外壳的事故。加强对蓄电池的保温。为防止由于过冷而发生冻结及影响起动性能，冬季可给蓄电池制作一个夹层保温电池箱，以提高温度。

二、机电维修

机电维修就是用修理和更换个别零件的方法，对车辆的机械部分和电器部分进行修理，恢复车辆的工作能力。其目的主要是消除车辆在运行过程中和维护作业中发生或发现的故障。另外，车辆维修完毕后的质量检验也是必不可少的。

4S 店维修车间的工作是以服务顾问开出的任务委托书为依据，通常情况下，维修车间接到的任务委托分为汽车保养和汽车机电修理 2 种，而汽车机电修理又分为 3 种情况：小修、故障诊断修理和事故车修理。

1. 小修

车辆的小修是指不需要维修技师进行故障诊断，就能直接确定故障的部件，然后通过直接更换新的零件就可以完成的修理。这种小修的故障现象和损坏的零件很简单直观，有时候客户自己就能判断出来，如雨刮片的损坏、轮胎鼓包等。

2. 故障诊断修理

这类车辆的故障原因一般比较复杂，不是一下就能得出答案的修理。需要维修技师进行详细的检查，通过专用的车辆诊断仪器进行检测诊断，然后维修技师结合自己的维修经验，才能得出结论，然后更换相应的零件或者进行适当的修理。如水温报警灯亮起故障、发动机怠速不稳等故障。当然，每位技师在诊断故障时，方法步骤都不可能完全一样，通常，技师诊断汽车故障时，都遵循这样的原则和步骤：

（1）汽车故障诊断的基本原则。

① 先简后繁、先易后难的原则。

② 先思后行、先熟后生的原则。

③ 先上后下、先外后里的原则。

④ 先备后用、代码优先的原则。

（2）汽车故障诊断的基本方法。

① 询问客户：故障产生的时间、现象、当时的情况、发生故障时的原因以及是否经过检修、拆卸等。

② 初步确定出故障范围及部位。

③ 调出故障码并查出故障内容。

④ 按故障码显示的故障范围进行检修，尤其注意接头是否松动、脱落，导线连接是否正确。

⑤ 检修完毕后，应验证故障是否确已排除。

⑥ 如调不出故障码，或者调出后查不出故障内容，则应先根据故障现象大致判断出故障范围，再采用逐个检查元件工作性能的方法加以排除。

3. 事故车修理

什么车才能称为事故车呢？汽车发生碰撞后，人们常称之为发生了事故，但不一定发生了事故就会产生事故车，事故车的定义是：经过严重撞击、泡水、火烧等，即使修复但仍存在安全隐患的车辆的总称。

事故车的修理比较烦琐，需要的时间较长，因此，其进入维修车间后，一般进行如下程序的修理。

（1）整体的车身校正，这是最重要的部分。车身就好像是人类的骨骼，人的骨头如果出现了弯曲等问题，人在站立和坐下的时候就会有不适应，而且姿势会很不自然甚至难看。汽车也是一样，校正车身不仅对车辆外观有着重要的作用，还对车辆本身的承受力和车内人员的安全起着关键性的作用。

（2）车身钣金修复。汽车发生事故后，车身会发生变形、开裂、凹凸不平等，使用钣金工艺来修复汽车碰撞以后车身发生的变形和凹坑，车身可以恢复事故前的外形。

（3）车辆的部件维修和更换。发动机是汽车的心脏，发动机的受损程度需要严格审查，确定维修后的动力不会影响到车辆本身的速度和稳定。电瓶相当于车辆的血液，因此储电量和受损程度也要细细斟酌，如果需要更换，则应该及时更换。对于大型交通事故，车内受损情况也要仔细查看，如车辆在受到剧烈撞击时弹出的安全气囊，如果已经弹出，则需要重新更换新的驾驶操作台。

（4）检查车辆的密封性。首先是进入车内听外界的噪声是否很大，有天窗的车辆维修好后应检查是否有渗水和开关不流畅甚至不能开关的问题。车门、前后车盖在关闭时是否顺畅。还有就是门缝中的隔离胶带是否起到了密封效果。

（5）外观修复。外观修复包括车辆的弧度、喷漆和玻璃贴纸等。其中喷漆是最重要的，尤其是调和喷漆的颜色。对于车辆喷漆而言，喷漆的光泽和颜色的匹配必须没有丝毫破绽。整个喷漆过程包含十几道工序，缺少任何一道都无法保证车漆长久如新。

4. 维修质量检验

维修完毕后，质检员或技术经理应该对维修的车辆进行质量检验，判断是否完全修复了故障，降低车辆的返修率。根据检验对象的不同，维修质量检验的方法通常可分为人工检视诊断法和仪器设备检测诊断法。

1）人工检视诊断法

人工检视诊断法就是汽车维修质量检验人员通过眼看、耳听、手摸等方法，或借助简单的工具，在汽车不解体或局部解体的情况下，对车辆的外观、技术状况进行检查，并在一定的理论知识指导下根据经验对检查到的结果进行分析，判断其是否合格。

人工检视诊断法主要用于检验车辆的外观整洁、车身的密封和面漆状况、灯光仪表状况、各润滑部位的润滑情况，以及各螺栓连接部位的紧固情况等项目。

2）仪器设备检测诊断法

仪器设备检测诊断法是在汽车不解体的情况下，利用汽车检测诊断仪器设备（如故障诊断仪、尾气排放检测仪、示波器等）直接检测出汽车的性能和技术状态参数值、曲线或波形图，然后与标准的参数值、曲线或波形图进行比较分析，判断其是否合格。有的检测诊断仪器设备还可以直接显示出判断结果。另外，必要时还需要进行路试，检查维修质量，如变速器的维修、发动机异响的维修等都需要进行路试检查。

仪器设备检测诊断法是现代汽车维修质量最主要、最基本的检验方法，汽车大修、总成大修和重要的维护作业，以及返修的主要检测项目都必须采用仪器设备检测诊断法进行维修完毕的质量检验。

思政课堂

讨论：汽修行业也需要"红旗工匠精神"。我们学习了维修技师岗位的岗位职责，明确了维修技师的工作内容，你认为如何做才能将"红旗工匠精神"融入维修技师岗位，为客户提供优质服务？

参考建议："红旗工匠精神"就是吃苦耐劳、不服输，有担当、有责任心、有上进心，体现在我们日常工作的点点滴滴，小到拧紧螺丝的力矩到位，大到为客户的车辆安全、人身安全负责，处处需要工匠精神。工匠精神就是精益求精，工匠精神就是耐得住寂寞，工匠精神就是一丝不苟……

三、钣金喷漆

汽车车身漆膜本无划痕,但由于行驶速度快,往往容易发生一些意外损坏,如会车时发生的擦伤,路边树枝或高草剐伤造成的划痕,交通事故撞伤出现的划痕,暴风、沙尘气候的"飞沙走石"撞击造成的裂纹、划痕等,但无论呈什么形状以及何种原因,都应及时处理,否则轻者影响车身美观,重者可导致车身锈蚀、穿孔。因此,汽车钣金喷漆也是4S店维修工作的重要内容。

1. 汽车钣金

汽车钣金是指车的外壳的加工制造、修理,是汽车修理过程中的一个工种,用来矫正汽车碰撞以后车身或车架变形的工作。

自从有了汽车,碰撞事故几乎是不可避免的。随着汽车车速的提高和保有量的增加,汽车碰撞的严重性和危害性日益加剧,而在碰撞事故中,损坏最严重的部件就是车身。

(1)汽车划痕修复基本方法。

轿车由于速度快,车身光洁圆滑,往往容易发生一些意外损坏,导致车身划伤的原因很多,如汽车行驶中与硬的物体剐碰,或被淘气的孩子划伤,或被飞石砸伤等。这种擦伤有的呈线状、带状,有的是点、片状的。其修复方法要视划伤程度而定。

汽车表面的深的或浅的划痕总是相伴产生的,划痕深浅的区分是由划伤部位是否露出底漆而分的,露出底漆即称为深划痕,否则称为浅划痕。若出现深划痕,其金属裸露处很快会产生锈蚀并向划痕边缘扩展,增加修复难度。目前,在油漆划痕修复的最基本方法如下:

① 漆笔修复法:用相近颜色的漆笔涂在划伤处即为漆笔修复法。此方法简单但修复处的漆附着力不够,易剥落而难以持久。

② 喷涂法:采用传统补漆的方法来修复划痕。缺点是对原漆伤害面积过大,修补的时间过长,效果难以尽如人意。

③ 计算机调漆喷涂法:结合计算机调漆并采用新工艺方法的深划痕修补技术,这是一种快速的技术修复,要求颜色调配准确,修补的面积尽可能缩小,再经过特殊溶剂的处理,能使新旧面漆更好地融合,以达到最佳附着效果。

(2)车身凹坑的修补。

对于凹陷,可根据大小、程度和部位,采用适当的方法修复。

① 凹陷较小而且不太深时,可采用钣金锤、垫铁、拉杆、撬具修平。

② 当凹陷部位较大时,可采用加热收缩法和锤击相结合修复。

③ 填充修复凹陷部位,填料是用来覆盖经修复处理后仍遗留的微小凹陷部位的。

此处所说的车身早期凹坑小的不足 1 cm^2,大的有整块钣金件。不论凹坑大小,修复时都应先将凹坑敲起来,使其与原来基本一样,但由于金属已被拉伸,不可能恢复到原来的情况。可以使凹坑敲起后仍低于周围 3 mm 左右。凹坑很浅时可以不敲击。敲凹坑时可用木槌或塑料锤,从凹坑后面轻轻敲击,同时选一合适的木块垫在金属板外,以免锤子的冲力将凹坑周围敲弯。如果凹坑处是双层钣金或由于别的原因,锤子无法接近凹坑后面,可用不同的方法来处理。常用的方法有钻孔法,如,发动机罩受到从上方落下重物的撞击,

车门钣金修复

产生凹坑或塌陷，就将发动机扳起来，用支撑柱支起，在凹坑处的金属上钻几个小孔，然后将自攻螺丝拧到孔里，用钳子夹住螺钉头向外拉。将钣金拉到理想位置后，采用钻孔法的拆除自攻螺丝后，可用砂纸除掉损坏部分的油漆，然后用螺丝刀或锉刀将金属表面擦伤，或有意钻几个小孔，这样有助于补充填料（打腻子）。最后，再进行填料和重新喷漆。钻孔法对于底漆的损坏性小，但对于大面积的凹陷则显得"力不从心"。

以上就是早期解决汽车凹陷的一般方法。

（3）锈孔或裂口的修复。

随着车辆行驶里程和使用年限的增加，再优秀的驾驶员也无法阻止车辆的自然损坏，如车身的锈孔或裂口。这主要是由于道路不平引起的车身颠簸振动，发动机运转引起的振动等，使各连接件脱焊或裂开。另外，由于日照和严寒引起油漆表面龟裂，车身薄钢板受水汽浸蚀，破坏了内外表面防护层，也可导致车身逐渐锈蚀等。对于锈孔或裂口进行修理时，第一步，应先用钢丝刷（或砂纸）将损坏部位的油漆除掉，再根据损坏程度决定是更换整块钣金件还是修复损坏部分。如果损坏比较严重，最好进行整块更换，因新件比修复件更坚固美观，价格也较低，而且修理时间短。如果损坏较轻，则可将损坏部分及周围其他附件拆下（但有利于恢复损坏面的部件可不拆），然后用剪刀或手锯条把受腐蚀而变疏松的金属除掉。用手锤将孔边向里敲进，开成一轻度凹面，以方便打腻子。用钢丝刷将金属表面的锈屑除掉，再涂一层防锈漆以免再生锈。第二步，找一块锌砂或薄铝皮将孔堵上。锌砂适合用来补大孔，将锌砂剪得与大孔的尺寸和形状大致相同，然后把它贴在孔中，砂边要比周围钣金部分低，再把填料抹在砂的周边上，然后才能填充填料并重新喷漆。薄铝皮适合用来补小孔，将薄铝皮剪成孔的尺寸和形状，再撕掉保护纸，将它贴在孔上（根据厚度需要可贴一层或几层），然后将其紧压在钣金件上，最后填充填料和喷漆即可。

2．汽车喷漆

汽车喷漆是指汽车表面漆膜存在瑕疵或在使用中造成漆膜破损时，对其进行修补，使汽车表面漆膜恢复到最佳的状况，并形成整车表观一致性。

钣金修理后要进行车身涂装。轿车车身涂装的主要目的是表面美观，同时还能起到防锈和防腐蚀的作用。车辆表面漆质量的好坏直接影响到涂装质量，因此在喷涂面漆之前要涂底漆和填料，以得到光洁表面，而后涂施中间层涂料，再做表面喷涂和喷涂罩光漆。其具体工艺如下。

1）涂装前的准备工作

（1）彻底清除旧漆膜和锈蚀层，主要包括清除旧漆膜、涂底漆和填充填料。旧漆膜影响车辆表面涂层质量，因此必须耐心细致地清除干净。然后在裸露的钣金表面涂一层防锈漆，而后填充填料与涂底漆交替进行。车身用填料一般是化工材料与无机填料的混合物，具有附着力强的特点。填料与底漆或金属表面黏接在一起，一般不会脱落，干燥后质地也比较坚硬，不易变形。

面漆喷涂

（2）对于凹坑或锈孔、裂口，修补后才能进行表面填充填料。填充填料时应沿车身曲面刮平，且与涂底漆交替进行，直到填料平面与车身其他部分刚好平齐，等填料硬结后，用刨刀或锉刀将多余部分剥掉，然后由粗到细用水砂纸反复打磨。修整好的表面应曲面光滑，表面光洁，凹坑的周围是一圈裸金属，再向外面是好漆的毛边。用水清洗修理部分，将尘粒全部清除后，就可以进行下一步了。

2）喷涂中间层油漆

（1）当中涂层漆喷涂量不足时，中间较低，但也有可能是打磨量过大所致。此时，需要重新喷涂中涂层漆，并使其达到规定的厚度。

（2）边缘打磨好后，才可打磨中心部位，千万不可打磨过度，一旦发现斑点中心部位痕迹被打磨平整，应马上停止打磨。

（3）中涂层漆打磨平整后，应用水和少许溶剂清洗表面，并擦拭干净，再用压缩空气吹干，使表面达到面漆喷涂前应达到的标准要求，以保证面漆的喷涂质量。

3）喷涂面漆

喷涂面漆是车身修复的最后工序，必须耐心细致地进行。喷漆前，必须进行表面清洁处理，得到无油、无水、无灰尘和无异物的表面。喷漆必须在温暖、干燥、无尘的环境中进行。因此，在室外作业时应选择适宜的天气，在室内作业时，可人为创造这种环境。喷漆前，还应用胶带纸或报纸将修理以外的部分车体遮上，车身附属设备（如车门把手）也应遮上。对于整车喷漆，在喷漆前，应用力摇晃漆桶，然后再进行修理。

部分一薄层一薄层地喷上一层厚漆，并比较与原漆颜色的差异。干燥后先用水砂纸浸水打毛，再喷外层，此时也是一薄层一薄层地喷，从修理部分的中央喷起，然后以圆周运动的方式向外喷，直至修理部分及周围25 mm左右范围都被喷上。喷完后10～15 min，可将遮盖物取下。新漆喷好后，应放置2周让其硬结，然后用油漆复新剂或精制切削膏修补部分漆边，使新漆与旧漆融为一体。好的油漆表面应有一定的漆膜厚度和尽可能高的车身外观光泽度。另外，为了使车身更加光泽和美观，还可进行表面打蜡处理。

喷漆案例

任务工单

主题	实践任务演练——迈腾B8 5 000公里保养（双人快保）	
说明	本任务需要2名同学一组分别作为A技师和B技师，共同完成双人快保项目，教师对A、B技师的表现进行评分，并且完成评分表。全班同学可轮流进行，任务完成后，教师对任务完成情况进行点评评分	时间：90分钟

任务工单：迈腾B8 5 000公里保养（双人快保）

1. 任务描述

一位迈腾B8车主进店进行5 000公里保养，2名名学一组，分别作为A技师和B技师，完成双人快保任务

迈腾B8保养单

2. A、B技师表现评分

序号	车辆位置	双人快保操作评分标准					
		A技师			B技师		
			配分	得分		配分	得分
1	车辆位于举升机内地面	工具准备（齐全）	5		工具准备（齐全）	5	
		铺4件套	6		垫车挡块	3	
		安装诊断插头（开关关闭）	3		插尾排管	3	
		打开机舱开关（拉手）	3		打开发动机机舱、安放翼子板布	6	
		打开点火开关，不允许起动车辆	4		检查防冻液并记录（上报）A. 清洁。B. 对阳光检查冰点测试仪。C. 取检测液体均匀涂抹，并压平上盖且无气泡。D. 对着阳光水平观察并读取数值。E. "5S"清洁	15	
		查询故障储存器（上报）：A. 进入任一控制单元读取故障。B. 上报故障储存。C. 清除故障	10		检查蓄电池固定情况（蓄电池固定螺栓和电极支柱）（上报）：A. 检查整个电瓶固定情况。B. 检查电瓶电极固定情况	8	
		保养复位（上报）A. 进入仪表17单元。B. 任选固定或可变保养设定。C. 退出系统	10		检查测蓄电池电压并记录（上报）	5	
		记录填写	10		车门止动器润滑：A. 清洁。B. 涂抹车门止动器及机舱盖锁。C. 再清洁	10	
		安装举升机支点（对正）操作	4		安装举升机支点（对正）	7	
		拆装轮胎：A. 对角线拆。B. 对角线装。C. 用力矩扳手100 N·m（考核规定值）上报	15		拆装轮胎：A. 对角线拆。B. 对角线装。C. 用力矩扳手100 N·m（考核规定值）上报	15	
		测量四个车轮的制动片厚度，取整数上报	15		检查轮胎花纹深度并记录。三点测量花纹深度，取平均值上报	10	
		检查空气滤清器：A. 正确打开壳体。B. 取出空滤并清洁。C. 清洁空滤壳体。D. 安装空滤并紧固壳体	10		检查轮胎气压：A. 先选择标准。B. 测量气压并上报，含备胎	8	
		"5S"管理（收拾工具，清洁场面）	5		"5S"管理（收拾工具，清洁场面）	5	

★ 学生工作笔记（体会、收获）：

_____

_____

_____

任务3　车间修理管理

任务难度		中级	
学时	2学时	班级	
成绩		日期	
姓名		教师签名	
能力目标	知识	1. 掌握车间维修质量的管理 2. 了解车间维修技术的管理	
	技能	技能	能力要求
		能够制定机电维修、钣金维修、喷漆维修的质量检验标准，控制车间维修质量	"1+X"汽车维修企业运营与项目管理技术中级技能【工作任务：维修企业的生产管理】
	素养	1. 培养严谨的工匠精神 2. 培养团队合作意识	

情境导入

某4S店下午6点关门以后，仍然有一辆车正在赶工进行底盘喷涂。车辆举起来后，举升机支点位置不对，导致重心偏移，车辆从举升机上掉下来，将正在下面进行喷涂作业的一位工人砸伤，送往医院抢救无效，于第二天早晨死亡。听到这样的安全事故消息，心里总是沉甸甸的，很痛心。可是痛心之余，我们要好好反思一下，作为汽车维修的主要阵地，维修车间该如何做好安全、环保、质量管理等方面的管理呢？

任务相关信息

一、维修质量的管理

汽车消费投诉增多，是随着汽车保有量急剧增多而同时发生的，这带有客观内在联系上的必然性，但是，我国汽车维修质量管理也确实存在不尽如人意的地方。

汽车维修质量应以客户对汽车维修服务的满意度作为汽车维修服务质量评价的核心。经调查研究发现，客户对汽车维修服务质量的满意度通常是受下列因素影响和决定的：救援服务的及时性和方便性；汽车维修服务环境；汽车维修故障判断的准确性；汽车维修项目的专业性和客观性；汽车配件的质量和价格；拖车价格、汽车维修工时价格；汽车维修的停驶时间；汽车维修的返修率；汽车维修设备现代化程度；汽车维修竣工质量承诺；汽车维修作业文明生产；汽车维修代用汽车服务；汽车维修延伸服务等。换言之，就是客户在接受汽车维修服务过程中的眼看、耳听、鼻嗅、手摸、身体感应、心理感应，决定了客户对汽车维修服务质量的满意度。

质量不是只有检验才能保证的，而是每个工作环节品质的综合表现，因此渗透于每个工作环节的质量管理对质量起决定性的作用。

1. 汽车维修质量管理制度

汽车维修企业必须建立健全有关质量管理制度，以保证维修质量的不断提高。

1）进厂、解体、维修过程及竣工出厂检验制度

车辆从进厂、解体、维修、装配直至竣工出厂，每道工序都应通过自检、互检，并做好检验记录，以备查验。

2）岗位责任制度

维修质量是靠每个岗位的操作者实现的，是由全员来保证的。因此，必须建立严格的岗位责任制度，以增强每个员工的质量意识。定岗前要合理为每个岗位配备合适的员工，量才适用，定岗后要明确职责，并保持相对稳定，以便提高他们的岗位技能并增强责任心。

3）出厂合格证制度

出厂合格证是车辆维修合格的标志，一经签发，就由厂方负责，是制约承修方保证质量的重要手段之一。按照有关规定，凡经过整车大修、总成大修、二级维护后的车辆，必须由厂方签发汽车维修竣工合格证，并向托修方提供维修部分的技术资料，否则不准出厂。汽车维修竣工出厂合格证由道路行政管理机构统一印制和发放。

4）质量保证期制度

车辆经过维修后，在正常使用情况下，按规定都有一定的质量保证期，其计算方法有的按照使用时间，有的按照行驶里程。在保证期内发生的质量事故，应由厂方承担责任，这也是制约承修厂保证质量的又一重要手段。因此，承修厂签发维修合同和出厂合格证时，均应注明质量保证期限。

5）质量考核制度

企业应按照岗位职责大小，分别制定考核奖惩标准，并认真实施兑现。

2. 维修质量控制

1）专用工具使用

（1）技术经理对经销商维修人员在维修过程中的专用工具的使用情况负责。

（2）对于维修项目中要求使用专用工具的，必须使用专用工具。

2）维修过程控制

（1）车辆维修后，维修人员自检并签字确认。

（2）维修班长对自检后的车辆进行互检并签字确认。

（3）质检人员对车辆进行综合检查，确认无问题（或发现问题，但客户签字同意不维修）后再签字确认，然后交付客户使用。

3）对专用工具使用和维修质量情况的检查

售后服务科技术支持组不定期地对特定维修项目进行抽查，重点检查专用工具的使用情况和维修质量，并做好记录，以便在经销商年终考评时作为一项参考依据使用。

3. 汽车维修质量检验

质量检验就是借助某种手段，对维修的整车、总成、零部件、工序等进行质量特性的测定，并将测定结果同质量标准相比较，判断是否合格。质量检验部门是该企业的质量检验和监督机构，代表总经理行使质量监督权，最终对车主和车辆负责。

1）汽车维修质量检验的职能

（1）保证职能：即把关职能，通过对原材料、外购配件、外协加工件、维修的半成品进行检验，保证不合格的原材料不投产，不合格的半成品不转入下一道工序，不合格的成品不出厂。

（2）预防职能：通过检验处理，将获得的数据及时反馈，以便及时发现问题，找出原因，采取措施，预防不合格品产生。

（3）报告职能：将质量检验的情况及时向企业主管部门和行业主管部门报告，为加强质量管理和监督提供依据。

2）汽车维修质量检验的分类及内容

（1）**按维修程序分类**：按维修程序分为进厂检验、零件分类检验、过程检验和出厂检验。

（2）**按检验职责分类**：按检验职责分为自检、互检和专职检验，亦称"三检制度"。这是我国目前普遍实行的一种检验制度。

（3）**按检验对象分类**：按检验对象分为维修质量检验，自制件、改装件质量检验，燃料、原材料及配件（含外购、外协加工件）质量检验，机具设备、计量器具质量检验等。

3）汽车维修质量检验的标准

汽车维修的技术标准是衡量维修质量的尺度，是企业进行生产和技术、质量管理工作的依据，具有法律效力，必须严格遵守。质量检验就是要遵守标准，满足标准要求。认真贯彻执行标准，对保证维修质量、降低成本、提高经济效益和保证安全运行都有重要作用。我国汽车维修的技术标准分为四级，即国家标准、行业标准、地方标准和企业标准。

二、维修技术管理

国内多数汽车品牌主机厂制定了售后服务维修技术管理要求，对经销商的技术信息反馈、技术资料利用、专用工具使用以及维修质量控制工作做出了规定，以促进经销商的技术管理工作能够有效进行。

1. 技术文件管理及使用

（1）维修技术资料配置及状态应齐备、完好、可随时借阅，具有能阅读光盘版技术资料的设备。

（2）维修技术资料应存放在固定位置，由技术经理指定专人管理，建立资料目录及借阅档案。

（3）维修技术资料利用。技术经理每季度抽 1～2 项维修项目进行考核；维修人员应会查阅维修技术资料并按维修资料要求对车辆进行维修。

2. 专用工具及测量仪器的技术管理

（1）专用工具和测量仪器的配置及管理。按汽车生产企业售后服务科统一标准配备齐全，设置专用工具员对其进行管理并建立借用档案。专用工具员应熟悉专用工具和测量仪器的基本使用功能。

（2）专用工具和测量仪器的状态。定期维护、保养，无损坏，仪器辅助配置齐全，建立维护档案。

（3）技术经理有计划地对站内相关维修人员进行专用工具和设备的使用培训。

（4）对经销商店内缺少的必备的专用工具应尽快订货，避免因缺少专用工具而影响车辆的维修质量。

3. 售后车辆信息反馈

（1）经销商应定期（每周）将批量投放的车辆信息汇总、整理，通过网络系统中的车辆信息反馈单反馈给汽车生产企业售后服务科技术支持组。

（2）新产品、新项目首批投放地区的经销商应及时、准确做好售后质量信息快捷反馈工作，反馈方式为通过网络系统的《质量信息快速反馈单》反馈给汽车生产企业售后服务科技术支持组。

（3）负责整理并提供维修信息、典型维修案例等方面的技术信息。

（4）经销商对车辆信息反馈的准确性、及时性、完整性负责。按照汽车生产企业售后服务科要求的格式将技术疑难问题反馈给汽车生产企业售后服务科技术支持组，同时，技术经理对经销商反馈的信息进行确认并负责对其进行解释。

（5）按要求在网络系统中填写车辆信息反馈单，并按照有关内容要求认真填写，要求的信息必须填全。特殊情况允许使用传真等其他手段。

（6）车辆信息反馈应该齐全、完整、及时，内容清晰、翔实。

（7）经销商应按维修手册有关要求进行检修及故障排除，并将检修过程填写在售后网络中的车辆信息反馈单内。

（8）重大问题处理完毕后，经销商应将总结报告按时通过网络信箱或电子邮件方式（特殊情况可以填写"重大问题报告"）以传真形式反馈给汽车生产企业售后服务科技术支持组。

（9）经销商维修人员在解决技术疑难问题后，应及时报告给技术经理，技术经理应对故障现象、故障分析、故障排除及建议等内容进行整理，并以典型故障排除报告样式将信息以网络信箱、电子邮件或传真的方式反馈给汽车生产企业售后服务科技术支持组。

（10）技术经理应对信息反馈表进行归档管理，以方便查询。

4. 经销商内部培训

（1）经销商必须建立内部培训机制。

（2）技术经理负责经销商内部的培训工作。

车间修理类型及管理

（3）内部培训工作要有计划，每次培训后必须建立培训档案记录，以备查询。

思政课堂

典型案例：

张先生开着刚维修好的汽车上了高速路，一个急拐弯，前车轮竟然飞了出去。当时车上坐有5人，还好当时高速公路上汽车不多，也未造成撞车事故，但车上人员均受了一定程度的轻伤。后来大家查看车辆时才发现其前轮轮毂中的1个螺丝还放在4S店内，由于维修员工的疏忽，忘记安装了。好在当时刚上高速公路不久，速度不是很快，才没有酿成大祸。后来，交警出示的事故单显示，该车辆的维修费用为7 860元，车主要求4S店给车上每人赔偿10 000元的损失费，4S店最终只赔偿了13 880元（含维修费）。

讨论话题：

话题1：你认为该4S店在维修质量管理方面存在哪些漏洞？

_____
_____

话题2：如果你是一名4S店管理者，这个案例对你有什么启示？

回答建议：尊重生命，敬畏生命；严谨的工作态度；什么是工匠精神？"严谨就是关爱"的客户理念体现在日常工作中的哪些细节？细节决定成败……

_____
_____
_____

★ **学生工作笔记（体会、收获）：**

_____
_____
_____

模块 4

备件管理

模块4 备件管理

模块名称	任务名称		难度描述
备件管理	任务1	备件管理岗位概述	初级技能
	任务2	备件的订货管理	"1+X"汽车营销评估与金融保险服务技术初级技能
	任务3	备件的库房管理	"1+X"汽车营销评估与金融保险服务技术初级技能

说明:

本课程设计遵循德国双元制职业教育理论,参考"1+X"汽车营销评估与金融保险服务技术职业标准,以服务客户为理念,按照汽车售后服务企业备件管理实际工作内容设计。

任务 1 备件相关岗位概述				
任务难度	初级			
学时	1学时	班级		
成绩		日期		
姓名		教师签名		
能力目标	知识	1. 掌握备件计划员的岗位职责 2. 掌握备件计划员的素质要求 3. 掌握备件仓库管理员的岗位职责 4. 掌握备件仓库管理员的素质要求			
	技能	技能		能力描述	
		能判断哪些工作应由备件计划员和备件管理员完成		初级技能	
	素养	1. 培养成本意识 2. 培养严谨细心的工作习惯			

情境导入

小张是某职业院校汽车类专业的大一新生,有一次学校组织专业参观,他在4S店里看到备件部门的工作环境很好,但是参观的时间很短,对备件部门的工作不是很了解,想更多了解一下这方面的知识,也许将来能到这个岗位工作。同学们,你们是不是也和小张有一样的想法呢?让我们一起走进4S店的备件部来了解一下吧。

任务相关信息

备件管理是4S店的一项重要业务内容,车辆维修所使用的备件,直接影响车辆维修后的质量和安全性能。备件的采购、仓储等方面的管理,对备件及时供应、成本控制有重要影响,直接关系到维修作业的及时性,进而影响维修交车时间,从而影响客户的满意度。因此,4S店必须重视备件的管理,建立健全包括采购、保管、使用等过程的质量管理体系,有效压缩库存量,降低成本,不断改进管理方法,提高企业信誉和经济效益。

备件管理由备件部完成,备件部的职能主要有:进行备件的订购和库房管理;为维修车间提供生产中所必需的零件和附料;对外零配件进行调剂和销售。

备件部设经理一名,备件计划员、备件管理员若干,根据备件部的规模大小也可设置搬运工若干,备件部隶属服务总监领导,由备件部经理主持备件管理部工作。

一、备件计划员

（1）岗位名称：备件计划员。
（2）直接上级：备件经理。
（3）素质要求。
① 具有中专以上文化程度；
② 能够熟练地操作计算机；
③ 具有一定的管理知识及管理经验；
④ 具备一定的汽车构造知识，了解车辆维修常识和营销知识。
（4）职责与权限。
① 制定备件订购计划，并向汽车生产企业售后服务科发出备件订单，同时开展备件订货工作；
② 负责备件订货发票的审核；
③ 负责备件订货资料的存档；
④ 负责填写索赔申请单，向汽车生产企业备件科提出备件索赔；
⑤ 通知财务部及时向汽车生产企业售后服务科结算备件款；
⑥ 负责制定备件的储备定额及最低库存量；
⑦ 负责到货备件的信息输入计算机，填写本单位备件业务报表，对市场及订货行预测，并将有关信息反馈给汽车生产企业的备件科。

备件管理岗位

二、备件管理员

（1）岗位名称：备件管理员。
（2）直接上级：备件经理。
（3）素质要求。
① 具有高中以上文化程度；
② 熟练掌握计算机的操作；
③ 具有一定的汽车理论、汽车构造及维修常识；
④ 具有一定的库房管理经验。
（4）职责与权限。
① 负责按要求对库存备件进行规范化的管理；
② 负责备件的入库验收及维修备件的发放工作，建立库存账目，保存各种原始凭证；
③ 根据库存储备情况，向备件计划员发出订货需求；
④ 负责库存备件的定期清点工作；
⑤ 负责备件库的环境、安全及防火。

任务工单

主题	了解备件计划员岗位及素质要求	
说明	1. 备件计划员的岗位职责 2. 备件计划员的素质要求	时间：20分钟

★ 工作页 / 学习页

1. 根据备件计划员的岗位职责，总结备件计划员具体的工作内容。

2. 根据备件计划员的素质能力要求，总结备件计划员需要具备的能力和条件。

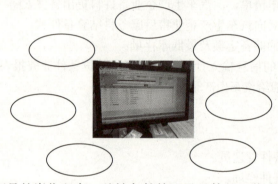

3. 根据备件管理员的岗位职责，总结备件管理员具体的工作内容。

★ 学生工作笔记（体会、收获）：

_____

_____

_____

任务 2　备件的订货管理				
任务难度	初级			
学时	5学时		班级	
成绩			日期	
姓名			教师签名	
能力目标	知识	1. 掌握备件订货的基础知识 2. 了解备件订货渠道与方式		
	技能	技能		能力描述
		能够制定合理的备件订购计划		"1+X"汽车营销评估与金融保险服务技术初级技能 【工作任务：库存管理】
	素养	1. 培养成本意识 2. 培养严谨细心的工作习惯		

情境导入

小李是一名刚到 4S 店实习几个月的实习生，最近店里发生了这样一件事情：备件部的计划员张茵参加了主机厂的汽车维修技能大赛，在备件科目中获得了一等奖，回到店里受到领导和同事的好评。小李十分不解，认为备件工作没什么技术含量，不应该这么受重视。当他跟学校的老师说起这件事时，老师跟他说，备件采购成本占生产总成本的比例很高。若备件无法以合理的价格采购，或者不能正确采购到合理的数量，将直接影响企业的经营成本。同学们，你们想知道应该如何确定备件采购的价格和数量吗？

任务相关信息

4S 店备件的采购主要有合同采购和市场紧急采购两种方式，其进货渠道以与主机厂备件销售部门签订的备件采购合同为主，也可以与信誉好、产品质量高的知名企业签订供销合同，还可与同类 4S 店零备件相互拆借。对于市场临时紧急采购，要严防假冒伪劣产品，与信誉好的店家签订质量保证协议并以法律手段进行公证，使采购备件质量得到有效的法律保障。4S 店在备件采购管理中应该建立备件采购的跟踪、质量保证体系。

对于 4S 店，备件订货非常重要，这是因为：

（1）若订货价格过高，则维修成本也高，会降低企业的利润；若订货价格过低，则很可能订到的备件品质很差，影响维修质量，从而使维修企业不具备市场竞争力。

（2）订货周转率高，可提高资金的使用效率。合理的订货数量与适当的采购时机，既能避免停工待料，又能降低备件库存，减少资金的积压。

（3）备件采购快慢、准确与否，以及品质优劣直接关系影响车辆维修工期和客户满意度。

（4）采购部门可在搜集市场情报时，提供新备件来代替旧备件，以达到提高品质、降低维修成本的目的。

（5）采购部门经常与市场打交道，可以了解市场变化趋势，及时将市场信息反馈给4S店的决策层，以促进经营业绩的增长。

一、备件订货计划制定

1. 备件订货指导思想

"良性库存＝备件盈利＝对客户的服务质量"是4S店每名员工都应牢固树立的指导思想，必须把向客户提供100%的服务率作为首要工作目标，然后在这个前提下争取良好的备件盈利。良好的备件盈利一定要建立在良性库存的基础上，所谓良性库存即是用最合理的费用保证对客户的最佳服务率。

备件库存管理不是仓库管理人员的职责，而是订货人员的职责，订货过程实质上是在满足一定时间内客户需求的同时，对库存备件不断进行调整的过程，以取得经济合理的库存状态。备件市场是一个长期稳定的市场，任何不良的经营思想作风只能导致短期行为，无异于杀鸡取卵。只有向客户提供满意的服务、满意的价格、满意的产品才能赢得客户的信赖，才能获得持久的发展。

2. 备件订货基础工作

1）充分了解每一种备件的销售特性

为了更好地对汽车备件进行管理，必须首先掌握汽车备件的分类。备件种类较为复杂，可以按照实用性、标准化或者用途分类。

备件实用性分类

备件标准化分类

备件用途分类

根据其使用特性，还可将备件分为六大类，即快速更换类零件、维修服务类零件、车身机械类零件、大总成、附件和其他类零件。每一类零件具有不同的销售特性。在备件销售额构成中，快速更换类零件约占17%，维修服务类零件约占32%，车身机械类零件约占37%。具体到每一种零件的分析表明：60%～80%的备件品种年销量为0～12，约40%的备件品种占库存总额的6%，约8%的库存品种占库存总额的25%。

一个重要的数据显示，5%编号的备件占销售额的85%，占库存总额的46%；9%编号的备件占销售额的11%，占库存总额的19%，即14%编号的备件占销售额的96%，占库存总额的65%，4S店应对这一部分零件予以高度重视，重点开展工作。

2）建立完整的订货卡片

建立完整的订货卡片，并随时记录一切必备的数据（销售统计、日期、备件编号等）；建立每日入、出、存报表制度，反映当日入库、出库、结存状况，以此作为订货依据；建立定期盘存制度，以便于了解库存的实际状况；掌握辖区内汽车保有量及车辆使用情况；

计算备件供货周期，以确定订货频次；充分估计交货时间、交货品种、交货数量可能产生的误差。

3. 订货时应考虑的因素

1）备件的生命周期及其在不同阶段的特点

每一个备件都有其特定的生命周期，该周期主要包括四个主要阶段：技术部门设立备件编号、新件订货、正常期限订货、停产期订货。对于备件订货而言，初期投放市场车型的备件和停产期车型的备件必须予以特别的重视；对刚投放的车型应从技术上确定适当的库存，数量适中，尽量避免新"死库存"；如果处于投放期的备件订货出现问题，则将直接导致市场上的维修备件供货不足。图 4-1 是某种备件的生命周期。

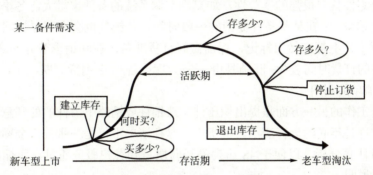

图 4-1　某种备件的生命周期

2）备件销售历史、需求预测和趋向系数

备件的销售历史和根据销售历史绘制的销售趋势图对备件订货工作有着极为重要的参考价值，应注意保存备件的需求历史数据，可以根据销售历史画出需求趋势图，并能预测将来的系数——趋向系数 Q。

最简单的趋向系数公式如下：

$$Q =（前六个月的销量 \times 2）/（前 12 个月的销量）$$

$Q < 1$，说明该零件销售呈下降趋势；$Q = 1$，说明该零件销售呈平稳趋势；$Q > 1$，说明该零件销售呈上升趋势。

从需求曲线上可以看出：

① 备件的需求趋势及需求量的大小。

② 备件的需求与季节的关系。

③ 促销阶段可反映出促销方法与促销手段所产生的效果。

④ 车辆保有量与备件销量之间的关系。

3）合理地掌握备件订货周期及订货方式

由于对交货周期的要求不同，备件中心库对 MS（常规订货）、VA（紧急订货）订单备货方式和发运方式不同，因此对这两种订单将采取不同的价格结算。为了既充分满足使用需求，又使订货成本最低，订货人员必须合理地掌握备件的订货周期。一般来讲，销量好的备件（常用件）通过定期方式订货，VA 主要针对不常用的品种，而且有行数和数量的限制，金额为 MS 的 10%～20%。MS 应在固定的日期发出，在行数和数量上尽可能做到均衡，其目的是便于备件仓库组织备货，使订货人员本人得到备件中心库的良好服务。不应忘记服务站和备件中心库是一个整体。任何一方的不良运作都会对这个整体产生不良的影响。

4）对销售段和单价段的分析及对订货的影响

销售段：每次盘存应建立销售段，它用于显示每个零件年度销售的频率。从中可看出不同销售段的品种数，它让我们看到平均有60%～80%的备件品种每年的销量为0～12%。这个很重要的百分比往往被忽略，此时做出主观判断很容易出现错误。库存积压往往出现在这个销售段。

5）注意季节性零件及促销件的订货

有一部分零件具有很强的季节性，如夏季空调系统的备件销量大，冬季暖风系统、制动系统的备件销量大；在某些备件促销的一段时间，其销量也会有明显的回升。因此对这些零件在订货卡片上都应做出标记，提前做好订货准备，在旺销季节开始之前备件入库，所以这类备件的订货时间表为：旺销月份 ——→ 入库准备 ——→ 到货周期。

6）盘存清单的利用

备件订购工作的另一方面是提出积压件、滞销件或销路下滑件的处理意见，从事这项工作的理想文件是年底的盘存清单。事实上，盘存清单不仅是一张关于金额的统计表，还应该对其进行认真分析，以便于4S店提高经营质量和客户服务质量，压缩库存。下面是库存储备情况说明：

① 库存 <12 个月销量的 1/2——正常状态。
② 库存 >12 个月销量的 1/2——不正常状态。
③ 两年没有销售历史——沉睡库存。
④ 三年没有销售历史——死库存。

这里应该强调指出的是，当一个货位的零件销不出去时，假如因为技术方面的原因，或者因为技术禁止方面的原因，或者与销量相比积压量很大，如几年以来年销售量为1～2个，而库存达到300个，则可以建议提前报废。在上述情况下，可保留10个作库存，其余290个建议报废。

7）使库存结构合理

根据其维修用量、换件频率，备件可分为快流件（A类）、一般件（B类）、慢流件（C类）三类。

（1）A类备件是常用、易损、易耗备件，维修用量大、换件频率高、库存周期快、客户广泛、购买力稳定，是经营的重点品种。这一类备件定货批量较大、库存比例较高，在任何情况下都必须保证供应。在仓库管理上，对A类备件应采取重点措施，进行重点管理，选择最优进货批量，尽量缩短进货间隔，做到快进、快出，以加快备件的周转。

（2）B类备件只进行一般管理，管理措施应进行进销平衡，避免积压。

（3）C类备件是按客户需要予以订购，客户应在备件订购单上签字，并交付定货款。

一般4S店的指导库存量的比例应为：A类备件占库存量的70%，B类备件占库存量的25%，C类备件占库存量的5%。

4. 备件订货价格确定

不论是对零件供应中心、4S 店还是对最终客户，价格都是一个非常受关注的话题。合理、稳定的价格体系无论对利润还是对客户满意度都有重要的影响。因此汽车生产企业都对备件价格做出专门规定。

DNP：Dealer Net Price，经销商净价。DNP 是指零件供应中心销售给 4S 店的包含运保费的价格。

SRP：Suggested Retail Price，建议零售价。SRP 是指汽车生产企业建议 4S 店卖给最终客户的价格。

DNP 的计算方法：DNP = SRP ×（1- 折扣率）。

新开业 4S 店的前两个季度的折扣率为 15%。

为了规范化管理，汽车生产企业的零件部门往往会有对 4S 店的考评制度，4S 店上个季度的得分将决定其在本季度的折扣率。

对安装了经销商管理系统的 4S 店来说，可通过网络直接从汽车生产企业的服务器上下载或读取 DNP 和 SRP。当价格有变动时，汽车生产企业会及时更新系统上的价格。

5. 备件订货数量确定

1) 标准库存量计算

$$SSQ = MAD \times (O/C + L/T + S/S)。$$

SSQ——标准库存量，Standard Stock Quantity。

MAD——月均需求数量，Month Average Demand，单位：个 / 月。

O/C——订货周期，Order Circle，单位：月。

L/T——到货周期，Lead Time，单位：月。

S/S——安全库存周期，Safety Stock，单位：月。

① MAD 通常采用前六个月的每月需求量来计算月均需求。

例：某家 4S 店的机油滤芯需求如图 4-2 所示。

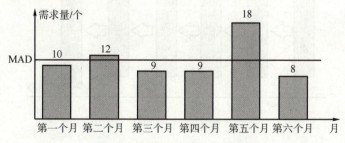

图 4-2 某家 4S 店机油滤芯需求

MAD=（10+12+9+9+18+8）/ 6 = 11（个 / 月）。

B/O 单的需求也应计算进 MAD 当中，B/O（Back Order，即追加订货）如图 4-3 所示，当没有库存或库存不足的情况下所发生的 4S 店替客户制作的追加订货。

客观地分析 L/S（Lost Sales，即流失的业务，如图 4-4 所示），并合理地加入 MAD 的计算中。L/S 对于非库存零件或库存不足零件，有时客人会取消订货。这时要把它记录下来,考虑取消的项目是否需要增加库存量;如果是非库存项目,就要考虑是否需要将其纳入库存项目了。

图 4-3　追加订货　　　　　　　　图 4-4　流失的业务

无论是 B/O 需求,还是 L/S 需求,在统计 MAD 时都需要视具体情况而定;对于那些非常规的 B/O 和 L/S 需求,则要谨慎统计。

② O/C 即相邻的两次订货所间隔的时间,单位:月。

例:某家经销店的机油滤芯订货周期如图 4-5 所示。

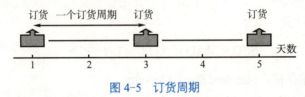

图 4-5　订货周期

图 4-5 所示的订货周期为 2 天,此时的 O/C = 2/30 = 1/15(月)。

③ L/T 又可称为在途时间,单位:月。

例:某家经销店的机油滤芯到货周期如图 4-6 所示。

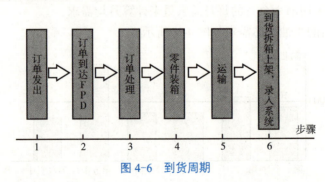

图 4-6　到货周期

图 4-6 所示的到货周期为 6 天,此时的 L/T = 6/30 = 1/5(月)。

④ S/S 受到货期延迟和特殊需求两个因素影响,单位:月。

到货期延迟因素影响如图 4-7 所示。

有时,由于一些突发的特殊状况(如运输车辆途中出现了故障)导致推迟到货期,如应在第三天到货,但却推迟到了第四天。根据到货期延迟计算的安全库存周期可按下式计算:

$$S/S \text{ for } L/T = (L/T_{Max} \times 目标率 - L/T 平均)/30$$

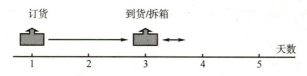

图 4-7　到货期延迟因素影响

特殊需求因素影响如图 4-8 所示。

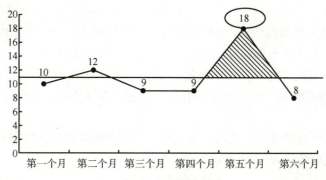

图 4-8　特殊需求因素影响

市场的需求经常是起伏不定的,如第五个月的需求是 18 个,超出月均需求 7 个。根据需求影响的安全库存周期可按下式计算:

$$S/S \text{ for demand} = (需求_{Max} \times 目标率 - MAD) / MAD$$

2) 备件订货数量计算

$$SOQ = SSQ - OQ - OO + B/O$$

SOQ ——建议订货数量;

SSQ ——标准库存量;

OQ ——现有库存量;

OO ——在途库存量;

B/O ——追加订货量,客观地反映了库存的不足。

二、备件订货渠道与方式

1. 备件供应商

4S 店必须从汽车生产企业备件部门或者汽车生产企业的地区备件中心订货,以保证备件的质量。

2. 选择供货方式

要选择正确的供货方式,应该注意以下事项:

(1) 对于需求量大的备件,应尽量选择定点供应直达供货的方式。

(2) 尽量采用签订合同直达供货方式,减少中间环节,加速备件周转。

(3) 对需求量少的备件,宜采取临时采购方式,减少库存积压。

(4) 采购形式采取现货与期货相结合的方式。现货购买灵活性大,能适应需要的变化情况,有利于加速资金周转;对需求量较大、消耗规律明显的备件,采取期货形式,签订期货合同，有利于供应单位及时组织供货。

3. 订货类型

1）常规订货

常规订货（MS）是指特约 4S 服务中心每周订购的用于补充其正常库存的定时定单，用常规定单形式向汽车生产企业备件部门以电子邮件形式发送。

2）紧急订货

紧急订货（VA）是指特约 4S 服务中心在紧急的情况下，为了满足维修工作的需要进行紧急订货。汽车生产企业备件部门根据特约 4S 服务中心的要求负责备件的发送。每月订购次数不限，但每次订购的品种不得超过 20 种。用紧急定单的形式订购备件，汽车生产企业备件部门往往需向特约 4S 服务中心加收一定的手续费和急运费。

3）定时订货

定时定单包括所有的液体、轮胎、蓄电池、冷媒和保险杠的备件定单，汽车生产企业备件部门会定时地向特约 4S 服务中心发送。

4）特殊订货

特殊订货包括各款发动机总成、车身、散热器框架等，用特殊订单的形式向汽车生产企业备件部门定货，费用由特约 4S 服务中心先行支付，运输的快慢按常规程序办理。

特殊订货往往采取看板方式进行管理，如图 4-9 所示。

图 4-9　特殊订货的看板管理

4S 店在定制车身和前围时需在定单上注明相应的车身编码并提供原车上 17 位编码的钢印铁片，主机厂售后服务部在收到铁片后开始定制。如预定车身，还需要在订单上注明原车身的车型、配置（是否带 CD 架、是否带天窗、车门外是否带饰板等）、出厂年份、颜色。

任务工单

主题	制订备件的订货计划	
说明	备件的订货基础	时间：45分钟

★ 工作页 / 学习页

已知某品牌的威荣经销店 A 型机油滤清器前 6 个月的销量记录如下:

月份	第N-5月	第N-4月	第N-3月	第N-2月	第N-1月	第N月
销售数量	28	32	30	28	36	36

威荣经销店的订货周期是 1 天,到货周期通常也是 1 天,因货期延迟影响的安全库存周期(S/S for L/T)是 0.5 个月,A 型机油滤清器的目标供应率是 100%,在途数量是 1 个,现有库存是 1 个,追加订货量(B/O)是 1 个,请问:A 型机油滤清器订货数量是多少才合理?

★ 学生工作笔记(体会、收获):

___

___

___

思政课堂

讨论: 你认为汽车备件订购工作在哪些方面影响汽车维修企业的经营成本?

参考建议: 采购备件成本占生产总成本的比例很大;订货周转率高,可提高资金的使用效率;合理的订货数量既能避免停工待料,又能降低备件库存、缓解资金积压;采购部门经常与市场打交道,可以了解市场的变化趋势……

任务 3 备件的库房管理				
任务难度		初级		
学时	4学时	班级		
成绩		日期		
姓名		教师签名		
能力目标	知识	1. 掌握备件入库验收程序 2. 熟悉备件仓库管理规定 3. 掌握汽车备件发货管理基础知识		
	技能	技能		能力描述
		1. 能够规范进行备件入库验收作业 2. 能够对库存备件进行规范管理，并满足安全和环保的要求 3. 能够规范进行备件出库作业		"1+X"汽车营销评估与金融保险服务技术初级技能【工作任务：库存管理】
	素养	1. 培养严谨意识、责任意识 2. 培养安全意识、环保意识		

情境导入

小张经过两年多的职业院校学习，毕业后，如愿以偿地来到一家4S店备件部实习，备件经理给他安排了一位师父，让他先到备件库房学习锻炼。亲爱的同学们，你们想了解备件库房管理的知识和技能吗？

任务相关信息

一、备件的入库管理

汽车备件入库是物资存储活动的开始，也是仓库业务管理的重要阶段，这一阶段主要包括到货接运、备件验收和办理入库。

（一）到货接运

到货接运时要对照货物运单，做到交接手续清楚、证件资料齐全，以便为验收工作创造条件，材料进库首先在进货待查区放置准备验收，避免将已发生损失或差错的备件带入仓库。

（二）备件验收

备件验收是按照一定的程序和手续对备件的数量和质量进行检查，以验证它是否符合订货合同的一项工作。备件到库后首先要在待检区进行开箱验收工作，并检查备件清单是否与货物的品名、型号、数量相符。随时填写验收记录，不合格品由备件主管处理，注意应及时填写来货记录。备件验收程序如下：

1. 验收准备

准备验收凭证及有关订货资料，确定存货地点，准备装卸设备、工具及人力。

2. 核对资料

入库的汽车备件应有的资料包括：入库通知单，供货单位提供的质量证明书、发货明细表、装箱单，承运单位提供的运单及必要的证件。

3. 实物检验

填制开箱验收单，检验备件质量和数目。汽车备件进仓实行质检员、仓管员、采购员联合作业，对备件质量、数量进行严格检查，把好汽车备件进仓质量关。汽车备件验收依据主要是进货发票，但进货合同、运货单、装箱单等都可以作为汽车备件验收的参考依据。汽车备件验收内容主要是备件的品种、数量和质量。

1）品种验收

根据进货发票，逐项验收汽车备件品种、规格、型号等，检查有否货单和货物不相符情况；易碎件和液体类备件，应检查有无破碎、渗漏等情况。

2）点验数量

对照发票，先点收大件，再检查备件包装及其标识是否与发票相符。一般对整箱整件，先点件数，后抽查细数；零星散装备件点细数；贵重备件逐一点数；对于原包装备件有异议的，应开箱开包点验。

3）质量验收

质量验收方法：一是仪器验收，二是感观验收。主要检验汽车备件证件是否齐全，如有无合格证、保修证、标签或使用说明等；汽车备件是否符合质量要求，如有无变质、水湿、污染、机械损伤等。

4）进口备件的辨认

4S 店经常要订购一些进口备件，备件管理人员必须了解并熟悉国外汽配市场中的配套件（OEM Pats）、纯正件（Genuine Parts）、专厂件（Replacement Parts）的商标、包装、标记及各自相应的检测方法和数据。

进口备件辨认技巧

（三）办理入库

验收后，对于质量完好、数量准确的汽车备件，要及时填制和传递汽车备件验收入库单，同时，还要办理备件入库手续。对于在验收中发现问题的（如数量、品种、规格错误，包装标签与实物不符，备件受污受损，质量不符合要求等），均应做好记录，判明责任，联系供应商解决。对于外包装破损的包裹，由运输及押运人员在场的情况下打开包装，检查货物数量及损坏情况；如果开箱后发现装箱单与实物不符或货物损坏，应当场写明情况，请运输人员或押运人员签字后，向上级领导汇报，由相关部门负责处理。

二、备件库存管理

备件库存管理是备件管理十分重要的一个环节，对备件的及时供应、成本控制起至关重要的作用，直接关系维修作业的及时性。

1. 仓库设置与要求

1）对仓库的基本设施要求

（1）备件仓库应有足够的面积和高度，保证多层货架的安装，保证进货及发货通道的畅通。仓库面积应该根据备件周转量的大小和企业业务量的多少确定，库房面积一般应在 200～500 米^2。

（2）备件仓库地面应能承受 0.5 吨/米^2 压力，表面涂以树脂漆，以防清扫时起灰尘。

（3）配备专用的备件搬运工具，配备一定数量的货架、货筐等，配备必要的通风、照明及防火设备器材。

（4）宜采用可调式货架，便于调整和节约空间；货架颜色宜统一，一般货架和专用货架必须采用钢质材料，小货架不限，但必须保证安全耐用。

（5）配件仓库应有足够的通风、防盗设施，保证光线明亮、充足、分布均匀，避免潮湿、高温或阳光直射。

2）仓库布置的原则

（1）仓库中的各工作区域应有明显的标牌，如收发货区、索赔区、车间领料出货口、备货区、危险品库房等，如图 4-10 所示。

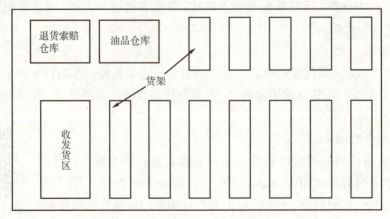

图 4-10　仓库中的各工作区域

（2）有效利用有限的空间，根据库房大小及库存量，按大、中、小型及长型进行分类放置，以便于节省空间；用纸盒来保存中、小型备件，用适当尺寸的货架及纸盒，将不常用的备件放在一起保管；留出用于新车型备件的空间，无用备件要及时报废。

（3）货架的摆放要整齐划一，仓库的每一过道要有明显的标志，货架应标有位置码，货位要有备件号和备件名称。

（4）防止出库时发生错误，将备件号完全相同的备件放在同一纸盒内，不要将备件放在过道上或货架的顶上；备件号接近、备件外观接近的备件不宜紧挨存放。

（5）为避免备件锈蚀及磕碰，必须保持完好的原包装；易燃、易爆物品应与其他备件严格分开管理，对于易燃、易爆物品要重点保管，如空调制冷液、安全气囊本体、清洗剂、润滑液等，存放时要考虑防火、通风等问题，库房内应有明显的防火标志。

（6）必须设置索赔仓库，存放索赔零件。索赔件的保管和运输由备件部负责，由索赔员参与管理。

3）仓库管理规定

（1）仓库管理人员要努力学习业务技能，提高管理水平，必须熟悉备件仓库的汽车备件品种信息，能够熟练操作计算机，掌握库存物资质量和存放位置，能够快速准确地进行发货及各种出库操作。

（2）库存汽车备件和材料应根据其性质和类别分别存放，汽车备件根据其维修用量、换件频率摆放，如维修用量小、换件频率低的备件放置在离收发区较远的区域，放置在货架的最高层。库存备件摆放应做到库容整齐、堆放整齐、货架整齐、标签整齐，如图4-11所示。

图4-11　库存备件摆放

（3）仓库管理要达到库容清洁、物资清洁、货架清洁、料区清洁。仓库内禁止吸烟，必须放置灭火器，并定期检查和更换。

（4）对库存汽车材料和备件要根据季节气候勤检查、勤盘点、定期保养，及时掌握库存量变动情况，避免积压、浪费和丢失，保持账、卡、物相符；对塑料、橡胶制品的备件要做到定期核查与调位。

（5）库存汽车材料和备件要做到账机（指计算机）、账物相符，严禁相同品名不同规格和产地的备件混在一起。

（6）库内不允许有账外物品。非仓库人员不得随便入内，仓库内不得摆放私人物品；索赔件必须单独存放。

（7）备件发放要有利于生产、方便维修人员，做到深入现场，满足维修人员的合理要求。

（8）危险品库管理要达到无渗漏、无锈蚀、无油污、无事故隐患。

（9）严禁发出有质量问题的备件，因日常管理、保养不到位及工作失误造成物资报废或亏损的，应视其损失程度追究相关人员的赔偿责任。

（10）索赔备件应该整齐地摆放在货架上，必须挂有标签，标签上注明零件名称、索赔车辆牌照号码、零件更换下来的日期。索赔零件要定期检查，然后按汽车生产企业备件部门的相关规定及时将其运回汽车生产企业备件部门。

2. 仓库内备件管理

对仓库内汽车的备件管理主要包括汽车备件的卡、账管理和库存盘点管理。现代汽车备件管理主要使用计算机管理，各大汽车厂都有自己的零备件管理软件供 4S 店使用。大多数软件适用于国际汽车零备件贸易，对于不同的 4S 店，则有更详细的软件内容设置。

库房实景

1）卡、账管理

卡、账管理就是根据各仓库的业务需要制定汽车备件卡、汽车备件保管账，利用汽车备件卡和汽车备件保管账对库内备件加以管理。汽车备件卡常见的形式有两种：

（1）保管卡片：多栏式保管卡适用于同一种汽车备件分别存放在好几个地方时使用的卡片。

（2）货垛卡片：汽车备件储存必须根据其性能、数量、包装质量、形状等要求，以及仓库条件、季节变化等因素，采用适当的方式整齐稳固地堆存备件的过程，称为货垛，根据货垛设计保管卡片。

2）库存盘点管理

为了掌握库存汽车备件的变化情况，避免备件的短缺丢失或超储积压，必须对库存零备件进行盘点。盘点的内容是查明实际库存量与账卡上的数字是否相符，检查收发有无差错，查明有无超储积压、损坏、变质等。对于盘点查出的问题，应组织复查、分析原因并及时处理。

盘点方式有永续盘点、循环盘点、定期盘点和重点盘点等。永续盘点，是指保管员每天对有收发动态的汽车备件盘点一次，以便及时发现问题，防止收发差错；循环盘点，是指保管员对自己所管物资分别轻重缓急，做出月盘点计划，按计划逐日盘点；定期盘点，是指在月、季、年度组织清仓盘点小组对库存进行全面盘点清查，并造出库存清册；重点盘点，是指根据季节变化或工作需要，为某种特定目的而对仓库物资进行的盘点和清查。

库内备件管理还应该注意以下问题：

（1）合理损耗。

对容易挥发、潮解、溶化、散发、风化的物资，允许有一定的储耗。凡在合理储耗标准以内的，由保管员填报"合理储耗单"，经批准后，即可转财务部门核销。

储耗的计算一般一个季度进行一次，计算公式如下：

$$合理储耗量 = 保管期平均库存量 \times 合理储耗率$$

$$实际储耗量 = 账存数量 - 实存数量$$

$$储耗率 = (保管期内实际储耗量 / 保管期内平均库存量) \times 100\%$$

实际储耗量超过合理储耗部分作盘亏处理，凡因人为的因素造成物资丢失或损坏，不得计入储耗内。由于被盗、火灾、水灾、地震等原因及仓库相关人员失职，而导致备件数量和质量受到损失的，应作为事故向相关部门报告。

（2）盈亏报告。

在盘点中发生盘盈或盘亏时，应反复落实、查明原因、明确责任，由备件保管员填制库存物资盘盈盘亏报告单，经仓库负责人审签后，按规定处理。

在盘点过程中，还应清查有无本企业多余或暂时不用的汽车备件，以便及时把这些备件调剂给其他需用单位。

（3）报废削价。

由于保管不善，造成备件霉烂、变质、锈蚀等；在收发、保管过程中已损坏，并已失去部分或全部使用价值的；因技术淘汰需要报废的；等等。经有关方面鉴定，确认不能使用的，由备件保管员填制物资报废单报经审批。

由于上述原因需要削价处理的，经技术鉴定后，由备件保管员填制汽车备件削价报告单，按规定报主管审批。

典型案例

王先生的花冠轿车，加速时车辆发抖。到维修站检查确定是第三缸点火器损坏需要更换点火线圈，但维修站没有备件，经联系后，维修站的接待员告诉杨先生，备件大约3天才能到货。杨先生住的地方离维修站有约200公里，他很不情愿，但也很无奈。3天后，杨先生接到电话，说点火线圈到货。他告诉对方，明天去更换。次日，当杨先生开着他的病车跑了约200公里到了维修站。业务接待员很抱歉地对他说："我们真是万分抱歉，昨天有一辆奥迪A6，也是点火线圈故障，由于备件人员不知道这是给您预备的，将备件发给了那位车主。"杨先生的愤怒是可想而知的。虽然业务接待员连连道歉，杨先生还是用高嗓门、拍桌子等方式发泄了他的不满。他开着病车往回走的时候，发现车况越来越差，这更增加了他对这家维修站的不满，他发誓以后再也不到这家维修站修车了。

"良性库存 = 备件盈利 = 对客户的服务质量"是每个人都应牢固树立的指导思想，必须把向客户提供 100% 的服务率作为首要的工作目标,在这个前提下争取良好的备件盈利。良好的备件盈利一定要建立在良性库存的基础上,所谓良性库存即是用最合理的费用保证对客户的最佳服务率。

三、汽车备件发货管理

仓库发货必须有正式的单据为凭,所以第一步就是审核汽车备件出库单据。主要审核汽车备件调拨单或提货单,查对其名称有无错误,必要的印鉴是否齐全和相符,备件品名、规格、等级、牌号、数量等有无错填,填写字迹是否清楚,有无涂改痕迹,提货单据是否超过了规定的提货有效日期。如发现问题,应立即退回,不许含糊不清地先行发货。

1. 凭单记账

出库凭单经审核无误,仓库记账员即可根据凭单所列各项对照将其登入汽车备件保管账,并将汽车备件存放的货区库房货位,以及发货后应有的结存数量等批注在汽车备件出库凭证上,再交保管员核对配货。

2. 据单配货

备件管理员根据出库凭证所列的项目核实,然后进行配货(图 4-12)。属于自提出库的汽车备件,不论零整保管员都要将货配齐,经过复核后,再逐项点付给要货人,应当面交接,以分清责任;属于送货的汽车备件,如整件出库的,应按分工规定,由备件保管员或包装员在包装上刷写或粘贴各项发运必要的标志,然后集中待运;必须拆装取零拼箱的,备件保管员则从零货架提取或拆箱取零(箱内余数要点清),发交包装场所编配装箱。

图 4-12 据单配货

随着计算机的发展,汽车备件的管理也越来越多地采用了微机控制,即汽车零部件仓库条码管理系统。该系统的主体是建立在 IT 的基础上,是结合客户具体的业务流程、整合无线条码设备的系统。运用条形码自动识别技术,在仓库无线作业环境下,适时记录并跟踪从产成品入库、出库,以及销售整个过程的物流信息,为产成品销售管理和客户服务提供支持，进一步提高企业整个仓库管理及销售的质量和效率。

货物入库时，首先由条码采集终端记录外包箱上的条码信息，选择对应采购信息和仓库及货位信息；然后批量地把数据传输到条码管理系统中，系统会自动增加相应库存信息，并记录相应的产品名称、描述、生产和采购日期；零部件入库上架作业过程中，系统均与采集终端进行自动校对和传入，实现自动化作业流程控制，如自动生成拣货单并下载到终端、自动比对拣货数量、自动传送拣货信息到后台系统。自动化的作业流程可以极大限度地提高入库工作效率。

作为仓库管理重要的一步工作环节，每到一定时间都要进行盘库作业，以确保库存准确无误，防止资产流失。借助条码管理系统，盘库作业将变得非常轻松。条码数据采集终端一个主要功能就是进行盘点作业，所以又称"盘点机"。进行盘点管理时，系统会产生盘点单，可以根据仓库规模的大小，选择是进行全仓位盘点还是分仓位盘点。不但可以准确地计算出理论库存和实际库存的差距，还可以精确定位到出现差错的产品的条码，继而可以有效追踪到单品和相关责任单位。

思政课堂

讨论：如何做好备件管理工作？

参考建议：熟悉备件管理业务，如重量大、体积大的备件应放在方便拿取的位置；油液品应放在防火通风的位置等。作为备件管理员要细心，不要把备件位置、备件号弄错。不要认为备件管理员没有什么技术含量而工作不认真，以至于经常出错。一定要记住：平凡的岗位也会因不平凡的坚守而闪闪发光……

任务工单

主题	制作备件出库单，完成备件出库工作	
说明	备件出库管理	时间：20分钟

★ 工作页 / 学习页

某客户的车辆经过诊断之后，维修技师提出以下需要更换零件：正时皮带、1号正时皮带惰轮、2号正时皮带惰轮、1号链条张紧器总成、风扇支架分总成。作为备件管理员，请你制作备件出库单，并从仓库中取出相关备件交给维修技师，完成备件出库工作。

1. 从备件管理系统中查出备件种类及价格

某经销店备件管理系统中的部分备件明细

2. 编制备件出库单

序号	品名	零件编号	单价	数量	总价
1					
2					
3					
4					
5					
总计金额（人民币大写）					

3. 领出备件，交给维修技师

★ 学生工作笔记（体会、收获）：

_____
_____
_____

模块 5

索赔管理

模块名称	任务名称	难度描述
索赔管理	任务1 汽车产品的"三包"规定及汽车召回	"1+X"汽车营销评估与金融保险服务技术初级技能
	任务2 索赔管理与索赔员岗位	初级技能
	任务3 索赔条例	"1+X"汽车营销评估与金融保险服务技术中级技能
	任务4 索赔程序	"1+X"汽车营销评估与金融保险服务技术中级技能
	任务5 索赔件管理	"1+X"汽车营销评估与金融保险服务技术中级技能
	案例解析——客户索赔的案例处理	"1+X"汽车营销评估与金融保险服务技术初级/中级技能
	模块实操考核——完成零件索赔	"1+X"汽车营销评估与金融保险服务技术中级技能

说明：

本课程设计遵循德国双元制职业教育理论，参考"1+X"汽车营销评估与金融保险服务技术职业标准，以服务客户为理念，按照汽车售后服务企业索赔管理实际工作内容设计。

任务1 汽车产品的"三包"规定及汽车召回			
任务难度	初级		
学时	1学时	班级	
成绩		日期	
姓名		教师签名	
能力目标	知识	1. 掌握汽车产品的"三包"期限 2. 掌握汽车"三包"规定中的退换车规定 3. 掌握汽车"三包"规定中的免责规定 4. 理解召回的概念和程序	
		技能	能力描述
	技能	1. 能简单地从法规上判断产品是否符合三包的规定 2. 能识别13种易耗件 3. 能正确区分产品问题是属于三包还是召回范畴	"1+X"汽车营销评估与金融保险服务技术初级技能【工作任务：三包索赔作业】
	素养	1. 强化法治素养 2. 养成按流程工作的行为习惯	

情境导入

李先生2020年5月8日打电话12315（消费者申诉举报热线）投诉，称自己于2019年8月17日在济南市某4S店购买一辆汽车，"三包"期内在使用过程中显示ESP需要检测，且自动挡汽车无法挂挡，造成无法正常行驶，其故障已维修7次，仍然无法正常行驶，找4S店要求更换车辆，却遭到对方的拒绝。因此要求给予帮助，协助解决问题。

案例参考资料

"三包"规定

任务相关信息

随着汽车保有量的逐年增加，汽车产品质量及售后服务投诉量也不断上升，汽车的话题成为当今社会的焦点，汽车行业以及相关产业在迅猛发展的同时，其外部环境逐渐成熟，消费者要求政府出台有关汽车产品质量担保的政策成为一种必然。

一、家用汽车产品的"三包"规定

所有商品都有质保期,也称为商品的质量担保期。汽车也一样,所有的汽车生产企业一般都会给出行驶时间和行驶里程这两个质量担保期限定条件,而且还要以先达到者为准。为了保护家用汽车产品消费者的合法权益,明确家用汽车产品修理、更换、退货(以下简称"三包")责任,根据有关法律法规,国家质检总局①网站于 2013 年 1 月 15 日发布了《家用汽车产品修理、更换、退货责任规定》(以下简称《规定》),明确了家用汽车产品修理、更换、退货责任由销售者依法承担;同时,还明确了生产者、销售者和修理者的义务。《规定》自 2013 年 10 月 1 日起施行。《规定》共九章四十八条,《规定》中相关责任是默示担保责任,经营者不能通过合同方式免除。《规定》中包含的内容见表 5-1。

表 5-1 《家用汽车产品修理、更换、退货责任规定》的内容

章节	章节名	条目	关键点
第一章	总则	第一条至第七条	家用汽车产品三包责任的基本要求: 三包责任由销售者依法承担,有权向生产者追偿 三包信息公开制度
第二章	生产者义务	第八条至第十条	三包信息备案 随车文件包括三包凭证
第三章	销售者义务	第十一条至第十二条	明示三包凭证、三包条款、有效期、保修期
第四章	修理者义务	第十三条至第十六条	修理者应当建立并执行修理记录存档制度,一式两份
第五章	三包责任	第十七条至第二十八条	家用汽车产品包修期和三包有效期自开具购车发票之日起计算包修、包退、包换
第六章	三包责任免除	第二十九条至第三十一条	易损耗零部件
第七章	争议处理	第三十二条至第三十六条	协商、调解解决、申请仲裁、向人民法院起诉 汽车产品三包责任争议处理技术咨询人员库
第八章	罚则	第三十七条至第四十二条	县级以上质量技术监督部门等部门在职权范围内依法实施,并将违法行为记入质量信用档案 未承担责任的,责令改正,并向社会公布
第九章	附则	第四十三条至第四十八条	按照规定更换、退货的家用汽车产品再次销售的,应当经检验合格并明示该车是"三包换退车"以及更换、退货的原因

《规定》明确了在我国境内生产、销售的家用汽车产品,"三包"责任由销售者依法承担。销售者依照规定承担"三包"责任后,属于生产者的责任或者属于其他经营者的责任的,销售者有权向生产者、其他经营者追偿。鼓励家用汽车产品经营者做出更有利于维护

---
① 现国家市场监督管理总局。

消费者合法权益的严于本《规定》的"三包"责任承诺，承诺一经作出，应当依法履行。家用汽车产品经营者不得故意拖延或者无正当理由拒绝消费者提出的符合《规定》的"三包"责任要求。

《规定》明确了"三包"责任。家用汽车产品包修期限不低于 3 年或者行驶里程 60 000 公里，以先到者为准；家用汽车产品"三包"有效期限不低于两年或者行驶里程 50 000 公里，以先到者为准。家用汽车产品包修期和"三包"有效期自销售者开具购车发票之日起计算；以下 5 种质量问题可退换车：

（1）从销售者开具购车发票 60 天内或者行驶里程 3 000 公里之内，出现转向系统失效、制动系统失效、车身开裂、燃油泄漏；

（2）在"三包"有效期内，严重的安全性能故障累计做 2 次修理仍然没有排除故障，或出现新的严重安全性能故障；

（3）在"三包"有效期内，发动机变速器累计更换 2 次，或它们的同一主要零件累计更换 2 次仍然不能正常使用；

（4）在"三包"有效期内，转向系统、制动系统、悬架系统、前后桥、车身当中的同一主要零件累计更换两次仍然不能正常使用；

（5）在"三包"有效期内，因产品质量问题修理时间累计超过 35 日的，或者因同一产品质量问题累计修理超过 5 次的，消费者可以凭"三包"凭证、购车发票，由销售者负责更换。

《规定》指出，生产者应当严格执行出厂检验制度，未经检验合格的家用汽车产品，不得出厂销售；销售者应当建立并执行进货检查验收制度，验明家用汽车产品合格证等相关证明和其他标志。销售者销售家用汽车产品，应当符合向消费者交付合格的家用汽车产品及发票等要求；修理者应当建立并执行修理记录存档制度。书面修理记录应当一式两份，一份存档，一份提供给消费者。

《规定》对退换的车辆还做了如下规定：

（1）退换车按二手车销售。

汽车"三包"实施后，一旦消费者退换车成功，商家是否能将退换后的车修复后再次出售？对此，国家市场监督管理总局相关负责人解释，对于"三包退换车"，可以在修复之后按二手车销售。再次销售时应当向购买者明示该车为"三包退换车"，并且应当说清退换的原因。其三包责任可以由双方协商后在购车合同中确定。

（2）退换车信息"三包"网站可查。

在美国，消费者退换的瑕疵车被称为"柠檬车"，再次出售时所有权证书上必须标记"柠檬法买回"标记，而且流通过程永远带有这一标记。

中国汽车"三包"后产生的"柠檬车"，会不会逐渐隐藏身份信息当作普通二手车售卖？国家质检总局缺陷产品管理中心主任陈玉忠表示，"三包"信息的公开透明，是保护消费者的最佳途径。针对目前正在建立的汽车三包备案信息管理系统，汽车生产企业需要备案的信息有生产者基本信息、车型信息、约定的销售和修理网点信息、产品使用说明书、三包凭证、维修保养手册、车辆识别代号（VIN）编制规则等。

更重要的是，各级质监部门、消费者权益保护组织参与处理的汽车"三包"争议信息、仲裁和诉讼信息，汽车产品更换、退货信息，汽车产品质量担保相关统计信息等，也将在备案信息系统中发布，消费者可以通过汽车"三包"网查询，这样退换车的真实身份将难以被隐藏。

2013 年 8 月 9 日，中国汽车三包网已投入试运行，向消费者提供汽车"三包"政策法规和知识查询平台的同时，会陆续发布汽车厂商的"三包"备案信息。

此外，关于退换车产生的税费问题，国家税务总局已发布《关于车辆购置税税收政策及征收管理有关问题的补充通知》，因质量问题退车的，已缴税款每满 1 年扣减 10% 计算退税额，未满 1 年的按已缴税款全额退税。下面以北京市为例说明汽车"三包"服务退换车流程，如图 5-1 所示。

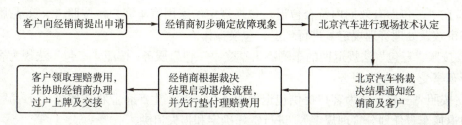

图 5-1　北京市汽车"三包"服务退换车流程

二、某品牌汽车产品的"三包"规定

自《规定》实行后，各个汽车生产企业依据规定的要求制定了相应的质量担保条例，下面我们以某品牌的汽车为例，学习一下汽车生产企业的质量"三包"规定。

1. 整车的质量担保要求

自 2013 年 9 月 2 日起，在中国境内购买某品牌汽车有限公司生产的汽车产品客户执行下述担保政策。2013 年 9 月 2 日前购车客户，按照购车时的原担保政策执行（包括特殊件、易损件）。

家用汽车的整车质量担保规定：家用汽车客户享受三包服务。三包有效期限不低于 2 年或者行驶里程不低于 50 000 公里，以先到者为准。保修期为 3 年或者行驶里程 60 000 公里，以先到者为准，以购车发票显示日期计算。

在家用汽车产品包修期内，家用汽车产品出现质量问题，消费者凭"三包"凭证及购车发票由汽车生产企业的经销商免费修理（包括工时费、材料费）。

（1）家用汽车客户在"三包"有效期内，消费者凭购车发票、三包凭证、任务委托书、结算单享受包退、换，服务内容如下：

① 家用汽车客户自经销商开具购车发票之日起 60 日内或者行驶里程 3 000 公里之内（以先到者为准），车辆出现转向系统失效、制动系统失效、车身开裂或燃油泄漏，消费者选择更换或退货的，经销商应当负责免费更换或退货。

② 因严重安全性能故障累计进行了 2 次修理，严重安全性能故障仍未排除或者又出现新的严重安全性能故障的，消费者选择更换或退货的，经销商应当负责更换或退货。

③ 发动机、变速器累计更换 2 次后，或者发动机、变速器的同一主要零件因其质量

问题，累计更换2次后，仍不能正常使用的，发动机、变速器与其主要零件更换次数不重复计算，消费者选择更换或退货的，经销商应当负责更换或退货。

④ 转向系统、制动系统、悬架系统、前/后桥、车身的同一主要零件因其质量问题，累计更换2次后，仍不能正常使用的，消费者选择更换或退货的，经销商应当负责更换或退货。

⑤ 因产品质量问题修理时间累计超过35日的，或者因同一产品质量问题累计修理超过5次的，由经销商负责更换。需要根据车辆识别代号（VIN）等定制的防盗系统、全车主线束等特殊零部件的运输时间（种类范围需要明示在三包凭证上）及外出救援路途所占用的时间，不计入维修时间内。

⑥ 在"三包"有效期内符合包退、包换规定的家用汽车客户，按照《××品牌三包退换车审核及处理管理规定》进行包退、包换操作。

⑦ 按照"三包"法规退回的车辆不再享受"三包"服务；按照"三包"法规为客户退换的新车享受"三包"服务。

⑧ 按照"三包"法为客户提供包退换服务后，汽车生产企业将按照《××品牌经销商三包退换车责任划分管理规定》，进行责任确定和损失追溯。

(2) 家用汽车客户在包修期内享受的服务内容。

① 家用汽车客户自经销商开具购车发票之日起60日内或者行驶里程3 000公里之内（以先到者为准），发动机、变速器的主要零件出现产品质量问题的，消费者可以选择免费更换发动机、变速器。发动机、变速器的主要零件的种类范围在三包凭证上明示，如图5-2和图5-3所示。

图5-2　东风本田汽车有限公司质量三包凭证（正面）

总成和系统	主要零件种类范围
发动机	曲轴、主轴承、连杆、连杆轴承、活塞、活塞环、活塞销
	气缸盖
	凸轮轴、气门
	气缸体
变速器	箱体
	齿轮、链类、轴承、箱内动力传动元件（含离合器、制动器）
转向系统	转向机总成
	转向柱、转向万向节
	转向拉杆（不含球头）
	转向节
制动系统	制动主缸
	轮缸
	助力器
	制动踏板及其支架
悬架系统	弹簧（螺旋弹簧、扭杆弹簧、钢板弹簧、空气弹簧、液压弹簧等）
	控制臂、连杆
前/后桥	桥壳
	主减速器、差速器
	传动轴、半轴
车身	车身骨架
	副车架
	纵梁、横梁
	前后车门本体

易损耗零部件的种类范围和质量保证期

序号	易损耗零部件的种类范围	质量保证期
1	空气滤清器	3个月/5000 km
2	空调滤清器	3个月/5000 km
3	机油滤清器	3个月/5000 km
4	燃料滤清器	3个月/5000 km
5	火花塞	3个月/5000 km
6	制动衬片	3个月/5000 km
7	离合器片	3个月/5000 km
8	轮胎	3个月/5000 km
9	蓄电池	12个月/20000 km
10	遥控器电池	3个月/5000 km
11	灯泡	3个月/5000 km
12	刮水器刮片	3个月/5000 km
13	保险丝及普通继电器（不含集成控制单元）	3个月/5000 km

退换车的使用补偿系数及计算公式：

[（车价款（元）× 行驶里程（km））÷ 1000] × n

注：n=0.8

特殊零部件三包种类范围：
- 防盗系统（点火锁芯、钥匙、防盗控制单元）；
- 全车主线束。

图 5-3　东风本田汽车有限公司质量三包凭证（反面）

② 易损耗零部件在其质量保证期内出现产品质量问题，消费者可以选择免费更换易损耗零部件。易损耗零部件清单在三包凭证上明示，见图 5-3。

（3）在"三包"有效期内，出现下列情况之一，"三包"责任免除。

① 易损耗零部件超出明示的质量保证期出现产品质量问题的。

② 客户所购汽车已被书面告知存在瑕疵的。

③ 家用汽车用于出租或者其他营运目的的。

④ 使用说明书中明示不得改装、调整、拆卸，但客户自行改装、调整、拆卸而造成损坏的。

⑤ 发生产品质量问题，客户自行处置不当而造成损坏的。

⑥ 因客户未按照使用说明书要求正确使用、维护、修理汽车，而造成损坏的。

⑦ 因不可抗力造成汽车损坏的。

⑧ 在汽车产品包修期和"三包"有效期内，无有效发票和三包凭证的，不承担"三包"责任。

（4）易损耗零部件规定。

购车日期或购件日期自 2013 年 9 月 2 日起，易损耗零部件的质量担保期见表 5-2，由于《规定》对易耗件的质量担保期未做明确要求，所以不同品牌会有区别。其他零部件的质量担保期随整车（油液品不属于零部件范畴，油液品的质量担保规定见相关规定）。

表 5-2　易损耗零部件的质量担保期

序号	易损耗零部件	质量担保期
1	空气滤清器	6个月/10 000公里
2	空调滤清器	6个月/10 000公里
3	机油滤清器	6个月/10 000公里
4	燃油滤清器	6个月/10 000公里
5	雨刮片	6个月/10 000公里
6	火花塞	6个月/10 000公里
7	制动摩擦片	6个月/10 000公里
8	离合器片	6个月/10 000公里
9	轮胎	6个月/10 000公里
10	灯泡	6个月/10 000公里
11	遥控器电池	6个月/10 000公里
12	蓄电池	12个月/20 000公里
13	保险丝及普通继电器（不含集成控制单元）	12个月/20 000公里

2. 为客户提供备用车或交通补偿的规定

整车质量担保期内的客户因产品质量问题每次修理时间（包括等待备件时间）超过5日，应当为消费者提供备用车，或者给予合理的交通补偿费用。一次修理用时不足24小时的，以1日计。需要根据车辆识别代号（VIN）等定制的防盗系统、全车主线束等特殊零部件的运输时间（种类范围需要明示在三包凭证上）及外出救援路途所占用的时间，不计入维修时间之内。

三、汽车召回

1. 什么是汽车召回？

汽车召回（图5-4）是指汽车生产者按照《缺陷汽车产品召回管理条例》规定的程序，由缺陷汽车产品制造商进行的消除其产品可能引起人身伤害、财产损失的缺陷的过程，包括制造商以有效方式通知销售商、修理商、车主等有关方面关于缺陷的具体情况及消除缺陷的方法等事项，并由制造商组织销售商、修理商

图 5-4　汽车召回

等通过修理、更换、收回等具体措施有效消除其汽车产品缺陷的过程（缺陷：由于设计、制造等方面的原因而在某一批次、型号或类别的汽车产品中普遍存在的具有同一性的缺陷，具体包括汽车产品存在危及人身、财产安全的不合理危险，以及不符合有关汽车安全的国家标准、行业标准两种情形）。

世界上最早的汽车召回制度起源于20世纪60年代的美国。现在英国、德国、法国、日本、韩国、加拿大、澳大利亚、中国等很多国家都实行了汽车召回制度。在美国、日本以及欧洲国家，无论是轿车、客车还是一些专业车辆，当产品被发现存在缺陷时很多厂家都会采取主动召回的方式，避免消费者受到缺陷车辆的影响。

我国于2004年3月15日发布了《缺陷汽车产品召回管理规定》，在2004年10月1日起开始正式实施。《缺陷汽车产品召回管理规定》由国家质量监督检验检疫总局②、国家发展和改革委员会、商务部、海关总署联合制定并发布。经过衍变（图5-5）于2012年10月10日，《缺陷汽车产品召回管理条例》（以下简称"汽车召回条例"）通过国务院常务会议，并已于2013年1月1日正式实施。2014年10月10日，国家质检总局曾在其官网上发布了《缺陷汽车产品召回管理条例实施办法》（征求意见稿）。2015年12月9日，国家市场监督管理总局发布第176号总局令，《缺陷汽车产品召回管理条例实施办法》（以下简称"实施办法"）正式出台，并已于2016年1月1日起实施。后来，此实施办法于2020年10月23日又进行了修订。

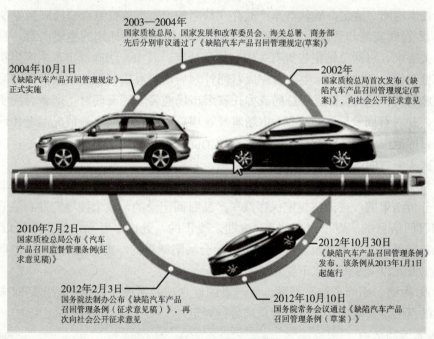

图5-5 《缺陷汽车产品召回管理条例》的衍变

2. 汽车召回条例的主要内容

其共有6章43条，分为总则、信息管理、缺陷调查、召回实施与管理、法律责任、

---

② 现国家市场监督管理总局。

附则共 6 个部分。

第一章 总则。主要规定了立法目的、适用范围、国家市场监督管理总局与地方质检部门及技术机构的职责分工,明确规定汽车产品生产者是缺陷汽车产品的召回主体,同时,也明确规定质检总局统一负责全国缺陷汽车产品召回监督管理工作。国家市场监督管理总局根据工作需要,可以委托省级市场监督管理部门负责缺陷汽车产品召回监督管理的部分工作。还规定了技术机构按照市场监督管理总局规定,承担缺陷汽车产品召回信息管理、缺陷调查、召回管理中的具体技术工作。

第二章 信息管理。主要对缺陷汽车产品召回信息管理系统的建立与作用、生产者及相关经营者的信息报送义务及有关要求、市场监督管理总局与国务院相关部门的信息沟通与共享机制做了规定。其中,规定生产者应当建立健全汽车产品可追溯信息管理制度,确保能够及时确定缺陷汽车产品的召回范围并通知车主。同时,明确规定生产者应当保存汽车产品设计、制造、标识、检验等方面的信息。

第三章 缺陷调查。对生产者自行开展的调查分析的程序以及有关法律义务,市场监督管理部门开展缺陷调查的程序以及职责权限、缺陷认定的有关程序、组织听证及发布风险预警等有关内容作了规定。其中,明确规定与汽车产品缺陷有关的零部件生产者应当配合缺陷调查,提供调查需要的有关资料,首次将零部件生产者纳入召回管理范畴;生产者不按照缺陷汽车产品召回通知书实施召回,又不在规定时间内向总局提出异议的,或经组织论证、技术检测、鉴定,确认汽车产品存在缺陷的,市场监督管理总局应当责令召回。

第四章 召回实施与管理。对实施召回的有关程序、召回计划的主要内容、召回信息发布的有关要求、召回总结报告等有关内容作了规定。其中,明确规定车主应当积极配合生产者实施召回,消除缺陷;生产者完成召回计划后,仍有未召回的缺陷汽车产品的,应当继续实施召回;市场监督管理总局或委托省级市场监督管理部门对生产者召回实施情况进行监督,并对召回效果进行评估;市场监督管理总局通过召回实施情况监督和评估发现生产者的召回范围不准确、召回措施无法有效消除缺陷或未能取得预期效果的,应当要求生产者再次实施召回或采取其他相应补救措施。

第五章 法律责任。生产者违反本办法规定,未按规定更新备案信息的,或未按规定提交调查分析结果的,或未按规定保存汽车产品召回记录的,或未按规定发布缺陷汽车产品信息和召回信息的,责令限期改正;逾期未改正的,处以 1 万元以上 3 万元以下罚款;同时,规定零部件生产者违反本办法规定不配合缺陷调查的,责令限期改正;逾期未改正的,处以 1 万元以上 3 万元以下罚款。

第六章 附则。明确了汽车产品、生产者的概念,并明确了汽车产品出厂时未随车装备的轮胎的召回及其监督管理由质检总局另行规定。

3. 汽车召回流程

对于汽车消费者来说早已经意识到,包括汽车在内的产品由于新技术、新材料、新工艺的不断应用,即使经过科学严谨的试验,在使用中也可能暴露出产品的设计缺陷和质量隐患。汽车召回制度的颁布为缺陷汽车的处理提供了规则和程序,同时,也明确了汽车生产企业与客户的权益和责任。汽车生产企业一旦发现自己生产的产品有缺陷,坦诚、负责地召回,是向消费者展示企业对消费者负责的态度,是提升品牌形象的机会。汽车召回流程如图 5-6 所示。

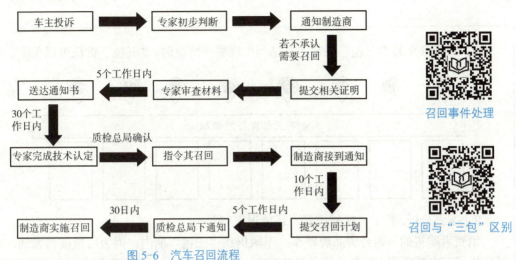

图 5-6　汽车召回流程

你能说说汽车召回与汽车"三包"的区别吗？

思政课堂

我们常会听到身边的人这样说："某某汽车品牌又召回汽车了，看来质量真是不行。"难道召回＝质量差？请利用所学知识发表你的观点。

参考资料

《规定》只适用于家用汽车，即为了家庭生活而购买使用的汽车，而公务车、工程机械车辆、出租车等均不在三包责任范围之内。三包责任由销售者依法承担，销售者承担三包责任后，属于生产者的责任或者属于其他经营者责任的，销售者有权向生产者、其他经营者追偿。此举有利于消费者维权，免得被销售者踢皮球，以属于生产者或其他经营者责任为由拒绝承担责任。另外，包修期也不同于三包有效期。消费者一定要理解清楚这些注意事项，在发生争议时才能保护好自己的权益。

任务工单

主题	了解汽车"三包"规定、召回规定	
说明	1. 汽车"三包"的包修期、包退换期限 2. "三包"责任免除规定 3. 召回的概念	时间：20分钟

★ 工作页 / 学习页

1. 根据汽车的"三包"规定，总结当出现哪些情况时，"三包"责任可以免除。

❶ ❷ ❸ ❹ ❺ ❻ ❼ ❽

免除三包责任的情况

2. 案例分析：换了三次减震器，还能退车吗？

消费者购买的一辆合资品牌轿车，车辆仍在"三包"期内。因为后减震器漏油，已经更换了三次减震器，现在仍然有漏油现象。于是，消费者向经销商提出了退车的要求。请你根据所学的汽车"三包"规定分析经销商是否应该给车主退车并说明原因。

3. 总结汽车"三包"与召回的区别。

1　2　3　4　5

参考资料

★ 学生工作笔记（体会、收获）：

_____

_____

_____

任务 2　索赔管理与索赔员岗位

任务难度	初级		
学时	0.5学时	班级	
成绩		日期	
姓名		教师签名	
能力目标	知识	1. 掌握索赔员的工作内容和岗位要求 2. 了解索赔员的培训程序	
		技能	能力描述
	技能	1. 能够判断哪些工作由索赔员完成 2. 能描述胜任索赔员的条件	初级技能
	素养	1. 学会在学习、工作中做计划 2. 锻炼表达能力	

情境导入

李明是一名大二的学生，应聘去了一家 4S 店做索赔岗位实习生。入职的第一天，具有 10 年工作经验的老索赔员师傅给他介绍了索赔员岗位及与索赔相关的一些信息。

任务相关信息

对于一位客户来说，购买了某个汽车生产企业的产品，也就意味着购买了这个汽车生产企业的售后服务，汽车生产企业为客户提供的索赔服务也是其中的一种。4S 店索赔员的言行体现了汽车生产企业售后服务的品牌形象，也关系到汽车生产企业的产品声誉。

一、经销商索赔员的岗位描述

1. 索赔员的工作内容

（1）首次保养业务。

（2）处理索赔业务、召回业务（说明：经销商索赔员在管理工作中，如果遇到了突发的批量索赔，需要将信息通报给经销商的技术经理，由技术经理确认故障问题，并在索赔网络系统中填写车辆信息反馈单）。

（3）索赔件管理。

2. 索赔员的岗位要求

（1）接受过汽车生产企业的技术基础培训、索赔培训，经过汽车生产企业的售后服务部门批准才能从事索赔业务。

（2）认真检查索赔车辆，严格执行质量担保条例及有关规定。

（3）坚持索赔原则，秉公办事，讲究效率，保证质量，廉洁服务。

（4）严格按照产品的技术规范要求对产品质量进行检查、测试和分析，准确判断故障原因，正确填报索赔申请单。

（5）了解掌握在使用、维修、保养中出现的问题。重大、疑难、特殊质量问题要在规定时间内向汽车生产企业反馈。

（6）向客户宣传汽车生产企业的产品及维修、保养和正确使用的常识。

二、汽车生产企业对经销商索赔工作的要求

（1）有的汽车生产企业规定：经销商日均索赔量小于或等于 10 台次，须配置一名专职索赔员；小于或等于 20 台次，须配置两名专职索赔员；以此类推。另外，对于只有一名专职索赔员的经销商，还应该配备一名兼职索赔员。

（2）对每月申报索赔申请单错误率高于 30%（不同品牌 4S 店有不同的规定）的 4S 店，对其索赔员重新进行培训后，才可以办理索赔业务。

（3）为了使各个经销商索赔工作能够顺利开展，各 4S 店的服务总监应该优先考虑索赔员参加技术培训。

（4）判定是否给客户办理索赔，只能由取得索赔员业务培训证书的索赔员或者由取得索赔员业务证书的服务顾问、服务经理、服务总监进行鉴定。凡违反上述规定的，汽车生产企业将会对经销商采取相应的惩罚措施。例如，将发现的此次索赔费用由经销商自行承担，停止该经销商索赔业务 3 个月，并在全国服务网对该经销商进行通报批评等。

三、索赔员的培训程序

（1）要求经销商要提前 1～2 个月提出培训申请。

（2）汽车生产企业的索赔组接到经销商培训申请后，进行资格审核。

（3）审核合格后需根据各经销商所提出的索赔培训申请统一制定培训计划并安排培训时间，通知经销商安排索赔员按时参加培训。

（4）培训合格后的索赔员，汽车生产企业的售后服务部门将为其发放培训证书。

索赔员必须经过培训合格后才能上岗，进行索赔工作时，一定要遵循索赔原则和索赔条例的规定开展工作。

任务工单

主题	掌握索赔员工作内容及索赔岗位的要求	
说明	1. 索赔员的工作内容 2. 索赔岗位的要求	时间：20分钟

★ 工作页 / 学习页

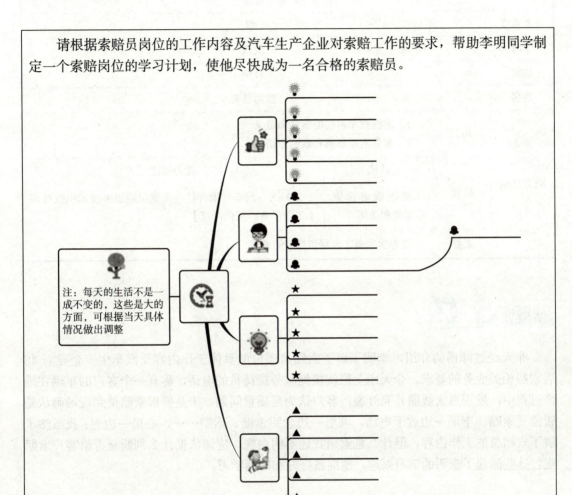

★ 学生工作笔记（体会、收获）：

_____
_____
_____

任务3　索赔条例				
任务难度		中级		
学时	1学时	班级		
成绩		日期		
姓名		教师签名		
能力目标	知识	1. 掌握汽车索赔的概念和意义 2. 掌握索赔条例和索赔原则		
	技能	技能	能力描述	
		能正确解读索赔原则和条例	"1+X"汽车营销评估与金融保险服务技术中级技能 【工作任务：三包保修】	
	素养	培养学生遵守原则和规定的素养		

情境导入

昨天经过师傅的介绍，李明了解了索赔员岗位的具体工作内容及汽车生产企业对4S店索赔相关业务的要求。今天刚上班就接到服务接待员的电话，称有一个客户的车辆在维修过程中，发现点火线圈外壳开裂，客户认为是质量问题，于是要求索赔员到现场确认是否需要索赔。李明一边放下电话，嘴里一边念叨索赔、索赔……，心里一边想：我虽然了解了索赔员的工作内容，但什么是索赔我还不明白呢，应该依据什么判断是否给客户索赔呢？这些激起了李明的学习兴趣，他准备好好和师傅学习。

任务相关信息

一、索赔概述

1. 索赔的定义

汽车索赔就是汽车生产企业对所生产的汽车产品为客户提供的一种质量担保形式，在质量担保期内，客户在规定的使用条件下使用车辆，由于车辆制造、装配及材料质量等原因所造成的各类故障或零部件的损坏，经过特约经销商检验并确认后，均由汽车生产企业委托经销商为客户提供无偿的车辆维修或整车退换服务，这就是索赔。

索赔管理是汽车售后服务管理中很重要的一部分，经销商可以利用索赔这项售后服务措施满足客户的合理要求，维护汽车生产企业的产品形象和提高经销商的服务满意度。

2. 索赔的意义

索赔首先能使客户对汽车生产企业的产品满意；其次，能让客户对特约经销商的售后服务满意。这两个因素是维护公司和产品信誉以及促销的决定因素。其中,客户对售后服务是否满意最为重要。因为,如果客户对服务仅有一次不完全满意,我们无疑就会失去这个客户。相反,如果售后服务能够赢得客户的信任,使客户满意,那么我们就能够继续推销产品和服务了。

索赔是售后服务部门的有利工具,可以用它来满足客户的合理要求,每个汽车生产企业的特约经销商都有义务贯彻这个制度,要始终积极地进行质量担保,不能把它视为负担,因为执行质量担保也是经销商吸引客户的重要手段。

大多数客户可以理解,尽管在生产制造过程中生产者足够认真,检验手段足够完善,但还可能出现质量缺陷。重要的是这些质量缺陷能够通过售后服务部门利用技术手段和优质的服务迅速正确地得到解决。汽车生产企业为客户提供的质量担保正是要展示这种能力,在客户和经销商之间建立一种紧密的联系并使之不断的巩固和加强。

各大汽车生产企业在产品文件上规定的质量担保期的基础上,还会提出一系列的条件来限制一些不合理的索赔要求。不同的汽车生产企业或者是相同的汽车生产企业在不同的时期制定的索赔条例可能都会有不同,但大的原则不会发生变化。下面是一些汽车生产企业所制定的索赔条例和原则。

二、索赔条例

(1)索赔也是汽车生产企业为消费者提供的一种质量担保,在整车质量担保期内出现下列情况之一的,整车质量担保责任免除:

索赔条例

① 正常磨损。

② 车辆使用中未遵守使用说明书、保养手册的有关规定使用轿车,或超负荷使用轿车(如用作赛车)等,或使用不当造成的损坏。

③ 车辆装有未经汽车生产企业许可使用的零部件,或车辆未经汽车生产企业许可改装过。

④ 车辆在非特约经销商处保养、维修过。

⑤ 交通事故造成的损坏。

⑥ 客户应使用汽车生产企业备件部提供的指定型号的机油进行保养;否则,不予结算首保费用。如因客户自换机油造成发动机及零部件损坏,不进行索赔。

(2)在整车质量担保期内的车辆使用者发生变更,整车质量担保期的改变:

① 家用汽车客户在三包有效期内若变更轿车用途,则不享受家用汽车的相关三包政策。

② 家用汽车在三包有效期内变更客户,使用性质不变,享受原三包有效期,并按照原使用时间及里程延续。

③ 非家用汽车在整车质量担保期内,若客户变更轿车用途,轿车享受原质量担保期,期限和里程不作变更。

三、索赔原则

(1)索赔包括根据技术要求对汽车或部件进行的修复或更换,更换下来的零部件归汽车生产企业所有。

（2）经销商从汽车生产企业的备件部门订购的备件在未装车之前发生故障，可以向汽车生产企业的备件部门提出索赔。

（3）关于常规保养，由于汽车生产企业或客户已经支付给经销商相关费用，经销商有责任为客户的车辆做好每一项保养工作。如果客户车辆在经销商保养后，对保养项目提出索赔要求，应由经销商自行解决。

（4）严禁索赔虚假申报，若发生此种情况，责任由经销商承担。

（5）严禁使用非原厂备件办理索赔，若发生此种情况，责任由经销商承担。

四、备件索赔原则

1. 备件质量担保期

从客户在经销商处购买零件并在经销商处更换日起（日期以发票为准），如果所购买的备件在1年内且里程不超过100 000公里（不同的汽车生产企业可能规定会略有不同），出现质量问题，客户有权向汽车生产企业的特许经销商提出索赔（特殊件和易损件按相关规定执行）申请。

2. 关于备件索赔的有关规定说明

（1）对于蓄电池的索赔：有的汽车生产企业对于在中转库存储的车辆，需要检查商品车的出厂日期，蓄电池发生故障的日期距离出厂日期超过1年的商品车，只有判断为蓄电池断格故障，经销商才可以向汽车生产企业提出索赔申请，而对于蓄电池电量不足的情况，经销商不能向汽车生产企业提出索赔申请。

（2）对于传动轴总成、空调系统及后桥总成的索赔，汽车生产企业原则上不予受理。如果有特殊原因需要索赔，经销商必须做出对索赔原因的书面说明，并传真至售后服务部门的相关负责人，经审核批准后，才能办理传动轴总成、空调系统及后桥总成的索赔。

（3）非质量问题（如事故）发生的备件更换维修，其备件质量担保不计入整车三包维修中。

（4）车辆在质量担保期内发生质量问题，更换上的零件（必须是汽车生产企业提供的原装备件）质量担保期与整车的质量担保期相同：即整车质量担保期满，对于更换的零件的质量担保期也相应结束。

（5）经销商从汽车生产企业备件部定购的备件在未装车之前发生的故障，请各经销商向汽车生产企业的备件部申请索赔。

思政课堂

讨论：汽车生产企业的索赔员对某个经销商申请的索赔业务进行审核处理时，发现有3项索赔业务不符合索赔规定，拒绝了经销商的索赔要求。与经销商的索赔员沟通：是因为与客户沟通困难，没办法才做了虚假索赔。如果你是这名索赔员，你会怎么做？请谈谈虚假索赔的危害。

> **参考建议：**（1）按照索赔原则和索赔条例的要求，实事求是地为客户进行索赔申报；可以求助技术经理或相关问题的技术通报等进行技术上的沟通和解释；加强自己的沟通能力，平时多积累，运用沟通技巧平和地与客户交流，以利于解决问题。
>
> （2）在工作中必须严格遵守索赔原则和索赔条例。这是个虚假索赔未遂的案例，如果继续发展，把虚假索赔的零件或费用据为己有，那就触犯了法律，同学们

任务工单

主题	了解质量担保形式并掌握汽车索赔条例	
说明	1. 了解质量担保的两种形式及区别 2. 掌握汽车索赔条例	时间：20分钟

★ 工作页 / 学习页

1. 你所知道的汽车生产企业为客户提供的质量担保形式有哪几种？它们有什么区别？

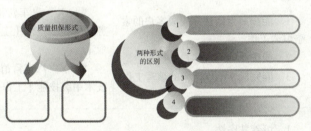

2. 简单总结免除质量担保责任的几个条件。

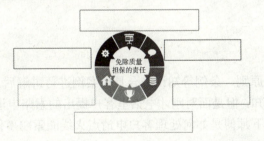

★ 学生工作笔记（体会、收获）：

任务 4   索赔程序

任务难度	中级		
学时	2学时	班级	
成绩		日期	
姓名		教师签名	
能力目标	知识	1. 掌握汽车零部件和整车的索赔流程 2. 掌握索赔申请单填写内容	
	技能	技能	能力描述
		1. 能按照索赔程序完成客户的索赔申请工作 2. 能按流程完成客户退换车申请 3. 能完成索赔申请单的填写工作	"1+X"汽车营销评估与金融保险服务技术初级技能【工作任务：三包索赔作业】 "1+X"汽车营销评估与金融保险服务技术中级技能【工作任务：三包保修】
	素养	1. 培养秩序性 2. 培养团队协作性	

情境导入

师傅对索赔、索赔原则、条例等知识结合具体案例进行讲解后，李明已经对自己实习的岗位有了理论上的认知，但是面对刚才电话里客户提出的索赔申请，还是感到没有头绪。接下来他就准备见证一下师傅是如何处理客户申请点火线圈索赔事件的。

任务相关信息

客户在汽车生产企业规定的质量担保期内，因为产品质量问题向经销商提出索赔的时候，经销商按照汽车生产企业的规定必须遵循一定的流程完成客户的索赔工作。一般汽车生产企业的索赔流程如图 5-7 所示。

索赔流程

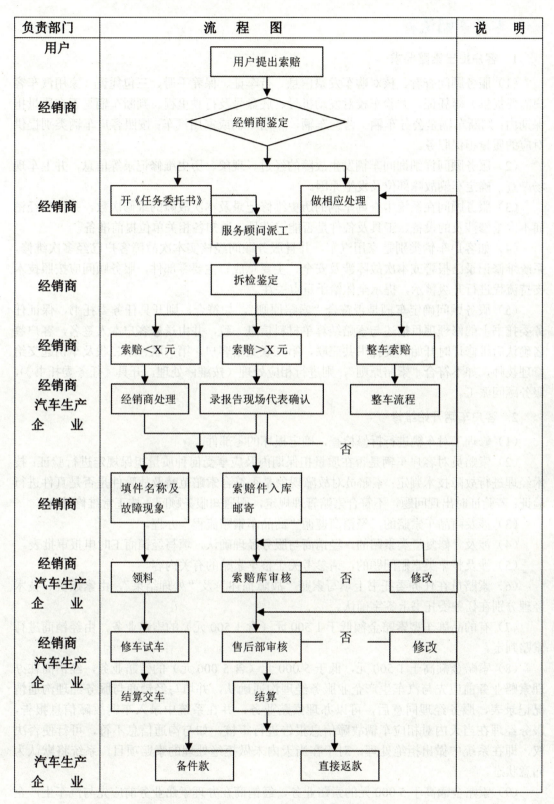

图 5-7　汽车生产企业索赔流程

一、零件索赔流程

1. 客户提出索赔要求

（1）服务顾问查看、核对购车发票信息、行车证、保养手册、三包凭证（家用汽车客户需要提供）等凭证，并验车校对发动机号、底盘号及行驶里程。判断车辆是否在质量担保期内；判断车辆是公务车辆、营运车辆、军用车辆或家用汽车；按照客户车辆类别提供对应的质量担保服务。

（2）服务顾问详细询问车辆发生故障的经过、现象、历史维修记录等信息，并上车现场勘查，确定车辆故障部位及发生原因。

（3）服务顾问在系统中查询车辆的历史维修记录及本次故障的维修次数，并核实经销商本次维修涉及的设备、工具及备件是否能够满足，通知各相关单位提前准备。

（4）如客户车辆类别是家用汽车，并且服务顾问经核实本次故障客户已经多次维修，系统维修记录已报警或本次故障涉及安全、主要总成、主要零部件，服务顾问应按照技术支持流程进行升级警示，提示全体给予重点关注。

（5）服务顾问确定车辆是否符合"索赔原则"，如符合，则开具任务委托书，保证任务委托书上的修理项目描述与索赔结算单材料信息一致，并由送修客户本人签名，客户签名确认后维修计时开始。委托书共三联，第三联交给客户，第一联、第二联及车钥匙交给修理技师，如不符合"索赔原则"，则进行相应处理（按维修处理，开具《任务委托书》），服务顾问派工。

2. 客户车辆开始维修

（1）修理工对车辆进行拆修检查，确定损坏的零部件。

（2）索赔员对客户车辆是否在质量担保期内及应享受何种质量担保规定进行验证；技术经理进行故障技术判定；索赔员对故障现象是否符合索赔范畴及故障件是否是真件进行验证；若验证时出现问题，不符合索赔管理规定，则通知服务顾问，按正常维修处理。

（3）涉及商品车索赔的，经销商遵循"商品车索赔流程"办理。

（4）涉及"修复"类索赔的，经销商与服务经理确认，填写经销商工时申报审批表。

（5）涉及整车类索赔问题的，请参考关于整车索赔的有关内容。

（6）索赔员在任务委托书上填写索赔"故障描述"及"处理结果"，由索赔员、技术经理分别在任务委托书上签字确认。

（7）有的品牌车型索赔金额低于 1 500 元（含 1 500 元）的索赔业务，由经销商进行索赔判定。

（8）索赔金额高于 1 500 元，低于 5 000 元（含 5 000 元）的索赔业务，经销商在办理索赔业务前应先与汽车生产企业服务经理沟通确认，并填写经销商与服务经理沟通情况记录表，服务经理同意后，可以办理索赔业务，并在系统中录入车辆故障信息报告，服务经理在当天内对相应车辆故障信息报告进行审核，如与沟通信息不符，可行使否决权，即在系统中做出拒绝处理，对于在当天内未做拒绝处理的索赔项目，系统将默认为同意状态。

（9）索赔金额高于 5 000 元的索赔业务，经销商在办理索赔业务前应先与汽车生产企业服务经理沟通确认，再与现场技术经理沟通确认（经销商可通过电子邮件与现场技术经理确认），经服务经理、技术经理同意后，可以办理索赔业务，并在系统中录入车辆故障信息报告、车辆信息反馈报告，服务经理、技术经理分别在当天内对相应车辆故障信息报告、车辆信息反馈报告进行审核，如与沟通信息不符，服务经理、技术经理可行使否决权，即在系统中做拒绝处理，对于在当天内未做拒绝处理的索赔项目，系统将默认为同意状态。

（10）修理工将旧件及任务委托书交给索赔员，索赔员填写"索赔件挂签卡"。

（11）备件管理员依照任务委托书打印领料单，家用汽车类别车辆以三包紧急订货方式订货的，备件员应将此三包紧急订单号记录在委托书的处理结果中，向修理工发料。

（12）修理工领料、装车、试车；修理工确认修复后将车钥匙与《任务委托书》第一联、第二联交给服务顾问。

（13）家用汽车类别车辆以三包紧急订货方式订货的，服务顾问应将三包紧急订单号记录在"质检/内部交车"项目中的"三包订单号"中。

3. 客户结算

（1）质检完成后，服务顾问以录音电话或短信的形式通知客户取车（需要保留证据），维修计时截止。

（2）服务顾问打印索赔结算单，共三联，由客户本人签字，第一联交给索赔员，由索赔员存档；第二联交给财务存档；第三联交给客户。

（3）索赔员将索赔信息由 DSERP 上传至索赔系统。

（4）索赔员将索赔件入索赔件库。

（5）索赔员将任务委托书、索赔结算单、故障码打印件、结算单复印件等存档。

4. 存档要求

1）索赔需存档文件

（1）索赔任务委托书档案管理。

① 所有索赔项目均要求开具"1-×××××"的任务委托书。

② 索赔员在任务委托书上填写故障描述及处理结果。

③ 索赔员在任务委托书上签字。

④ 技术经理在任务委托书上签字。

⑤ 客户在任务委托书上签字。

（2）索赔结算单管理。

① 在索赔结算单相应索赔项上注明申请单号。

② 客户在索赔结算单上签字；打印日期与结算日期一致。

（3）故障码打印件管理。

① 相关电器件打印故障码、故障码打印件清单。

② 故障码打印件上需有底盘号、系统时间。

③ 在故障码打印件上注明索赔申请单号。

（4）备件索赔结算单管理。

① 指客户购买并安装零件的维修结算单，要求统一用 A4 纸复印，在索赔材料下方画波浪线并在右侧空白处注明索赔申请单号；

② 结算单上有客户签字。
(5) 首保凭证管理。
① 在免费保养凭证上按要求填写各项信息，必须有客户签字。
② 在免费保养凭证上注明首保申请单号。
(6) 索赔通知管理。
经销商打印质量担保与客户保护部下发的索赔通知，需经销商服务总监在索赔通知上签阅。
(7) 索赔件验收清单管理。
经销商服务总监在索赔件验收清单上签字。
(8) 索赔件鉴定手册管理。
经销商打印索赔鉴定手册，需经服务总监、技术经理、索赔员签阅。
(9) "其他"索赔凭证管理（工时、商品车、运费、外出服务、沟通记录表等）。
① 经销商工时申报审批表，保存签字原件。
② 经销商填写商品车修复审批表，保存签字原件。
③ 中转仓库送经销商整备车辆审批表，保存签字原件。
④ 索赔件运费申请表（公路自送、邮寄方式送件），保存签字原件。
⑤ 索赔件运费申请表（邮寄方式返件），保存凭证及签字原件。
⑥ 经销商外出服务登记表，保存签字原件。
⑦ VIP 道路救援服务金额明细表，保存签字原件。
⑧ 经销商与服务经理沟通情况记录表。
(10) 需向索赔组提供的凭证。
① 个案索赔审批表。
② 特殊索赔审批表。
③ 索赔单权限开通审批表。
④ 索赔件权限开通审批表。
⑤ 索赔申报信息反馈表。
⑥ 购车发票及三包凭证：经销商需存档购车发票复印件及三包凭证。
2) 索赔档案存档要求

经销商须建立独立索赔档案资料柜 1 组或 2 组，索赔档案统一采用文件夹装订，并将索赔档案柜放于索赔员办公室。

① 将索赔任务委托书、索赔结算单第一联单独存档。

② 经销商需将索赔的任务委托书、索赔结算单、故障码打印件附在一起，任务委托书在上面、索赔结算单在中间、故障码打印件放在下面，按任务委托书号码由小到大顺延，按自然月份存档，并在文件夹外侧注明发生的"××××年××月"；文件夹内应设目录，目录内容见表 5-3：（可在 PORTAL "索赔单处理"中下载）。

表 5-3　20××年××月索赔档案目录

序号	委托书号	索赔单号	材料件号（主件号）
1	1-20110100001	B10001	L3CD 953 042A

③ 购车发票及三包凭证。

经销商需按月存档购车发票复印件，对于本经销商自己销售的车辆按销售日期由小到大按自然月存档，非本经销商自己销售的车辆的购车发票复印件存于当月发票后面，对于车辆为家用汽车的客户还需存档三包凭证（本经销商销售的车辆存三包凭证原件，非本经销商销售的车辆存复印件），三包凭证附于车辆发票后，每月的发票档案应做目录，目录内容见表 5-4。

表 5-4　20×× 年 ×× 月发票档案目录

序号	底盘号（后8位）	车型（2位）	购车日期	有三包凭证否
1	D3002114	94	2013年10月1日	有

④ 备件索赔结算单统一用 A4 纸复印，在索赔材料下方画波浪线，按照申请单号由小到大顺序存档，并单独放于一文件夹中，注明"备件索赔凭证"；文件夹内应设目录，目录内容见表 5-5。

表 5-5　备件索赔档案目录

序号	备件索赔结算单委托书号	索赔单号
1	3-20121200359	B10009

⑤ 将"免费保养凭证"按首保申请单号由小到大顺延存档，按自然月份装订存档，并每月单独放于一文件夹中，注明 ×××× 年 ×× 月首保凭证。

⑥ 索赔通知按下发的时间先后顺序存档，注明"索赔通知"；并单独放于一文件夹中，文件夹内应设目录，目录内容见表 5-6。

表 5-6　20×× 年索赔通知目录

序号	通知标题或主要内容	日期
1	关于索赔申报规则通知	2013 年 1 月 20 日

⑦ 索赔件返件凭证管理。

a. 索赔件随备件配送车辆返运的经销商，将索赔件验收清单、经销商索赔件运输交接单附在一起，索赔件验收清单在上面、经销商索赔件运输交接单在下面，按返件的时间先后顺序单独用一个文件夹存档，并在文件夹外侧注明"索赔件返件凭证"字样；

b. 自送或邮寄方式返件的经销商，将索赔件验收清单单独存档，按返件的时间先后顺序单独用一个文件夹存档，并在文件夹外侧注明"索赔件返件凭证"字样。

⑧ 索赔件鉴定手册的存档要求。

按照索赔件鉴定手册的总序号由小到大的顺序存档，并将其单独放在一个文件夹中，注明索赔件鉴定手册；文件夹内应设目录，目录内容见表 5-7。

表 5-7　索赔件鉴定手册目录

总序号	零件号	零件名称	厂家代码
JDZX001	3CD919051C	燃油泵	5GS

⑨ 其他凭证按发生时间存档，并在文件夹外侧注明"其他凭证"字样。

⑩ 索赔档案柜中的索赔档案存档要求。

a．索赔任务委托书、索赔结算单、故障码打印件存档的当前连续 12 个月的索赔档案；

b．免费保养凭证首保卡存档，当前连续 12 个月的首保卡档案；

c．备件索赔凭证、索赔件返件凭证、索赔件鉴定手册、索赔通知、其他凭证各存档 3 年，索赔凭证放在一个文件夹中。

d．免费保养凭证首保卡存档，非当前连续 12 个月的其他首保卡档案。

3）存档期限

上述各项索赔档案自修理日期 2013 年 9 月 2 日前要求保存两年；自修理日期 2013 年 9 月 2 日后要求保存 3 年；购车发票自销售日期 2013 年 9 月 2 日后要求保存 3 年。

二、整车索赔流程

三包法实施初期，三包退换车处理采用指定授权二手车经销商集中处理方式进行处理，处理流程如下：

1．退车管理程序

三包退车范围：出现重大质量故障、严重安全性能故障累计 2 次未解决、主要总成同一主要零部件累计更换 2 次未解决。

（1）经销商受理客户提出退换车需求后，一个工作日内（第 1 天），根据三包规定核实车辆信息，然后判断是否符合退换车标准，最后向区域服务经理、现场技术经理、产品责任员报备。

（2）若车辆符合退换车标准，经销商在 1 个工作日内（第 2 天），准备车辆相关材料，（包括购车发票、维修记录、三包凭证等）。若不符合退换车标准，同时客户不接受，则按三包争议处理流程处理。

（3）根据车辆信息，经销商在 1 个工作日内（第 3 天），填写三包退换车申请报告、退换车历史索赔信息表、PCC 报告等相关报告后，上报事业部、技术服务部、质量担保与客户保护部。

（4）区域事业部在 12 个工作日内（第 4～15 天），通知经销商退换车处理方案，并指导经销商下一步工作（解释、安抚、三包争议处理）。

① 对于不符合三包退换车标准的，经销商在两个工作日内通知客户，若客户有疑义，事业部及经销商按照三包争议流程处理。

② 经销商在 3 个工作日内（第 3～5 天），在现场技术经理的指导下制定维修方案，并将三包退换车维修报价单反馈给质量担保与客户保护部。

③ 经销商得到事业部给出的退车指令后，两个工作日内与客户签署《退换车协议》，相关款项由经销商先行垫付。

a．客户按协议要求返还全部车辆文件及附件。

b．经销商与客户共同检查车辆交接。

c．经销商按协议约定的数额（按三包规定的系数收取客户折旧费）支付客户应得的购车款。

④ 经销商协助客户办理其他应返还客户的款项，如购置附加税等。

a. 需要退回汽车生产企业的车辆，经销商协助客户办理车辆购置税退税，需要汽车生产企业出具证明的，经销商提供当地车管所要求的证明格式文件，质量担保与客户保护部负责申请公章并将带有公章的原件以特快专递邮寄给经销商。

b. 特殊地区无法退购置附加税的，经销商依据客户提供的发票垫付购置税款，汽车生产企业根据经销商提供的发票及客户收条，补偿经销商购置税款。

c. 进行二手车交易的车辆，购置附加税由经销商先行垫付，客户提供发票及收条。汽车生产企业依此统一在差额中补偿经销商。

2. 换车管理程序

三包换车范围：同一质量问题维修超过 5 次、累计维修时间超过 35 天。

经销商受理客户提出退换车需求后，1 个工作日内（第 1 天）根据三包规定核实车辆信息，先判断是否符合三包退换车标准，并判断是符合换车还是退车；同时，向区域服务经理、现场技术经理、产品责任员报备；若不符合退换车标准，通知客户；客户不接受，则按三包争议处理流程处理。

① 若车辆符合换车标准，经销商在 1 个工作日内（第 1 天）通知客户符合换车条件，并准备办理换车；客户准备车辆相关材料（购车发票、维修记录、三包凭证等所有车辆相关材料）。

② 经销商在 8 个工作日内（第 2～9 天）组织资源办理。经销商暂时无资源的，可根据到货计划与客户协商交货日期。

a. 若短期内无计划，经销商马上向事业部提申请，事业部根据经销商需求内部协调资源。

b. 若无资源，经销商在区域事业部的指导下与客户协商处理。

③ 经销商在 1 个工作日内（第 2 天），填写三包退换车审批及处理申请表、PCC 报告、车辆保养记录及导致换车的各项索赔记录上报事业部、技术服务部、质量担保与客户保护部。

④ 经销商在 3 个工作日内（第 3～5 天），在现场技术经理的指导下制定维修方案，并将三包退换车维修报价单反馈给质量担保与客户保护部。

⑤ 经销商得到事业部给出的车辆处理方案后，3 个工作日内（第 8～10 天）与客户签署退换车协议，相关款项由经销商先行垫付。

a. 客户按协议要求返还全部车辆文件及附件。

b. 经销商与客户共同检查新旧车辆并交接。

c. 经销商按协议约定的数额（按三包规定的系数收取客户折旧费）收取折旧费。

d. 新车购置附加税、旧车剩余交强险等，经销商先行垫付。

3. 维修管理程序

（1）经销商根据现场技术经理出具的技术方案进行车辆维修，并最终确认车辆达到质量标准。

（2）现场技术经理判定维修后的车辆是否合格并审批。

（3）经销商将检验合格证扫描发送给质量担保与客户保护部。

（4）质量担保与客户保护部通知经销商申报维修费用索赔。

4. 处理管理程序

（1）退换车经销商将车辆维修合格后向二手车业务部提报三包退换车车辆定价表，定价原则将通过季度文件三包退换车定价方案发布。二手车业务部进行审核并反馈车辆价格给退换车经销商和指定二手车授权经销商。制定二手车授权经销商按照车辆定价金额向退换车经销商采购，前者应在接到通知后5个工作日内向后者采购。

（2）指定二手车授权经销商需办理过户及提档，退换车经销商协助指定二手车授权经销商办理相关手续。

（3）指定二手车授权经销商自行负责车辆的物流运输。

（4）指定二手车授权经销商负责将车辆档案落户至该经销商所在地。

（5）指定二手车授权经销商负责销售三包退换车，销售时需明示消费者该车是"三包退换车"以及更换、退换的原因。

（6）车辆交易时，指定二手车授权经销商需与客户签订三包退换车销售合同，合同扫描件需要向二手车业务部备案。

5. 补偿管理程序

（1）根据退换车定价表，质量担保与客户保护部计算补偿费用，并反馈给经销商补偿费用金额。

（2）经销商提报退换车补偿费用申请表。

（3）质量担保与客户保护部确认经销商申报的退换车补偿费用，并组织协调相关部门签字确认。

（4）经销商申报退换车补偿费用。

（5）质量担保与客户保护部审批退换车补偿费用。

三、索赔申请单的填写方法

为了使各个经销商的索赔申请及时被认可，索赔款迅速转为备件款，并及时准确地将索赔件的质量信息反馈给汽车生产企业的质保和产品等相关部门进行质量分析，指导零部件生产企业改进设计或生产工艺，提高产品质量，经销商必须按要求准确填写索赔申请单（各个汽车生产企业会有不同，但作用和内容大致相同）中的每一个数据，切勿遗漏。

下面以一汽-大众汽车有限公司的索赔申请单为例，逐项解释需要填写的内容（索赔申请单模板如图5-8所示）。

1. 经销商编码

对于一汽-大众汽车有限公司的经销商来说，编码由7位数字组成，由售后服务部门提供。其中一汽-大众汽车有限公司编号为左起三位数字758（1、2、3位）；地区编号为两位数字（4、5位）；经销商编号为两位数字（6、7位）。

2. 索赔申请单编号

由6位数字组成，前二位代表年份，后四位代表序号；每年年底，售后服务部门都会以文件的形式规定下一年度的索赔申请单编号形式。

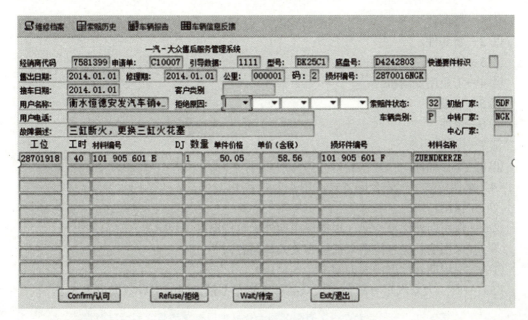

图 5-8　一汽 – 大众索赔申请单（模板）

3. 任务委托书

由 13 位数字组成，前 2 位数字代表修理类别，后 11 位分别代表年、月、流水号。

（1）修理类别的表示形式：0 – 首保、1 – 索赔、2 – 保养、3 – 小修、4 – 大修、5 – 事故车、6 – 返工。

（2）年、月、流水号的表示形式：当前年 4 位、当前月 2 位、流水号 5 位。

（3）对于 2021 年的第一个索赔申请，索赔任务委托书可以表示为：1-20210100001。

4. 索赔类别

用一个大写字母表示（由索赔件的来源决定）（国产厂家 A、进口厂家 C、一汽 – 大众的自制件为 S）；对于超出一年发生的进口件索赔，索赔类别为"S"，厂家代码为"CAP"。

5. 引导数据

由 4 位数字组成，代表各类质量担保形式的可能性。每一位数字都有一定的代表作用，各位数字分别代表：

（1）第一位数字代表保用车型，用 3 个数字对不同的车型加以区分。

① 1—大众轿车。

② 2—大众载重车。

③ 4—奥迪轿车。

（2）第二位数字代表记账形式。

① 1—贷方凭证。

② 2—额外支付款额。

③ 3—客户全付款额。

（3）第三位数字代表保用内容，用 8 个数字分别代表不同的保用内容。

①1—整车。
②2—新部件。
③3—修复件。
④4—工业用发动机。
⑤5—油漆。
⑥6—锈蚀。
⑦7—返修。
⑧8—库存部件。

(4)第四位数字代表合同方式,用4个数字加以区分。
①1—保用。
②2—保用期外优惠待遇(根据保用期外优惠待遇有关规定)。
③3—保用期外优惠待遇(征得有关人员同意)。
④4—保用期外优惠待遇询问书。

(5)一汽-大众汽车有限公司大众品牌现有车型最常用的引导数据见表5-8。

表5-8 一汽-大众汽车有限公司大众品牌现有车型最常用引导数据

类型	引导数据
整车索赔、外出服务、索赔件运费	1111
备件索赔	1121
服务行动	11X1
优惠索赔	1112
善意索赔	11Z1

6. 型号

由六位数字组成,详细说明如下。

(1)第一位、第二位数字代表车型,如 Jetta—1G 宝来—1J 开迪—2K 迈腾—9X 速腾—9L 高尔夫—2J 进口迈腾—3C。

(2)第三位数字代表车身类型。

(3)第四位数字代表车辆的装备。

(4)第五位用字母代表发动机的分类:M代表汽油机,D代表柴油机。

(5)第六位用字母代表传动器的分类:用A代表01M自动变速器;用S代表5挡手动变速器。

7. 码 = RA 标记

用一位数字表示,对索赔件的修理种类加以区分。对损坏部件进行修复,填写"1";对损坏部件进行更换,填写"2"。

① 对于外出服务、运费、油漆、修复、充R134a及各种油(液)类的补充等RA标记必须为"1"。

② 为了保证见件索赔的严密性,凡是发生材料费用而没有旧件返回的索赔,像蓄电池、玻璃等的更换,RA标记为"2"。具体做法是将条形码附在索赔件挂签上,与索赔件验收清单一起放在索赔件包装箱内寄到汽车生产企业的售后服务部指定地点。

8. 车辆类别

用一个字母表示，代码符号代表的含义如下：

T—出租车，W—商品车，B—公务用车，P—私人用车。

9. 底盘号

填写底盘号码的后 8 位。

10. 售出、修理、接车日期

对于整车也就是购车日期，以购车发票上的日期为准。这 3 个日期以年、月、日的顺序，共 8 位数字。备件索赔的售出日期填写备件购买和安装日期。

11. 里程数

车辆修理时的行驶里程。

12. 损坏编号

损坏编号必须填写 10 位数，具体编号详见故障代码。

13. 客户姓名、电话

详细填写客户姓名、电话，公务用车请填写单位名称、电话。

14. 故障描述

详细准确地填写故障现象及原因，语言要简练。

15. 工位

用 8 位数字表示，工位必须按照相应的工位工时定额填写。

16. 索赔件状态

（1）中转库/中心库检查验收索赔件。

① 未送件、未扫描：状态为 *1。

② 错误的拒绝：状态为 *0。

③ 正确的认可：状态为 *2 和 *3。

④ 经销商修改期限为 7 天。

（2）产品责任部审核索赔申请单。

① 未审核——状态为 *1。

② 错误的拒绝——状态为 *0。

③ 正确的认可——状态为 *2。

④ 永久拒绝——状态为 *4。

⑤ 经销商修改期限为 20 天。

任务工单

主题	掌握索赔程序、索赔申请单的填写	
说明	1. 索赔流程 2. 索赔申请单的填写	时间：45 分钟

★ 工作页 / 学习页

1. 请你根据汽车零部件的索赔流程，为李明提炼出一些关键词并标注一些你认为重要的事项，这样更有利于他理解索赔流程。

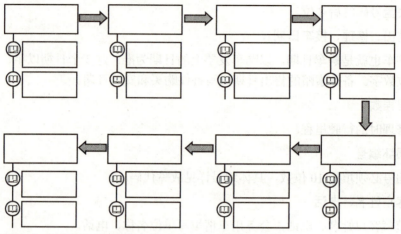

2. 根据客户索赔的相关信息，完成索赔申请单的填写。

客户车辆发票日期：2016 年 8 月 10 日，修理日期是 2018 年 3 月 15 日，行驶里程是 8 000 公里。车辆型号是 9L25C1，底盘号是 D424××××。经销商地区编号为 05，经销商编号为 11。工位：28200100，工时：20。由于材料编号、损坏编号及损坏件编号需要查阅资料后填写，此处可以忽略。

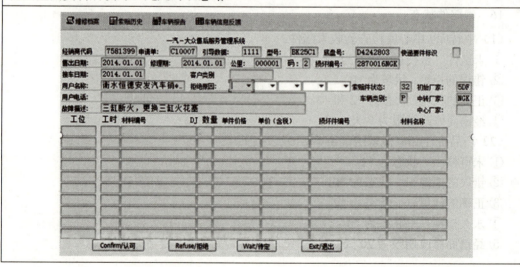

★ 学生工作笔记（体会、收获）：

任务 5　索赔件管理

任务难度	中级			
学时	1学时		班级	
成绩			日期	
姓名			教师签名	
能力目标	知识	1. 掌握索赔件库的管理规定 2. 掌握条形码粘贴和拴挂的要求 3. 掌握损坏件拒绝索赔的原因 4. 了解索赔件的返件方法及运费结算方法		
	技能	技能	能力描述	
		能完成索赔件入库操作	"1+X"汽车营销评估与金融保险服务技术中级技能 【工作任务：三包保修】	
	素养	1. 培养操作素养 2. 培养认真、严谨的素养		

情境导入

李明在师傅的指导下完成了点火线圈索赔申请单的填写工作，待索赔申请通过后，按照索赔程序的规定就要将点火线圈这一索赔件进行入库管理工作了。李明觉得索赔件都是旧件了，都放在一起邮寄回汽车生产企业就行了。下面让我们和李明一起进行点火线圈的入库管理吧。

任务相关信息

一、经销商索赔件库管理规定

（1）汽车生产企业的特许经销商的索赔件库为独立库房（独立区间），不得与其他厂家产品混放。

（2）索赔件应分区、分类存放，国产、进口件分开存放。

（3）索赔件库存放的索赔件应为近一个月以内的索赔件。

（4）索赔件必须粘贴或拴挂相应的条形码。

（5）索赔件库货架上应粘贴相应的分类、分组标签。

二、索赔件的管理

1. 索赔件的粘贴注意事项

索赔件要粘贴或拴挂条形码，方便"见件索赔"，条形码如图5-9所示。

图 5-9 索赔件条形码

索赔件管理

2. 索赔件操作规范

1）条形码粘贴要求

对于有平整表面的索赔件，条形码可以直接粘贴在索赔件平面的空白处。为利于条形码的扫描，还要注意以下要求：

（1）条形码不能粘贴在索赔件的外包装盒上。

（2）条形码不能粘贴在索赔件有油污或灰尘的面上。

（3）条形码不能折着或弯曲粘贴在索赔件上。

（4）条形码不能粘贴在索赔件上有文字、数字、字母和图形处。

适合这种要求的索赔件有门锁、计算机、轮辋、收放机、发动机、变速器、保险杠、仪表台、蓄电池（条形码不能粘贴在上面；必须粘贴在侧面）、后桥、制动摩擦片、制动盘、制动鼓、空调等。

2）条形码拴挂要求

对于不能直接粘贴条形码的索赔件，需要先将条形码粘贴在索赔挂签上，再将索赔挂签牢固地拴挂在索赔件上。索赔挂签拴挂位置选择，如图 5-10 所示。

（1）索赔件上有小孔处。

（2）拴挂的闭环处、柱型的凹处。

（3）在索赔件上用胶带、绳、铁丝人为制成闭环来拴挂索赔挂签。

图 5-10 索赔件条形码的粘贴、拴挂

3）多个索赔件的捆绑要求

一张《索赔申请单》对应有两件或两件以上索赔件时，索赔件必须都捆绑在一起，而且要保证扫描人员能直观看到厂家代码、厂家标识、生产日期等标记。对轻、软、钝的索赔件可以使用绳或胶带捆绑。对重、硬、锐的索赔件必须用铁丝捆绑。

4）索赔件清洗要求

（1）凡是存有机油、汽油、冷却液等液体的索赔件必须将残液倒放干净。

适合这种要求的索赔件有发动机、变速器、汽油箱、汽油泵、水箱、冷却液罐、动力转向机、转向助力泵、转向助力油罐、制动分泵等。

（2）凡是索赔件粘有油污、泥土等污物，必须清洗干净。

适合这种要求的索赔件有发动机总成及散件、变速器总成及散件、汽油箱、减震器、内外等速万向节及护套、转向机、消音器等。

3. 索赔件返件方法

（1）各经销商将贴好条形码或拴挂好条形码挂签的索赔件，分类装箱（奥迪、宝来件单独装箱并贴好标签、有"原包装"的索赔件单独装箱），并附有经销商索赔件验收清单，装箱单一式三份，中心库、中转库、经销商各一份；要求用中铁快运的方式，如距离较近的也可用其他方式运送，但必须由专人负责。

（2）电瓶、玻璃件的特殊说明。

① 非铁路运输必须送到。

② 如通过铁路运输，可不返回，销毁处理须征得售后服务部相关人员的同意。

（3）索赔件返件原包装说明。

① 有备件原包装的，按备件包装标准独立包装索赔件；同时，按要求拴挂索赔件挂签。用胶带封好包装盒，粘牢即可。

② 原装备件无包装的索赔件，直接按要求拴挂索赔件挂签即可。

③ 某些有塑料堵的备件，拆下后必须堵到索赔件上，防止索赔件漏油。

④ 对于空气流量计、电子控制单元（发动机、自动变速器、ABS、安全气囊）、节流阀体及氧传感器，索赔件返件时需附上打印出来的故障诊断结果；同时，将底盘号打印（或手写）上去。

4. 索赔件运费的结算方法

邮寄索赔件的运费采取实报实销的方法，服务站索赔员将运费发票复印件寄往售后服务科索赔组，要求在运费发票复印件上填写"申请单编号"，以此作为结算依据。

经销商索赔员将索赔件运费以索赔申请单的形式录入索赔软件管理系统。

5. 损坏件拒绝索赔的原因说明

① "21" 假件。

② "22" 索赔件不符合返件要求（未清洗、包装不合格）。

③ "23" 索赔单与索赔件不符。

④ "24" 索赔单数量与索赔件数量不符。

⑤ "25" 非产品质量损坏（缺损、私改等）。

⑥ "26" 超期送件。

⑦ "27" 生产日期不符。

⑧ "28" 索赔件故障描述与索赔件不符（单、件、挂签）。

⑨ "29" 电器件无故障码打印信息。

⑩ "30" 索赔单厂家代码与索赔件不符（可更改）。

⑪ "31" 损伤件号不符（可更改）。

⑫ "32" 待鉴定是否索赔（可更改）。

思政课堂

讨论： 汽车生产企业在做索赔最后审核时，发现有个别4S店的索赔申请经常出现小差错，不是索赔申请单填错，就是零件没清洗干净，还有可能是索赔件的挂签掉了。这种情况对你未来的工作有什么启示？

参考建议： 索赔工作需要掌握索赔原则、条例、程序等，然后还需要做事认真、细致、严谨。一旦疏忽，可能面临的就是重复工作，降低工作效率，还有可能导致汽车生产企业拒绝索赔等。此处充分体现了细节决定成败这个观点，所以，同学们在未来工作时，一定要有责任心，注重细节，保质保量地完成任务。

任务工单

主题	了解汽车索赔件管理规定	
说明	1. 索赔件拒绝索赔的原因 2. 索赔件库的管理规定	时间：20分钟

★ **工作页/学习页**

1. 根据索赔件的管理规定，熟练地列出损坏件拒绝索赔的原因。

21	22	23	24	25	26

27	28	29	30	31	32

2. 请描述一下索赔件库的管理规定。

_____

_____

★ **学生工作笔记（体会、收获）：**

_____

_____

_____

案例解析——客户索赔的案例处理

一、零件的索赔案例

1. 案例描述

赵女士于 2013 年 3 月购入某品牌轿车,洗车后发现前照灯灯罩内有水珠凝结。赵女士打电话给 4S 店技术人员进行咨询,了解到前照灯灯罩内凝结的水珠是由于洗车时进了水,只要打开大灯照射(加热),使灯罩内水雾蒸发就可以使灯罩内的水珠消失。赵女士按照 4S 店的指导解决了问题。最近,由于南方阴雨天多,灯罩内又出现了凝结的水珠,赵女士心里十分郁闷,便去 4S 店询问有没有根本的解决办法,如果没有,就要求更换前照灯。

2. 事件分析

所谓起雾,是由于灯具内部空气中包含的水分随温度升高而增加,当温度下降,水雾随之凝聚,附着在配光镜上的现象。下面从导致前照灯内部温度上升因素、产生雾气的情形、凝结水珠/水雾原因方面进行分析。前照灯的基本构造如图 5-11 所示。

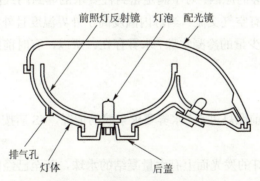

图 5-11 前照灯的基本构造

(1)导致前照灯内部温度上升的 3 种因素:

① 外部环境影响,如暴晒、外部高温等。

② 机舱温度影响,前照灯在机舱内的前方,发动机运转时,机舱内各部件产生的热量都会传导给前照灯。

③ 前照灯本身工作产生的热量。

(2)受机舱内布置和外界环境影响,两侧前照灯起雾量有所区别

有几种情形易产生雾气:洗车之后;潮湿或阴雨天气,灭灯熄火之后;冷热变化剧烈(如冬季会产生霜花,也属正常)。

而所谓进水则是指因某些原因导致灯具的密封性遭到破坏，造成水分侵入前照灯内部，附着在配光镜上的现象，如图 5-12 所示。

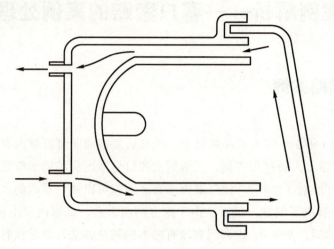

图 5-12　前照灯与外界空气的交流过程

（3）半封闭型前照灯的特点：
①灯泡更换方便。
②热量变化需要空气的交流、平衡。
（4）凝结水珠 / 水雾的原因：对于满足密封性要求的非封闭式前照灯，当灯内压力与外界压力不一致时，会有空气交流。当灯内温度高于外界温度且外界湿度较大时，待前照灯冷却后会在灯罩内有少量的冷凝水珠 / 水雾存在。所以，有时前照灯的灯罩内有凝结水珠 / 水雾属于正常现象。

3．事件处理

对于赵女士抱怨的前照灯进水 / 水雾要求索赔的情况，4S 店按如下步骤进行了判定。

1）确认故障

（1）进水：在前照灯的发光面上有大量凝结的水珠，甚至已经向下流淌。发光面定义如图 5-13 所示。

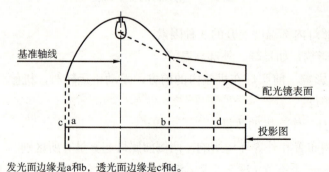

图 5-13　发光面定义

（2）起雾：由于前照灯内外温差，随空气进入前照灯内部的水汽凝结在灯罩内表面上，呈雾状。

说明：即使形成水珠，如果不在前照灯的发光面上，也按照雾气进行判定。

2）判定为进水的前照灯检查流程

（1）检查前照灯是否存在因事故导致的撞击、开裂。

（2）检查是否有私自拆卸、更换非标灯泡、缺件、破损等情况。

（3）检查后盖、线束、通风管是否齐全，是否存在变形、松动。

（4）对于后盖，通风管缺失的前照灯，使用吹干机吹干灯内的水汽，补上缺件后，做好标记继续使用。

（5）对于后盖、线束、通风管变形，前照灯松动，变形的更换，松动的拧紧，并将灯内的水汽烘干之后，做好标记继续使用。

4S 店的维修技师经过检查后，证明上述 5 钟情况均不存在，而前照灯依然存在进水情况，所以判定应该为客户办理索赔更换手续，索赔时需要随索赔标签附上故障件图片，随损伤件一起返回。请根据所学知识及你对问题的理解，画出解决此问题的流程。

4. 事件点评

（1）索赔是提高品牌形象和客户满意度的一种方式，但在处理客户提出的索赔要求时，一定要有理有据。

流程示例

（2）同样的索赔申请，可能会出现不同的处理结果。处理时一定根据汽车生产企业的产品结构、技术要求、材料工艺特性等多方面考虑，得出正确的处理结果。

（3）在处理过程中，如和客户的意见不统一，应耐心向客户解释。

（4）要避免因索赔处理不当而影响售后服务的客户满意度。

二、整车退换案例

1. 案例描述

张先生于 2012 年 1 月购买某品牌轿车，同年 6 月车辆行驶约 10 000 公里时车辆右侧 A 柱出现异响。在 4S 店进行 10 000 公里保养时对异响进行了维修，问题没得到解决；同时，左侧 A 柱也出现异响。后在 4S 店进行了数次维修，但均没有任何改变，轿车的生产企业也没有给他任何答复，所提出的要对维修方案有一个书面保证的要求也被 4S 店断然拒绝。张先生对此事无法认同，并希望能通过媒体的力量帮自己获得一个合理的解决方案。

2. 事件处理

在接到张先生的投诉申请之后，工作人员即刻便与其取得了联系，就此事进行了进一步的沟通与了解。张先生因为异响问题没有解决而且多次去4S店检查维修，花费了许多的燃油费及交通费，耽误了大量的时间和精力。4S店方面目前给他的维修方案就是将整个中控台全部拆除，在大梁和加强板的位置上打胶，但对维修之后的成果没有保证，也就是异响问题能不能因此彻底修复还不知道，如果修不好也没有进一步的解决方案。对此，张先生无法接受，他认为，如果再修不好，4S店就应该对自己出售的商品负责，车辆应该进行退换。

4S店售后服务部门负责人表示，客户所描述的情况基本属实，目前4S店方面的方案是先对车辆进行修理，如果依然无法修复，就申请汽车生产企业的技术援助，看汽车生产企业有没有进一步的答复，至于客户提出的关于书面保证的要求，则无法满足。汽车生产企业的客服中心依然是千篇一律地进行记录并反馈给有关部门处理。

3. 事件分析

一般来说，车辆的故障大致可以分为3大类：

（1）人为损坏及外力（包括雷击等）因素造成的故障。

（2）零件达到疲劳值或使用年限的老化。

（3）产品质量缺陷（包括设计缺陷、装配缺陷及材料本身的质量缺陷）。

就张先生的车辆而言，从买车到现在总计只有5个多月的时间，其间也没有发生任何撞击事故，所有的保养及检修也都是在4S店完成的，在车主报修此故障之前，4S店方面也没有对A柱相关的部位进行过拆装。那么很明显，车辆的故障是属于产品本身的质量缺陷，在车辆投入市场流通环节之前，这个缺陷就已经存在了。因此，作为汽车生产企业，具有不可推卸的责任，在多次维修不好的情况下，应该为张先生换车。

4. 事件点评

（1）对于4S店来说，虽然A柱异响的问题是汽车生产企业的原因造成的，但和车主直接发生关系的还是4S店，如果认为是汽车生产企业的问题，也应该由4S店出面和汽车生产企业协商解决方案。在此之前，4S店必须给客户一个保障，即可以和车主协商，先行对车辆进行修理，但对之后的维修成果必须有一个合理的保证，若还不能修复，就应该退换车辆；同时，对车主就此问题而产生的损失（包括燃油费、交通费等）予以补偿。

（2）这个事件的处理结果直接影响了品牌形象，也影响了客户的满意度。

模块实操考核——完成零件索赔

姓名：　　　　　学号：　　　　　实训地点：　　　　　时间：

考核任务：学生分组，以角色扮演的形式完成客户索赔申请工作。

1. 任务描述

张先生的宝来车在路口等红灯时容易熄火，于是到 4S 店维修，经检查发现是水温传感器（零件号：357919501A）损坏。张先生对汽车三包规定比较了解，于是提出了索赔要求。

4S 店：长春华天特约经销商（代码：7580000）　　服务电话：0431-5832××××

客户：张先生　　联系方式：138××××××××　　车型：大众宝来 15 000 公里 /2 年

2. 任务分析

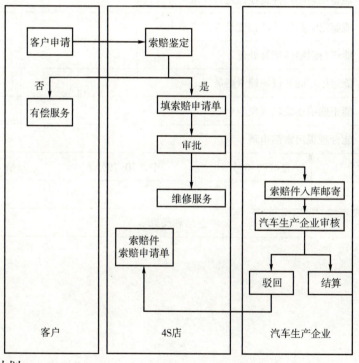

3. 工作计划

工作岗位		制定工作计划
岗位	人员	
索赔员		
客户		
汽车生产企业索赔员		

4. 任务考核

	考核项目	分值	得分	备注
索赔员	能正确填写零件名称及故障现象	5		
	能正确审核客户资料	5		
	能正确运用接待礼仪接待客户	5		
	能正确判定是否索赔	10		
	能解释清楚索赔依据	10		
	能正确填写索赔申请单	15		
	能正确入库索赔件	10		
汽车生产企业索赔人员	能审核索赔申请单是否规范	10		
	能鉴定索赔件挂签拴挂是否规范	5		
	能鉴定索赔件清洁程度是否符合要求	5		
	能进行索赔件结算处理	5		
客户	能运用正确礼仪回馈索赔员	5		
	能正确描述故障现象	5		
	能合理提出索赔申请	5		
优（90~100分）	良（80~89分）	中（70~79分）		及格（60~69分）

总结和反思

考核员：

模块 6

车间内部管理

模块名称	任务名称	难度描述
车间内部管理	任务1　人力资源管理	"1+X"汽车维修企业运营与项目管理技术高级技能
	任务2　培训管理	"1+X"汽车维修企业运营与项目管理技术中级/高级技能
	任务3　专用工具、设备、资料管理	"1+X"汽车维修企业运营与项目管理技术中级/高级技能
	任务4　信息管理与计算机网络管理	"1+X"汽车维修企业运营与项目管理技术高级技能
	案例解析——经销商内部培训实施案例	"1+X"汽车维修企业运营与项目管理技术中级/高级技能
	模块实操考核——组织一场校园招聘会	"1+X"汽车维修企业运营与项目管理技术高级技能

说明：

本课程设计遵循德国双元制职业教育理论，参考"1+X"汽车维修企业运营与项目管理技术职业标准，以服务客户为理念，按照汽车售后服务企业服务管理的具体工作进行设计。

任务 1　人力资源管理

任务难度		高级	
学时	1学时	班级	
成绩		日期	
姓名		教师签名	
能力目标	知识	1. 掌握人员招聘流程和各部门的绩效考核专项指标 2. 了解员工薪酬结构	
		技能	能力描述
	技能	1. 能制定重要岗位的绩效考核专项指标 2. 能组织策划一场小型招聘会	"1+X"汽车维修企业运营与项目管理技术高级技能【工作任务：汽车维修企业人力资源管理】
	素养	1. 培养全局意识 2. 培养职业的敏锐性	

情境导入

小赵是某品牌 4S 店人力资源部门的员工，最近他发现店内离职的员工特别多，他既忙着招聘新员工，也在与经理沟通，讨论员工离职率高的原因，决定重新修定人员管理的相关规章制度，力求适应社会发展并激发员工的工作热情。

任务相关信息

现代企业的竞争归根结底是人才的竞争，人力资源是构筑企业核心竞争力的基石。企业能否培养、激励、吸引人才，使之形成共同的目标、扮演不同的角色、履行各自的职责并能够采取共同的行动准则等，是企业取得成功的关键。各品牌的 4S 店进行人力资源管理时通常会遵循以下几个方面的原则：

（1）协调员工的价值观，使之符合企业的发展战略。
（2）员工的职业发展与企业的发展相吻合。
（3）充分考虑员工的价值体现和个人认同。
（4）建立完善的业务流程及岗位职责，使企业的经营状况与员工的个人工作相联系。
（5）建立完善的考核考评体系，使员工的工作表现体现在员工的个人业绩中。

各品牌 4S 店应根据自身的品牌特点和销售服务的实际情况，配合汽车生产企业不同的发展阶段，不断调整并优化人力资源配置，始终保持 4S 店的竞争力，确保其能够长久稳定地发展。

一、员工招聘

1. 员工招聘准备工作

① 确认招聘需求。
② 制定招聘岗位的职责说明书（见模块 1）。
③ 制定招聘岗位的薪酬制度。

2. 招聘流程

招聘流程如图 6-1 所示。

3. 人员选拔流程

人员选拔流程如图 6-2 所示。

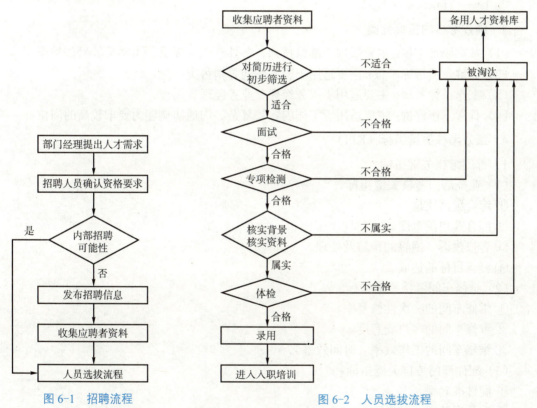

图 6-1　招聘流程　　　　　图 6-2　人员选拔流程

二、绩效考核

1. 绩效考核的目的

（1）使每个员工的工作目标与 4S 店的发展目标相一致。

（2）激励员工不断学习，提高员工的基本素质和工作技能。
（3）创造一个公平竞争的环境，不断培养、发现人才。
（4）发现员工改善的机会，并帮助员工达成个人目标。

2. 绩效考核的原则

（1）公平、公正、公开的原则。
（2）反馈、修订并最终达成一致的原则。
（3）定期考核、制度化考核的原则。
（4）考核目标在一定时期内保持稳定的原则。
（5）绩效考核目标符合绩效目标，符合 SMART 原则。
① S——Specific 具体。
② M——Measurable 可度量。
③ A——Attainable 可实现。
④ R——Realistic 现实性。
⑤ T——Timebound 时限。

3. 绩效考核的指标分类

（1）基本职责考核：主要适用于维修技师、备件仓库管理员、出纳员等操作类岗位。
（2）关键业绩指标考核：主要适用于服务顾问等销售类岗位。
（3）工作目标考核：主要适用于服务经理、业务经理等岗位。
（4）日常工作评价：主要适用于工作内容较复杂、沟通协调能力要求较高的岗位。

4. 绩效考核关键指标（KPI）

1）部门考核关键指标
（1）业务部门考核关键指标。
① 综合维修质量。
② 综合客户满意度。
③ 客户投诉/抱怨的预防及处理。
④ 经营目标的达成。
（2）维修车间考核关键指标。
① 维修车间的一次性修复率。
② 维修车间的客户满意度。
③ 维修车间的工作效率（时间效率）。
（3）配件部门考核关键指标。
① 配件准确率。
② 配件周转率。
③ 配件满足率。
④ 配件部门的客户满意度。
2）重要岗位考核关键指标
（1）服务顾问考核关键指标。
① 服务顾问接待台次。

② 服务顾问营业额。
③ 服务顾问实现的客单价。
④ 服务顾问的客户满意度。
⑤ 服务顾问的故障诊断能力。
⑥ 服务顾问的综合协调能力。
（2）维修技师考核关键指标。
① 一次修复率（返修率）——考核工作质量。
② 维修操作时间——考核工作效率。
③ 正确诊断故障能力——考核工作技能。
④ 自我管理能力——综合素质评价。

5. 员工绩效考核的基本流程

员工绩效考核的基本流程如图6-3所示。

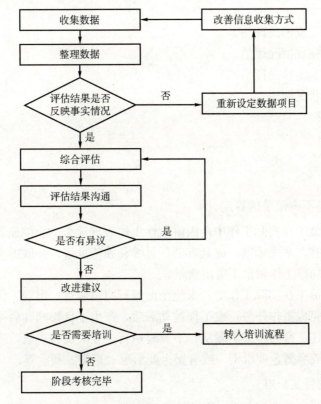

图6-3　员工绩效考核的基本步骤

1）数据收集
（1）每个服务顾问的接待台次。
（2）每个维修班组的承修台次。
（3）每个服务顾问的营业额。
（4）每个维修班组的营业额。
（5）客户投诉/抱怨台次。

(6）返工台次。

(7）客户满意度。

(8）质量跟踪结果。

2）数据整理

(1）客单价。

(2）返工率。

(3）各个岗位的客户满意度。

(4）配件周转率。

(5）配件满足率。

(6）客户投诉/抱怨率。

(7）经营目标达成率。

(8）各岗位的客户满意度。

3）综合评估

(1）工作职责完成情况评估。

(2）关键指标完成情况评估。

(3）自我管理实施状况评估。

(4）协调工作状况评估。

4）沟通及改进

(1）核实。

(2）确认。

(3）自我完善。

6. 优良记录与不良记录的界定

优良记录是指员工在实际工作中，因阶段性工作表现优秀，业绩显著，或单项工作完成出色，或克难制胜、率先垂范，或具有创新思维和独特见解，并取得重大成果和良好效果，对企业全局或局部工作做出了突出贡献。

不良记录是指员工在实际工作中，未能全面履行岗位职责，出现工作失误或失职，或在规定时间内不能完成工作任务，或工作被动滞后，产生不良影响和后果，或违反企业规章制度，甚至出现违法行为，或不服从、不及时执行企业决议和决策，或制造矛盾、寻衅滋事、吵架打斗，或泄露企业机密，或有损企业形象、声誉、利益等。

7. 考核等级的评定标准

可以参考五等分法，共划分为5个等级，即A级、B级、C级、D级、E级。

(1）A级——优秀：全面履行岗位职责，圆满完成各项任务，业绩卓越，具有创新思维并取得显著成效，对公司全局工作做出了重大而突出的贡献，考核期内无不良记录。

(2）B级——良好：全面履行岗位职责，圆满完成各项任务，业绩比较显著，具有一定的创新思维并取得明显成效，对公司全局工作做出了积极的贡献，考核期内无不良记录。

(3）C级——普通：对本职工作能够尽职尽责，按时完成各项任务，团结协作，考核期内不良记录不超过 1 次且无重大不良记录，或优良记录与不良记录的次数及后果相均衡。

（4）D 级——差：考核期内不能全面履行岗位职责，不能按时完成各项任务，甚至出现重大工作失误或失责事件，或产生 2～3 次不良记录。

（5）E 级——极差：指考核期内不能全面履行岗位职责，甚至出现重大工作失误或失职事件，不能按时完成工作任务，无优良记录，产生 3 次以上不良记录。

三、员工薪酬

1. 员工薪酬设计原则

（1）员工的薪酬体系必须符合企业的战略规划和发展阶段。

（2）员工的薪酬应具备市场竞争力。

（3）员工薪酬体系应具备激励性。

（4）员工薪酬体系应有助于提高员工的忠诚度。

2. 员工薪酬体系规划

（1）工作评价：是员工薪酬体系的起点。

（2）员工薪酬调查分析：调查当地消费水平，调查同行员工薪酬状况。

（3）员工薪酬结构设计：便于对员工的薪酬进行系统管理。

（4）薪酬管理体系：建立薪酬评价标准，建立薪酬调整系统。

3. 员工薪酬主要结构

1）保健因素（底薪）

（1）基本工资。

（2）岗位工资。

（3）社会保障保险。

（4）特殊津贴。

2）激励因素（绩效奖金）

（1）业务提成。

（2）关键绩效指标奖励。

（3）特殊奖金。

（4）综合奖金。

3）底薪与绩效奖金的比例

底薪与绩效奖金应维持一个合理的比例。底薪过高、绩效奖金过低则员工积极性不高，不利于激励员工；底薪过低、绩效奖金过高，则不利员工队伍的稳定，并容易造成员工急功近利的心态，对于公司的长期稳定发展不利。

4）绩效奖金的核算

绩效奖金应该与关键指标的考核相挂钩，对应绩效考核的不同级别，设置不同的奖金系数，得出员工的奖金。绩效考核见表 6-1。

表 6-1 绩效考核

绩效考核等级	奖金系数（设定）	业务提成	绩效奖金=系数×业务提成
A级			
B级			
C级			
D级			
E级			

思政课堂

讨论：在择业的时候，有的同学把薪酬放在第一位，有的同学把岗位放在第一位，有的同学考虑的是未来的发展。根据这种现状，请发表你的择业观点。

建议：（1）人者见仁，智者见智。把哪项放到第一位都可以，没有对错。

（2）你的选择代表了你的认知，随着时间和认知的变化，你可能会对当初的选择有遗憾。

（3）如果从长远发展角度考虑，应该是选择对自己的能力有提升的岗位，即使暂时工资低一些，但能得到提升和锻炼是更为重要的。

（4）在提升的过程中，一定是艰难的，这是意志的磨炼，要用"工匠"精神来激励自己，你会发现自己离目标越来越近了。

任务工单

主题	掌握汽车售后服务岗位关键指标和绩效考核方案的制定方法	
说明	1. 服务部及服务接待岗位的关键指标 2. 维修车间及维修技师岗位的关键指标 3. 备件部门的关键指标	时间：20分钟

★ 工作页 / 学习页

根据所学知识及你所了解的汽车售后服务行业有关绩效考核的相关情况，为某品牌4S店制定一个绩效考核关键指标。主要对服务部门、服务接待、维修车间、维修技师、备件计划员岗位制定相应的绩效考核的关键指标及标准

关键指标及标准参考

★ 学生工作笔记（体会、收获）：

_____
_____
_____

任务 2　培训管理

任务难度		中级、高级	
学时	1学时	班级	
成绩		日期	
姓名		教师签名	
能力目标	知识	1．掌握特约经销商的售后培训内容、形式、培训计划制定及实施 2．了解经销商内部培训体系建立情况	
	技能	技能	能力描述
		1．能制定培训制度、规定等，并能组织开展培训工作 2．能根据年度培训计划制定月培训计划并组织实施	"1+X"汽车维修企业运营与项目管理技术高级技能【工作任务：汽车维修企业人力资源管理】
	素养	1．培养计划性 2．培养记录整理的习惯	

情境导入

小张是大众品牌 4S 店的内部培训员，他在技术经理的指导下负责 4S 店的内部培训工作及培训管理工作。有人很好奇，除了给员工做培训外，小张还完成了哪些工作？下面我们来具体了解 4S 店的培训管理工作。

任务相关信息

为了较快提高服务网络人员的素质，经销商必须建立内部培训机制。经销商的技术经理或者内部培训员负责组织经销商内部的培训工作，包括按照汽车生产企业的有关要求组织培训、下载和发放培训资料，以及培训后相应的考核管理等。内部培训工作一定要做到有计划，并有效实施计划，及时总结培训过程中的不足。每次培训后，必须建立培训档案记录，以备日后查询。汽车生产企业的销售及售后服务部门将按照要求，检查内部培训的情况，并将内部培训工作纳入对经销商的考核。

根据售后服务工作的职能，经销商内部培训通常可归纳为技术类培训、管理类培训。

技术类培训：经销商内部培训员根据参加培训的人员素质和技术水平的不同，技术类培训又可分成不同的级别，如初级、中级、内部交流等。

管理类培训：安排管理类培训的目的主要是提高经销商的管理水平。根据经销商的具体情况一般可安排管理模式、客户沟通和服务营销三个方面内容的培训。管理模式方面主要安排核心流程如售后服务工作流程、维修服务工作流程等。客户沟通方面可安排客户关系技巧、客户抱怨与冲突的解决技巧、电话回访的技巧等。服务营销的培训可侧重服务理念、时间控制模式、小组工作模式、经营分析等。管理类培训适合从事服务管理的服务顾问、接待人员及客户服务人员等参加。

一、经销商培训管理的内容

1. 建立完善的内部培训制度并实施

（1）培训制度的形式包括培训目的、术语、适用范围、内容、相关文件、记录、附录等内容。

（2）培训制度将培训的整个过程进行详细描述，并对可能发生的各种情况做出说明。例如，缺席的处理、外出服务的处理、病假的处理等情况。

（3）培训制度目视化，让每个员工都能了解企业对培训的要求。

（4）培训要有相关的执行记录。

2. 制定年培训计划和月培训计划

在每年的年底必须对下一年度的培训做出总体规划，并请服务总监确认，同时考虑到市场的瞬息万变和每月员工所展现的技能状态，经销商也必须建立月滚动计划，并报告服务总监审批。

3. 培训必须填写培训实施目录

培训必须填写培训实施目录，以便管理者清晰看到年培训的实施情况，为培训的宏观决策提供依据。实施目录见表6-2。

表6-2　一汽－大众培训实施目录

公司名称					
_____年培训实施目录					
序号	培训日期	培训内容	培训教师	应到人数	实到人数	页码
1						
2						
3						
4						
5						
6						
7						
8						

4. 培训必须填写培训签到表

每次培训必须填写培训签到，其中必须记录应参加者姓名、签字确认信息，将未参加培训者的缺席原因等记录到培训签到表中。

一汽－大众某经销商的年度培训计划和月度培训计划见表6-3和表6-4。

表6-3 年度培训计划

序号	1	2	3	4	5	6	7	8	9	10	11	12
培训内容	基础培训 发动机和变速器、ABS	基础培训 电气设备及空调	速腾培训 产品入门、发动机、底盘、乘员保护、制动、空调	速腾培训 综合仪表、舒适系统、中央电器、转向柱控制单元、数据收发机、线传输	常见故障（夏季专项培训）水温、空调	迈腾培训 迈腾产品知识、迈腾发动机、电子制动、辅助停车、舒适系统	迈腾培训 迈腾变速器、迈腾仪表、电气系统、送信系统、保养事项	迈腾培训 空调、辅助加热、底盘及电子转向、制动系	高尔夫培训 发动机、产品介绍、燃油机、电气装备、底盘及转向系统	高尔夫培训 保养事项、专用工具、空调、变速箱	宝来培训 产品知识、发动机构造及维修、变送器、制动系	宝来培训 宝来电气、空调、防查、保养要点、技术点评
培训时间	1月	2月	3月	4月	5月	6月	7月	8月	9月	10月	11月	12月
培训地点	二楼培训室及车间	二楼培训室及车间	二楼培训室及车间	二楼培训室及车间	二楼培训室及车间	二楼培训室及车间	二楼培训室及车间	二楼培训室及车间	二楼培训室及车间	二楼培训室及车间	二楼培训室及车间	二楼培训室及车间
培训类型	课堂授课及车间实操	课堂授课及车间实操	课堂授课及车间实操	课堂授课及车间实操	课堂授课及车间实操	课堂授课	课堂授课	课堂授课	课堂授课	课堂授课	课堂授课	课堂授课
负责人	×××	×××	×××	×××	×××	×××	×××	×××	×××	×××	×××	×××
培训课时	6	6	6	6	6	6	6	6	6	6	6	6

部门	岗位	姓名
服务部	机修	×××

表 6-4　月度培训计划

培训内容	培训日期/时间	培训地点	主讲人	参加人员
安全生产	7月8日17：30	车间		
工具、设备的使用	7月9日17：30	车间		
车辆的使用方法 宝来	7月10日18：30	多功能厅		
车辆的使用方法 宝来	7月11日18：30	车间		
水温高培训	7月14日18：30	多功能厅		
车辆的使用方法 迈腾	7月15日18：30	多功能厅		
车辆的使用方法 迈腾	7月16日18：30	车间		
PDI检查工作	7月17日17：30	车间		
车辆的常规保养	7月18日17：30	多功能厅		
车辆的常规保养	7月22日18：30	车间		
保养理论考核	7月26日18：30	多功能厅		
保养实际操作考核	7月24日17：30	车间		

备注：
1. 培训计划名单中，未邀请者，可在其后空白处把自己的名字填进去。
2. 要求每次培训计划中的人员必须按时参加，特殊情况应上交请假条，而且必须由经理以上人员签字确认，方可不参加培训。
3. 学员每月进行一次考试，连续2个月成绩倒数，到车间打扫卫生。

制定：　　　　　　　　审批：

经销商内部培训记录表见表6-5。

表 6-5　经销商内部培训记录表

经销商内部培训记录表				
			编号	
课程名称				
培训教师				
培训地点				
培训日期	年　月　日　时		课时（小时）	
培训内容纲要				

续表

序号	参加人员	签到	考试成绩	是否合格
1				
2				
3				
4				
5				
6				

5. 培训形式必须多样化

（1）培训必须采取多种形式，以避免单一形式所带来的局限性，如图 6-4 所示。

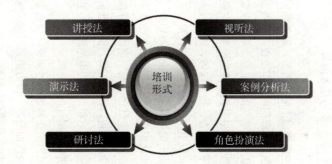

图 6-4　培训形式多样化

（2）经销商也应该按岗位对车间人员进行培训，见图 6-5。

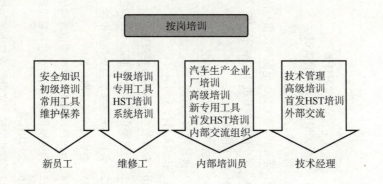

图 6-5　经销商售后服务员工培训任务书

售后新员工学习任务表见表 6-6。

表6-6 售后新员工学习任务表

部门					部门主管					领班					看护人
员工资料	姓名	入职时间	学历	专业	本职经验	姓名	入职时间	学历	专业	本职经验					

时段	学习任务	学习任务内容要求效果	是否教授	教授时间	专业	本职经验	检查结果
第一周	1. 售后关键岗位人员的认识	主管级以上管理人员、服务顾问					
	2. 售后核心流程认识	熟知本部门的工作流程,识借工具与资料					
	3. 手动/风动工具、电源等认识与使用	认识手动风动工具,能合理安全使用工具					
	4. 安全使用举升机并能举升车辆	会使用举升机,能安全举升车辆					
	5. 开工前准备工作	环车检查,挂工作牌、翼子板布、零车盘					
	6. "5S"工作的执行情况	岗位卫生、物件整理与收拾,工具零件摆放					
	7. 拆装轮胎与检测	能正确拆装轮胎,会检测轮胎(气压/磨损)					
	8. 认识车外灯光与电气	能认识车外电气并能指挥动作					
	10. 会拆装空气滤芯与空调滤芯	会拆装空气滤芯与空调滤芯并能清洁					
第二周	11. 会更换机油及机油滤芯(换油服务)	换油流程,换油工具,换油数据					
	12. 会检测充电系统与更换蓄电池	使用充电机,拆装电池电流程与装置					
	13. 会更换车尾灯泡与补胎	更换车尾灯泡,补胎					
	14. 会调校风窗洗涤器喷嘴位置与清通流水槽	风窗洗涤器加水与调校,会清通流水槽					
	15. 会更换传统式汽油滤芯与紧固底盘螺栓	换汽油滤芯,按力矩紧固底盘螺栓					
	16. 会做PDI作业	PDI工作流程与操作					
	17. 发动机舱、底盘检查与油液加注	发动机舱的检查,底盘的检查,发动机舱油液加注					
	18. 车内电气认识操作与检测	车内电气的开关操作,车内电气的认识					
	19. 常规保养项目与数据认识	保养的项目,常用数据的认识					
	20. 会首保作业	首保作业流程与操作					

培训考核和择优奖励是培训管理方面不可缺少的环节，严格考核是保证培训质量的必要措施，也是检验培训质量的重要手段。择优奖励则是员工培训激励重要方式，经销商应该对考核优秀的员工进行奖励，以促进员工的学习积极性。

做好培训考核的实施目录，以使管理者了解培训考核状态。培训考核实施目录见表 6-7；培训考核成绩记录表见表 6-8。

表 6-7　培训考核实施目录

企业名称								
＿＿＿＿＿＿年培训考核实施目录								
序号	考核日期	考核内容	考核形式	考试地点	应到人员	实到人数	组织者	备注
1								
2								
3								
4								
5								
6								
7								
8								
9								
10								
11								
12								
13								
14								
15								
16								
17								
18								
19								
20								

表 6-8　培训考核成绩记录表

企业名称													
_____年培训考核成绩记录表													
序号	姓名	1次成绩	2次成绩	3次成绩	4次成绩	5次成绩	6次成绩	7次成绩	8次成绩	9次成绩	10次成绩	11次成绩	12次成绩
1													
2													
3													
4													
5													
6													
7													
8													
9													
10													
11													
12													
13													
14													
15													
16													
17													
18													
19													
20													

6. 做好车间人员的培训档案管理工作

必须建立车间人员培训档案，通过培训档案可方便掌握员工的培训信息，为领导调动人员提供依据。

7. 评估培训效果

员工培训效果评估是指企业在员工培训过程中，依据培训的目的和要求，运用一定的评估指标和评估方法，检查和评定培训效果的活动过程。但许多经销商只重视培训课程本身的过程，或将培训课程结束当作整个培训活动的结束，忽视培训的真正效果和实效性。因此进行培训效果的评估是十分必要的。

培训效果评估可从图 6-6 所示的几个方面进行。

反应	课程刚结束时，了解学员对培训项目的主观感觉。
学习	学员在知识、技能或态度等方面学到了什么。
行为	学员的工作行为方式有多大程度的改变。
结果	通过诸如质量、数量、效率等可以量度的指标来考查

图 6-6　培训效果评估的方法

二、经销商内部培训体系建立

经销商必须建立完善的内部培训体系使员工不断满足市场的发展。经销商新入职技术人员通过完善的内部培训机制，不断学习，自我提升，逐步从一级助理，晋级为二级助理、三级助理，进一步提高，纳入一汽-大众DEP技术人才培养工程，接受一汽-大众专业技术培训，获得相应的资格认证后，成长为一汽-大众认可的维修技师、高级技师，乃至行业顶尖的专家技师。这也为技术人员职业生涯的发展构建了体系通道。经销商内部培训体系如图6-7所示。

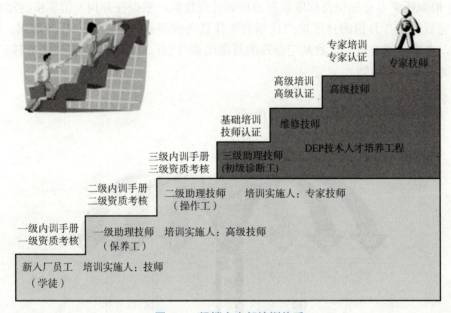

图 6-7　经销商内部培训体系

思政课堂

讨论：刚刚离开校园进入新的工作岗位，既焦虑又兴奋，对新的岗位充满了好奇，想要尽快地进入角色，能独立顶岗工作。这需要知识的学习、技能的锻炼、经验的积累。有的同学觉得每天很忙、很累，没有时间学习。关于工作之后进行学习，你有什么看法？

> **建议**：（1）学习是一个长期的过程，并非一朝一夕可以完成的。
>
> （2）学习的形式和方法是多样的，内容也是多样的。除了课堂之外，在车间里工作也是在学习。企业会组织不定期的培训，每天维修时遇到的故障案例多想多问多听，这都是学习。
>
> （3）每天的工作后，对白天遇到的故障做个总结反思，用到了哪些知识，哪些会、哪些不会，会的可以进行不同车型的拓展，不会的可以借助书籍、网络等学会。

任务工单

主题	掌握经销商的培训制度、培训内容、培训方式及管理的相关内容	
说明	1. 发动机冷却系统、汽车空调系统相关知识 2. 培训内容、培训方式 3. 月度培训计划	时间：45分钟

★ 工作页 / 学习页

1. 根据所学专业知识及你所掌握的培训管理技能，根据任务相关信息里的年度培训计划，完成制定5月份的月度培训计划的工作任务并组织开展培训。任务要求：符合学习规律，考虑培训方式等因素制定合理的月度培训计划，能准备培训需要的资料、工具、设备，能发布培训通知。

2. 培训效果可以从哪几方面进行评估？

3. 培训可以采取的培训方式有哪些？

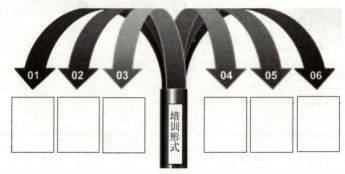

★ 学生工作笔记（体会、收获）：

_____

_____

_____

任务 3　专用工具、设备、资料管理

任务难度	中级		
学时	1学时	班级	
成绩		日期	
姓名		教师签名	
能力目标	知识	1. 掌握专用工具、设备、资料的管理规定 2. 了解工具、设备的种类	
	技能	技能	能力描述
		1. 能清点专用工具、设备 2. 能制定专用工具、设备的安全操作规程、点检计划、点检记录及校准记录表 3. 能制定工具及设备的管理制度	"1+X"汽车维修企业运营与项目管理技术中级技能【工作任务：维修企业的日常管理】和【工作任务：汽车维修企业物资与设备管理】
	素养	1. 培养制定计划、执行计划的工作习惯 2. 培养认真、严谨的工作态度	

情境导入

小赵在编制员工岗位职责及制定各岗位 KPI 的时候，需要对 4S 店内的各项工作有个全面的了解。下面，让我们和小赵一起了解专用工具、设备、资料的管理规定吧。

任务相关信息

专用工具及设备的主要用途有以下 3 点：
（1）用于特殊零部件或者总成的拆装。
（2）用于总成或车辆性能的检测、调整。
（3）方便工人的操作，保证维修的质量和效率。

工具设备是经销商维修车间进行生产活动的物质基础，是决定车间生产效率的重要因素之一。加强设备管理对于保证车间正常生产秩序，提高车间生产效率和促进经销商发展和技术进步起到举足轻重的作用。因此，工具设备管理不仅是车间内部管理的重点之一，也是体现经销商车间管理水平的重要手段之一。

一、专用工具及设备管理

1. 专用工具及设备配备规定

(1) 各个经销商应该在与汽车生产企业签订意向性协议后的规定时间内订购汽车保养及维修所必需的专用工具、检测仪器及设备,各品牌汽车生产企业的经销商维修设备及工具配备标准见表6-9(此仅供参考)。

表6-9 经销商维修设备及工具配备标准

序号	设备工具名称	配备数量	配备要求	备注
一、通用设备工具				
(一) 一般设备工具				
1	双柱举升机	8	必备	公用
2	活塞式空压机	2	必备	公用
3	工具小车	8	必备	个人
4	虎钳	3	必备	公用
5	手电钻(10毫米)	1	必备	公用
6	液压机(≥15 t)	1	必备	公用
7	测量工具(套)	1	必备	公用,含计量器具
8	轮式液压千斤顶(≥2 t)	3	必备	公用
9	支撑架(≥2 t)	6	必备	公用
10	液压小吊车(≥1 t)	1	必备	公用
11	台式砂轮机	1	必备	公用
12	台钻(16毫米)	1	必备	公用
13	总成部件拆装举升器(500千克)	1	必备	公用
(二) 机电维修设备工具				
14	机电修班级常用工具(套)	2	必备	公用,含计量器具
15	个人常用机电修工具(套)	6	必备	个人,含计量器具
16	数字式万用表(带温度测量)	3	必备	公用,含计量器具
17	带气压表充气嘴	2	必备	公用,含计量器具
18	正时枪	2	必备	公用,含计量器具
19	转速表	1	必备	公用,含计量器具
20	汽油车气缸压力表	1	必备	公用,含计量器具
21	废油收集器	2	必备	公用
22	尾气排放气体分析仪	1	必备	公用,含计量器具
23	冷却系统检测仪	1	必备	公用
24	显示仪表测量仪	1	必备	公用
25	密度计	2	必备	公用
26	蓄电池充电机	1	必备	公用
27	蓄电池检测仪	1	必备	公用
28	电喷喷油嘴清洗机	1	必备	公用
29	R134a制冷剂加注机	1	必备	公用
30	制冷剂测漏仪	1	必备	公用
31	轮胎拆装机	1	必备	公用
32	车轮动平衡机	1	必备	公用

续表

序号	设备工具名称	配备数量	配备要求	备注
(三)钣金设备工具				
33	钣金工常用工具(套)	2	必备	个人
34	砂轮打磨机	2	必备	个人
35	车身修理夹钳(套)	1	必备	公用
36	玻璃胶枪	1	必备	公用
37	惰性气体保护焊机	1	必备	公用
38	气(电)动锯	1	必备	公用
(四)油漆设备工具				
39	油漆喷枪	2	必备	个人
40	刮灰板	2	必备	个人
41	磨灰胶托	2	必备	公用
42	红外线干燥器	1	必备	公用
43	抛光机	1	必备	公用
44	烤漆房	1	必备	公用
二、专用工具及专用设备				
注:根据具体车型配备			必备	公用

(2)各经销商在开展过渡服务开业前已经订购规定的专用工具和设备,否则不受理过渡及开业事宜。

(3)所有经销商需要的专用工具清单及其资料,应主动与汽车生产企业的售后服务部联系,经销商如果以各种理由不订购专用工具和设备,将按经销商自动取消协议处理。

(4)经销商如有条件开展其他产品(如自动变速器等)的服务工作,则必须在原有的专用工具、设备基础上增订相应车型所需要增添的专用工具、设备,否则将不授权经销商开展此类产品的售后服务工作。

2. 专用工具和设备订购的规定

(1)经销商在与汽车生产企业签订售后服务意向性协议之后,要在规定的时间内将服务站专用工具和设备信息反馈表以传真或特快专递方式发给汽车生产企业的售后服务部门,并在规定时间内填写订购表,订购一套完整的专用工具、检测仪器和设备。

(2)经销商如果因特殊原因而不能按规定时间订购专用工具和设备,应及时向汽车生产企业的售后服务部门以书面形式说明原因并提出延迟的申请。

(3)汽车生产企业的售后服务部门根据各个经销商反馈的订货时间,安排订购专用工具和设备。

(4)汽车生产企业的售后服务部门准备齐全专用工具、仪器、设备后,立即通知各个地区的经销商汇款。

（5）各地区的经销商接到通知后必须在两周内按通知上的账号及款额汇出专用工具、设备款。汇款后将电汇底联传真给汽车生产企业的售后服务部门。

（6）汽车生产企业的售后服务部门接到经销商电汇底联后将在2天之内通知发货及开具发票、结清货款及运费，并按经销商汇款额多退少补。

3. 专用工具及设备的到货清点

（1）经销商在收到专用工具、设备后，应派专人在1周内按订单进行认真清点。

（2）清点后将清点时间及结果签字并加盖公章后反馈给汽车生产企业的售后服务部门。

（3）经销商订购的工具、设备的质量担保期为1年，以经销商所反馈的清点结果上的日期起开始计算。

（4）若存在缺件或有缺陷工具，则在反馈清点结果的同时将相应信息反馈给汽车生产企业的售后服务部门。

（5）汽车生产企业的售后服务部门将调查确认是否属实，若属实则必须负责落实缺件及有缺陷工具的补发或更换等事宜。

（6）经销商必须在收到货物后立即清点，并在清点后立即将清点结果反馈给汽车生产企业的售后服务部门，如因清点结果反馈不及时而影响质量担保的实施，后果由经销商自负。

4. 专用工具及设备的管理规定

1) 专用工具及设备管理规定

（1）建档、造册（包括：名称、型号、数量、价格、购买日期、保养周期、保管人）。

设备安全操作规程

（2）专人负责保管维护、对每台设备定制"设备责任牌"，专用工具要专室存放。

（3）对于专用工具严格执行借用制度，使用前后认真填写登记表（表6-10）。

表6-10 专用工具借用登记表

序号	工具名称	数量	借用时间	借用人签字	归还时间	保管人签字

(4)对于设备严格按安全操作规程使用设备(新进员工须经设备安全使用规定培训后方可上岗),重要设备的使用须指定人员;设备按规定摆放,未经许可不得随意移动。专用工具一律不外借,未经主管领导批准,专用工具一律不得在汽车生产企业外使用。

(5)借用的专用工具须当日归还,未经主管领导批准,一律不得过夜。

(6)建立专用工具使用说明、图册,以方便正确、有效使用。

① 每日清洁。

② 每周清洁、润滑、调整。

③ 每月进行安全性能检查。

(7)专用工具及设备必须按养护规定认真保养。

① 每月对专用工具及设备的数量、状况进行盘点。

② 正常损坏的专用工具,应上报主管领导,并及时更新、补充;丢失及恶意损坏的,视情况赔偿。

③ 专用工具必须使用计算机管理,管理程序使用小R3系统中的"专用工具"管理项目。

④ 专用工具摆放实施位置码管理,位置码清晰,查找方便(图6-8)。

图6-8 专用工具摆放

2)设备点检管理

设备的点检也是设备维护保养的内容之一,是作为预修设备计划的依据。通过点检,能及时发现设备事故隐患,针对存在问题采取措施,保证设备正常运转,从而减少停机损失。特别应该指出的是,设备负责人应认识到设备点检的准确性和及时性对设备事故的避免起着极其重要的作用。经销商车间管理人员必须建立设备的点检管理制度,实施设备的点检管理并做好记录。经销商应根据设备的使用说明书制定适合自己车间的车间设备点检记录表(表6-11)。

3)工具设备的检定与校准

为确保工具设备在使用过程保持良好的精确性,需要对车间设备定其进行"检定"或"校准"。

检定是指"查明和确认计量器具是否符合法定要求的程序,包括检查、加标记和(或)出具检定证书"。(引自JJF1001—2011《通用计量术语及定义》)。检定的依据是计量检定规程。通过检定,查明和确认计量器具是否满足法规中所规定的计量要求、技术要求及有关行政要求。

表 6-11 车间设备点检记录表

车间设备点检记录																																			
设备名称：门式（双柱）举升机		设备型号		设备编号：								年　　月								班组：									
序号	检查项目	点检周期	点　　　　检　　　　日　　　　期																														
^	^	^	1	2	3	4	5	6	7	8	9	10	11	12	13	14	15	16	17	18	19	20	21	22	23	24	25	26	27	28	29	30	31
1	擦拭清洁	日																															
2	检查是否漏油	日																															
3	检查钢丝绳是否在缆轮内	日																															
4	检查摇臂托垫是否损坏或磨损	日																															
5	检查锁块是否变形	日																															
6	各按钮、电器是否正常	日																															
7	检查油面高度	周																															
8	紧固螺栓	周																															
9	检查平衡钢丝绳松紧情况	月																															
10	检查横梁上限位开关功能正常	月																															
11	轨道润滑	月																															
12																																		
13																																		
操作者签字																																		
异常情况及维修记录																																		
备注		特别说明：液压油常规一年更换一次（首次使用三个月更换） 点检符号：√表示正常　×表示异常　⊗表示修复　Ⓗ表示更换液压油																																

对于经销商内部需要检定的设备，做好检定计划和记录。同时保存好检定报告。工具设备检定计划和记录表见表 6-12。

表 6-12 工具设备检定计划和记录

＿＿＿＿＿检测设备外委检定计划和记录												
序号	检测设备名称：	设备编号	出厂编号	检定/校准周期	第1次检定/校准		第2次检定/校准		第3次检定/校准		第4次检定/校准	
^	^	^	^	^	时间	结果	时间	结果	时间	结果	时间	结果
编制人＿＿＿＿＿＿＿＿＿＿＿＿＿＿＿＿＿＿＿＿＿＿＿＿年＿＿月＿＿日												

对于校准的工具设备，应做好校准记录。检测设备自校准记录表见表 6-13。

表 6-13　检测设备自校准记录表

设备名称		编号		规格型号	
制造厂家				测量精度	
测量范围				校准周期	
校准依据					

——检测设备自校准记录

测量过程、校准方法：

校准数据：

校准结论(明确适用精度范围及有效期)：

校准人：
校准日期：

5. 补订专用工具

经销商在使用过程中可能会出现专用工具的丢失及损坏。经销商丢失及损坏的专用工具必须及时补订。经销商应将所需补订的专用工具、设备的订货号及名称反馈给汽车生产企业的售后服务部门。汽车生产企业的售后服务部门根据经销商所反馈的补订专用工具、设备信息、定期汇总后安排订货。其中，到货和汇款发货等工作程序与订购专用工具相同。补订专用工具和设备的清单同样要遵守到货清点制度。

二、资料管理

汽车生产企业为保证售后服务工作的正常开展，必须对经销商实施有效的管理，管理工作是通过下发各种资料来实现的。汽车生产企业为经销商提供维修技术、管理等类的文件资料或光盘，以便经销商的服务人员学习和查阅；或者提供作为处理问题的依据，如索赔员工作手册等；或者提供管理的标准和方法及其努力方向，如售后服务管理手册等；或者提供有利于经销商的服务人员提高自身业务水平的相关资料，如自学手册、典型案例分析等，从而提高工作人员的技术水平和管理水平，为客户提供更加快速和满意的服务。

1. 资料的发放管理规定

1）资料的发放

经销商与汽车生产企业签订意向性合作协议后，就可以到汽车生产企业的售后服务部门领取资料。随着新技术和新车型的增加，售后服务部门将随时为各个经销商邮寄补发新增加的资料。资料通常发放两套。其中一套可供维修服务人员借用，另一套则用于存档备查。

2）资料的管理

经销商应对资料实行严格的管理，建立独立的资料室或在工具间内设立资料专柜，由专人负责管理。参加了汽车生产企业培训的人员要做好经销商内部的培训工作，同时经销商应收回每期发放的资料，统一保管，以备其他员工学习和查阅。资料管理人员对管理类资料和技术类资料应分别存放。所有资料应进行编码，并建立资料明细。技术文件类资料的配置及状态应齐备、完好、可随时借阅，并且应具有能阅读光盘版技术资料的设备。维修技术资料应得到应有的利用，技术经理应每季度抽查1~2项维修项目进行考核，维修人员应会查阅维修技术资料，并按维修资料要求进行维修。维修技术资料应放在固定位置由技术经理指定专人管理，建立资料目录及借阅档案。

管理人员对资料的借用应认真登记，并实行损坏、丢失赔偿制度，责任落实到人。经销商必须保证资料配备齐全。若资料经长期使用，破损严重，经销商应向售后服务科申请更新。申请更新时应写出书面材料，由经销商负责人签字并加盖经销商业务专用章，再经汽车生产企业的售后服务部门驻当地现场代表审核签字后，传真给售后服务部门，然后售后服务部门审核通过后将为其免费更新。如果经销商管理不善，导致资料破损或丢失，应及时向售后服务部门申请补领，申请补领时，应写出书面材料，由经销商负责人签字并加盖业务专用章后传真给售后服务部门。售后服务部门审核通过后将为其补发，但将收取资料的成本费，并额外加收100%的成本费作为罚金。

思政课堂

讨论：4S店检查车辆时，技师让车主坐在车里，结果连车带人一起从举升机上掉下来了。随后，车主和4S店间发生了一系列的纠纷，不仅是车辆的维修问题，还涉及精神损失、车辆保值等很多问题。请谈谈这个事故对你有什么启发。

建议：此事故存在的问题是：

（1）未严格执行举升车辆时车里不能坐人规范。

（2）举升车辆时，没有按照举升机的操作规程操作，在车辆与举升机接触不稳时就升起了车辆。

（3）在后续的事故处理过程中，4S店没有积极配合车主。

启发：无论做任何工作，都要遵守规章制度或者流程，这是保证安全的前提。工作中尤其涉及这些大型设备的操作时，一定要把安全放在首位，时刻敲响安全的警钟，做到"在岗1分钟，安全60秒"。提高安全意识就是尊重生命。

任务工单

主题	掌握专用工具、设备的管理规定	
说明	1. 专用工具及设备的清点 2. 专用工具及设备的管理规定	时间：30分钟

★ 工作页 / 学习页

1. 请以剪式举升机为例，制定设备点检记录表。

2. 根据所学内容制定一个设备到货清点记录表。

★ 学生工作笔记（体会、收获）：

任务 4　信息管理与计算机网络管理				
任务难度	高级			
学时	1学时		班级	
成绩			日期	
姓名			教师签名	
能力目标	知识	1. 掌握信息来源的途径、传递方式、信息管理的具体类别 2. 掌握经销商计算机网络管理系统的知识		
	技能	技能		能力描述
		1. 能收集信息并进行简单数据分析 2. 能进行信息管理		"1+X"汽车维修企业运营与项目管理技术高级技能【工作任务：计算机管理系统及相关法律法规】
	素养	1. 培养信息素养 2. 培养数据分析能力		

情境导入

王强是某 4S 店的服务总监，他要定期地向品牌经理汇报售后服务的业务情况，所以每月都要完成一篇信息量很大的汇报文件，文件里的信息都来源于 4S 店内完善的信息管理及计算机网络管理系统。

任务相关信息

由于市场瞬息万变，企业要生存、发展，就要与时俱进，适应市场的变化，所以企业要不断地进行市场营销调研和预测。在工业社会里，战略资源主要是资本，而在现代社会里，信息成了主要战略资源，因此及时掌握信息成了企业具有较强的应变能力、能及时作出正确决策的重要优势。各大汽车生产企业的 4S 店的提法即整车销售、备件销售、维修服务、信息反馈就突出了信息反馈的作用，可见信息管理对企业和经销商的重要性。来自全国各地的经销商（有的是代表最终消费者）的产品质量信息、售后服务信息和市场营销信息是汽车生产企业新产品开发、设计、改进产品质量、制定销售服务政策的重要依据之一。同时，汽车生产企业为其特约经销商提供新产品、新技术、销售服务管理及市场开拓等方面的信息，能有效促进其特约经销商技术水平、管理水平的提高，最终达到双赢的目的。当然，信息的内容不仅指汽车生产企业与经销商两者之间的信息，还包括宏观环境方面的信息。

一、信息管理

1. 信息来源

（1）直接客户、经销商、汽车生产企业内部相关单位。

（2）政府机关的经营决策部门。

(3) 有关交通、汽车、能源的科研部门。
(4) 当地交通管理部门等。

2. 信息分类及传递方式

下面主要针对汽车生产企业对经销商信息管理要求入手，研究一下微观环境内汽车生产企业和经销商之间的信息管理。

1) 信息分类

经销商与汽车生产企业之间沟通的信息分为：文件、函电；经销商基础信息；人员信息；经销商运营月报；服务营销信息；车辆信息反馈；技术服务手册（HST）；电子信息系统（ELSA）；其他信息等。

2) 信息传递的方式

经销商与汽车生产企业之间可以通过内部网络系统进行信息反馈，对于特殊情况无法连通内部网络系统或特殊原因暂时无法通过互联网来反馈的信息，则通过传真、邮件等其他方式反馈信息。

3. 信息管理

1) 文件、函电的管理

汽车生产企业对经销商的管理，经常通过发放文件、业务通知及其他信函等方式进行。汽车生产企业给经销商所发的通知或文件全部在内部网络的售后服务通知单列表中；其他通知或业务信函等通过内部网络的信箱发送。

各个汽车生产企业发放的文件、业务通知都具有相应的编号，便于区分管理。

对于能通过网络传递信息的经销商每天必须查看售后服务通知单列表和收件箱，并按规定进行信息的存档和传递。对于特殊情况无法连通内部网络系统或无法通过网络来反馈信息的经销商则通过传真、邮件等其他方式接收文件、函电信息。

2) 基础信息管理

经销商基础信息包括财务名称、地址；中文名称、地址；邮编；传真；24 小时服务电话；经理电话；经销商状态（新签协议、过渡服务、开业）；现场服务代表；是否通过质量体系认证；经销商类别；是否使用销售公司规定管理软件；内部网络系统是否联网；签约日期；开业日期等。

经销商的基础信息不许任意变更，如特殊情况要进行变更必须经过汽车生产企业的售后服务部门签字确认后反馈给相应部门处理（财务地址、财务名称反馈给财务部门；24 小时服务电话、传真、站长电话、电子邮件地址、经销商名称、地址、邮编等反馈给售后服务部门）。

3) 人员信息管理

经销商的所有人员信息包括人员编号、姓名、职务、电话、手机、出生日期、性别、工作日期等，必须录入内部网络系统。当人员信息发生变化时，要及时在系统中维护。人员编号经销商自行定义，一经录入内部网络系统则不能更改，且经销商应让员工本人熟知自己的人员编号，方便在其他场合使用。

4) 经销商运营月报管理

经销商运营月报包括下列信息：维修台次；备件营业额；工时收入；维修备件收入；索

赔数据等。所有已开展过渡服务的经销商和已经开业的经销商从开展服务后的下个月开始，每月完整、准确地填报经销商运营月报。经销商对经营状况进行分析，配合售后服务人员结合经销商运营月报中反映出来的问题进行整改，以便及时改进自己的服务并提升售后服务能力；同时，经销商还要配合售后服务人员对月报数据进行走访和调研。一般经销商运营月报的内容如图6-9所示。

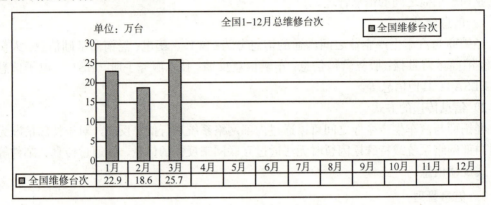

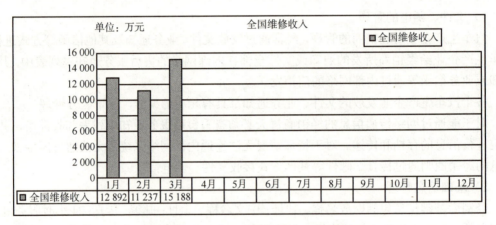

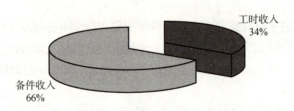

图6-9　经销商运营月报

5）服务营销信息管理

各种服务营销活动如冬季服务行动、夏季服务行动、"3·15"消费者权益活动、厂庆活动、军车服务活动等的总结，以及年终经销商的工作总结等都应按照相应的服务活动的要求反馈信息。经销商有义务和责任把当前活动的信息反馈给汽车生产企业的主管部门。汽车生产企业的相关部门有权对经销商信息反馈的及时性、反馈质量等进行监督，并纳入经销商的考核内容。

6）车辆信息反馈管理

（1）车辆信息反馈单。

售后车辆信息反馈是经销商与汽车生产企业之间进行技术支持、车辆信息反馈等的主要沟通渠道。当经销商需要技术支持或进行车辆信息反馈时必须在系统中录入或传真车辆信息反馈单。

经销商应定期（每周）将批量投放的车辆信息汇总、整理，通过内部网络系统中的车辆信息反馈单反馈给技术支持人员，要求的信息必须填全。特殊情况允许使用传真等其他手段。

（2）新产品、新项目的反馈。

新产品、新项目首批投放地区的经销商应及时、准确做好售后质量信息快捷反馈工作，反馈方式为通过内部网络系统的"质量信息快速单"反馈给售后服务部门的技术支持人员。

（3）重大问题处理信息反馈。

重大问题处理完毕后，经销商应将总结报告按时通过（R3）信箱或电子邮件方式（特殊情况可以填写重大问题报告以传真形式）反馈给售后服务部门的技术支持人员。经销商负责整理并提供维修信息、典型维修案例等方面的技术信息。

（4）技术疑难问题信息反馈。

经销商维修人员在解决技术疑难问题后，应及时报告给技术经理，技术经理应对故障现象、故障分析、故障排除及建议等内容进行整理，并以典型故障排除报告样式将信息以内部网络信箱、电子邮件或传真方式反馈给汽车生产企业的售后服务部门。

（5）重点信息的跟踪。

经销商在汽车生产企业反馈的信息中有重点跟踪的信息时，一定要认真地进行跟踪，并把跟踪信息的详细过程在系统中录入。

（6）信息反馈总体要求。

经销商在收到汽车生产企业的技术支持信息后一定要进行经销商反馈，把经销商实施情况等信息录入，以便形成信息的闭环。经销商传递给汽车生产企业的车辆信息要求反馈内容应齐全、清晰、翔实、完整、及时。经销商应对车辆信息反馈的准确性、及时性、完整性负责。按照汽车生产企业要求的格式将技术疑难问题、典型维修案例等反馈给售后服务部门的技术支持人员；同时，经销商的技术经理对经销商反馈的信息进行确认并负责对其进行解释。将信息反馈表进行归档管理以方便查询。

7）技术服务手册管理

对于已经联网的经销商，技术服务手册由汽车生产企业通过内部网络系统以信息等方式下发，并根据新产品情况在电子信息系统中及时更新技术服务手册的内容。经销商应及时按相应的规定处理。对于不具备条件的经销商，采取其他方式发放技术服务手册。

（1）技术服务手册下载。

应由经销商的技术经理（或委托专人）及时把内部网络系统中的技术服务手册活页下载下来，建立文件下载记录（下载日期、下载人、接收人）。

（2）技术服务手册的汇总。

经销商的技术经理（或技术总监）将所有下载的技术服务手册活页汇总存放。建立专门的技术服务手册下载文件夹，编写好目录，以供有关人员进行查阅。技术经理应认真学习所有的技术服务手册下载活页内容，融会贯通，达到理论与实际相结合，并能指导他人的程度。

（3）技术服务手册的培训。

技术经理在收到技术服务手册的新内容 5 日内，针对技术服务手册活页中的内容，对相关维修人员进行培训，并将相关技术服务手册活页副本下发到相应维修人员手中，并做好下发记录，技术经理在 10 日内按照技术服务手册活页中内容，对相关维修人员进行考核，做好考核记录并存档。

（4）对技术服务手册的保密。

技术服务手册属内部使用的保密技术信息，禁止外传他人（技术服务手册以外的其他技术文件保密工作依照规定另行执行）。

8）电子信息系统

电子信息系统包括各部分的维修手册、工位工时定额、索赔员工作手册、服务组织管理资料、故障代码、自学手册、技术服务手册、电路图、仪器使用说明、服务款项管理、保养表格、要点信息等。

9）其他信息管理

培训方面的信息管理、索赔方面信息管理、备件方面的信息管理等，不同的汽车生产企业有不同的规定，经销商一定要按照厂家关于此方面的规定进行。另外，经销商对于一些突发事件、市场信息、产品性能、产品质量信息、客户信息等的信息反馈要通过邮箱或传真等形式反馈给汽车生产企业的现场服务代表。

4. 信息存档及处理

1）信息的存档

经销商应设置信息员对信息进行管理。设置档案室，要有文件柜、文件盒、文件夹，对文件资料实行分类定置管理，并有档案目录。对于通过内部网络系统等收到的电子信息，应及时处理，并对电子信息进行存档。经销商应在计算机中的 C 盘或 D 盘下建立文件夹并对已在计算机中存档的信息定期进行备份，以免由于其他原因造成信息丢失。并对收到的信息和反馈给汽车生产企业的信息资料进行存档。经销商在充分利用各种信息的同时，要保证信息的安全，对于因管理不善而造成信息泄密，给汽车生产企业和经销商造成损失的，由经销商承担全部责任。各种电子版信息的光盘、软盘等要同文件信息一样妥善保存。对存储、使用信息的计算机要设置口令，并保证口令不被他人盗取，防止信息被他人窃取、破坏。

2）信息处理

信息的采集要快速、准确、翔实。反馈时要使用标准专业术语，内容完整、条理清晰、有逻辑性，必要时可附图片或照片，对于非电子版的信息要求字迹工整。信息的反馈要进行全程跟踪，以保证信息的连续性、完整性；同时，信息的处理也要及时。

5. 对经销商信息管理考核

汽车生产企业的售后服务部门的技术支持人员定期（每季度）对经销商反馈的信息进行整理汇总、考评，并将结果作为经销商信息管理考核的参考。

二、计算机网络管理

汽车售后服务过程中的网络管理主要包括两方面内容，一方面是针对经销商的内部业务的计算机网络管理系统；另一方面是针对经销商和汽车生产企业之间的售后服务业务往来的计算机网络管理系统。

经销商和汽车生产企业之间的计算机网络管理系统是汽车生产企业内部网络系统中的一部分。它们是两个互相独立的计算机管理系统，但为了传递信息的方便，进行软件开发时要求两个系统之间相容度要特别好。即：彼此的有些基础数据库、有些表格内容及一些数据统计要相同或能互相支持。在售后服务工作中，引入计算机网络管理系统，有效地提高彼此的工作效率、彼此的管理水平、整体的竞争力，是现代汽车营销及售后服务理念中共赢原则的一种体现。

1. 经销商内部计算机网络管理

汽车生产企业为使经销商的内部管理规范化、统一化、高效化，提高整个销售渠道的形象和市场竞争能力，要求其经销商配置经销商内部计算机网络管理系统。目前一汽－大众的特约经销商要求应用长春一汽启明信息技术有限公司开发的经销商内部业务管理计算机系统；一汽轿车股份有限公司应用的是浙江绍兴卓越公司开发的系统；奇瑞汽车应用的也是浙江绍兴卓越公司开发的系统；二汽神龙公司应用的是深圳元征公司开发的系统等。各个公司应用的计算机网络管理系统虽然不同，但系统的基本功能却相差不大。相应的硬件配置要求也大致相同。下面以一汽－大众汽车有限公司要求的经销商内部计算机网络管理系统为例加以说明。

1）计算机综合管理系统

（1）经销商使用经销商内部管理软件的要求。

对于未开业的经销商，在开业前必须统一使用此系统。对于已经开业但没有经销商，没有使用计算机综合管理系统的，建议使用此系统。该系统由安装人员到经销商处现场安装、现场培训。经销商申请安装时，需填写安装经销商内部管理软件申请表。经销商在安装经销商内部管理软件时必须签订技术服务合同。

（2）系统概要。

此系统能帮助各汽车生产企业规范经销商管理，规范经销商的业务流程，提高经销商工作效率，使经销商实现现代维修服务管理。

2）系统的特点及功能

（1）系统特点。

① 支持多公司、多车型核算。

② 权限设置严密、灵活，避免越权操作。

③ 系统中各模块具有相对的独立性，可根据实际业务选择安装。

④ 客户可根据业务的需要随机地组合菜单，做到"所见即可用"。
⑤ 预设两个不可修改的超级客户，满足特殊客户需要。
⑥ 代码文件特殊管理，保证系统中各类代码的完整性及延续性。
⑦ 提供随时监控上机客户功能，确保系统安全可靠。
⑧ 支持不同模块之间功能窗口的快速切换。

（2）系统功能。

① 修车服务管理。

修车服务管理包括修车、服务、索赔等功能，规范了经销商的业务流程。从服务顾问接待客户到派工、领料、维修服务、结算全部实现计算机联网管理，能够大大提高经销商的管理水平和工作效率并提供丰富详细的各种统计查询，满足经销商的各种业务需求。经销商的需求主要有以下几个方面：

　　a．修车服务管理的初始参数可自行设置，满足各类经销商的不同需要。
　　b．多种委托单录入方式，提高服务顾问的工作效率及数据的准确性。
　　c．与应收模块有机结合，直接面向客户，实时结算，方便灵活。
　　d．修车档案与整车档案高度统一，实现销售与服务一条龙管理。
　　e．具备完善的修车服务功能，提供预约及跟踪服务，实现预约维修。
　　f．各类查询统计均支持对历史情况进行操作。
　　g．系统设置自定义查询、自定义排序等功能，操作灵活方便。
　　h．工时、工位、省市代码等基础文件可随时从内部网络下载。
　　i．修车档案、整车档案、服务月报等可定期上传。
　　j．索赔管理与R3紧密相连，同时提供索赔件管理的完整功能。

② 整车及备件管理。

整车及备件管理是将整车、备件的采购管理、销售管理、库存管理有机地相结合。在保证销售和修车领料的同时最大限度地控制库存占用，降低成本。这部分模块实时与修车管理、客户服务、存货核算、应收账、应付账等模块进行信息沟通、数据共享，从而提高工作效率并且使物流、资金流和信息流达到高度的统一。这种统一主要体现在以下几个方面：

　　a．从潜在客户信息到客户订单、执行销售、最终形成客户车辆档案，实现了从客户关系管理到销售管理的完整过程。
　　b．整车及备件的采购、销售、入出库，盘盈盘亏均能自动生成相应的会计凭证。
　　c．整车及备件主文件能从R3下载，从而保持与一汽－大众汽车有限公司的产品信息同步。
　　d．采购订货能按"电子目录"订货，结果能直接发送到一汽－大众汽车有限公司的R3系统。
　　e．采购入库能直接从R3下载一汽－大众汽车有限公司的发货单。
　　f．备件按"定置定位"管理，也可灵活调换更改库位。
　　g．领料出库可处理正常领料、领料及代销品（一进一出）。
　　h．备件销售结算能做欠账、挂账处理。
　　i．可按库号或备件号进行盘点。
　　j．支持备件的借/还处理。
　　k．具有详细的查询和报表统计功能。

③ 财务管理。

财务管理除具有一般财务软件的功能外，还与整车管理、备件管理、修车服务管理之间建立接口，由物流带动资金流，销售、采购、库存、修车等凭证可以自动生成，将您从冗长乏味的人工记账中解脱出来，并随时提供企业财务状况的准确信息。

a. 多套账管理，最多可以设置 99 套账。
b. 会计科目 1～7 级，最大长度 15 位。
c. 凭证分组，客户可以对会计凭证进行分组管理。
d. 设置转账科目，实现自动转账。
e. 实行严格的财务分工，会计科目实行授权管理。
f. 查询条件可以任意组合，查询结果随时打印。
g. 客户可以根据需要自行定义资产负债表及损益表。
h. 与物流实时衔接，根据各类发票及入出库单据，自动生成凭证。
i. 支持预收款、预付款处理。
j. 支持其他应收款、其他应付款处理。
k. 支持应收及应付票据处理。
l. 支持返利处理。
m. 支持索赔款处理。
n. 自定义账龄区间，自动计提坏账。
o. 自动生成暂估及反冲会计凭证。

任务工单

主题	掌握信息管理知识并熟练使用计算机	
说明	1. 掌握信息管理的类型 2. 能根据需要收集信息并进行整合分析 3. 能制图表展示分析结果	时间：30分钟

★ 工作页 / 学习页

根据网络信息或者实际调研，合理估算某品牌或者某 4S 店最近一年的维修台次、维修收入、备件与工时收入的比例，制定一份经销商运营月报，以柱状图的形式表现出来，然后通过月报对经销商运营情况进行分析。

★ 学生工作笔记（体会、收获）：

案例解析——经销商内部培训实施案例

使培训更有针对性具有非常重要的意义，因此如何开展车间人员的针对性培训便是本案例研究的重要内容。在这里我们将介绍一种面对车间生产的培训实施案例。

根据"二八法则"，经销商维修项目的 20% 约占总维修台次的 80%。因此对"20%"维修项目的培训变得非常重要。

对维修量大的维修项目确认方式如下：

1. 数据来源

（1）半年内备件消耗量排名前 100 项。

（2）每月客户抱怨的故障或维修项目前 10 项。

2. 数据采样方法

（1）备件消耗量排名取样方法。

① 登录 DSERP 系统，选择"备件消耗量排名"。

② 输入日期范围，单击"维修领料"即可。

③ 在出现备件消耗量排名结果清单后，单击预览按钮，将其导入 Excel 表格中。根据备件号、备件名称、适用车型确定常见维修项目。

（2）客户抱怨故障及维修项目前 10 项取样方法。

① 根据经销商客服回访与服务经理共同确定 1 个月内客户抱怨较多的项目，最后确定前 10 项。

② 根据以上两项确定了主要维修项目后，还应考虑季节差异、地区差异、维修车型差异等，适当调整维修项目名称，以确保制定的维修项目更贴近实际生产需求。表 6-14 为北京地区某经销商确定的维修项目。

表 6-14　客户抱怨项目统计

序号	维修项目名称	适用车型
1	首保	所有车型
2	15 000公里保养	所有车型
3	30 000公里保养	除TSI车型
4	更换火花塞	所有车型
5	更换前刹车片，刹车盒	所有车型
6	更换蓄电池	所有车型
7	更换油浮子（捷达）	捷达
8	更换雨刷片	所有车型

续表

序号	维修项目名称	适用车型
9	更换刹车灯开关	宝来、高尔夫、捷达
10	更换电子刹车制动开关	迈腾
11	清洗节气门	所有车型
12	换玻璃升降器	捷达、速腾
13	换轮胎及动平衡	所有车型
14	更换花粉滤清器	所有车型
15	更换刹车油	所有车型
16	更换防冻液	所有车型
17	更换正时皮带及张紧器	除STI车型外
18	清洗喷油嘴	所有车型
19	更换变速器油	所有车型
20	更换电子扇	所有车型
21	更换前减压力轴承	所有车型
22	空调抽空，加制冷剂R134a	所有车型
23	更换转向灯	迈腾
24	更换点火线圈	所有车型
25	更换天窗开关	速腾、迈腾

3. 培训用课件要求

根据维修项目名称制作培训用课件。

（1）课件只要能包含核心知识点即可，不需要花费过多时间美化。

（2）课件要以实际生产为基础，将实际工作遇到的问题与核心知识点，不讲过多理论。

培训通知

4. 培训准备

按培训计划，准备培训会议材料、工具及设备，发布培训通知并能组织开展培训。

5. 培训要求

按培训课件内容对员工进行培训，做好培训签到表和培训考核，确保每个接受培训的员工都能够按照标准要求圆满完成该项工作。

模块实操考核——组织一场校园招聘会

姓名：　　　学号：　　　实训地点：　　　时间：

考核

考核任务：为丰田品牌 4S 店招聘售后服务人才

1. 任务描述

每年进入五月，某高职院校就开始进入就业季。这所院校有很多与汽车生产企业联合开发的项目订单班。小王同学就是丰田 T-TEP 班的学生。他的同学绝大多数都想去丰田品牌 4S 店做售后服务工作。请你运用人力资源管理知识、经销商岗位知识、信息收集分析能力，为丰田品牌 4S 店策划一场校园招聘会，并进行过程评价总结，对招聘计划中不完善的内容进行修订。

2. 任务分析

_____

_____

_____

招聘会资料

3. 工作计划

工作岗位		制定工作计划
岗位	人员	
索赔员		
客户		
汽车生产企业索赔员		

4. 任务考核

考核项目	分值	得分	备注
确定招聘会时间、地点			
制作招聘会海报			
收集经销商需求信息			
确定参加人、发邀请函			
收集学生意向信息			
发布经销商需求信息			
发布岗位描述			
能展示收集到的信息			
会场布置			
招聘会日程安排			
招聘会兑奖			

任务评估			
优（90～100分）	良（80～89分）	中（70～79分）	及格（60～69分）
总结反思			

模块 7

客户满意度管理

模块名称	任务名称	难度描述
客户满意度管理	任务1 客户服务体系概述	"1+X"汽车维修企业运营与项目管理技术中级技能
	任务2 提高客户满意度的流程	"1+X"汽车维修企业运营与项目管理技术中级技能
	任务3 一次修复率对客户满意度的影响	"1+X"汽车维修企业运营与项目管理技术中级技能
	任务4 提高客户感受与客户满意度	"1+X"汽车维修企业运营与项目管理技术中级技能
	任务5 提高服务意识与客户满意度	"1+X"汽车维修企业运营与项目管理技术中级技能
	案例解析——一次修复率的提升	"1+X"汽车维修企业运营与项目管理技术中级技能
	模块实操考核——沟通技巧的运用	"1+X"汽车维修企业运营与项目管理技术中级技能

说明：

本课程设计遵循德国双元制职业教育理论，参考"1+X"汽车维修企业运营与项目管理技术中级职业标准，以服务客户为理念，按照汽车售后服务企业服务流程及提高客户满意度流程设计。

任务 1　客户服务体系概述

任务难度		中级	
学时	2学时	班级	
成绩		日期	
姓名		教师签名	
能力目标	知识	1. 了解客户服务品牌、产品、活动 2. 了解客户关系管理系统 3. 掌握开发新客户、维护老客户的技巧 4. 掌握客户流失原因分析方法	
		技能	能力描述
	技能	1. 能制定开发新客户的措施 2. 能制定维护老客户的措施 3. 能统计分析客户流失数据 4. 能分析客户流失的原因	"1+X"汽车维修企业运营与项目管理技术中级技能【工作任务：维修企业CSI客户满意度及7S管理】
	素养	1. 提升对企业文化、品牌形象的认知 2. 培养数据统计分析能力 3. 培养认真、严谨的工作态度	

情境导入

小李是某4S店的服务总监，他每月都要向品牌经理汇报售后服务的运营情况。在做汇报文件时，拿到的一些数据表明，店里已经连续几个月营业收入、维修台次都呈下降趋势。看到这种情况，小李意识到可能是客户服务的过程中出现了问题，导致有一部分客户正在流失。小李有点着急了，他采取了一系列行动，想尽快扭转这种局面。下面我们看看小李会采取哪些行动来解决客户流失问题吧。

任务相关信息

真正的客户服务是汽车生产企业根据客户的喜好为客户提供的优质服务，客户服务的最终目的是使客户感到自己受重视，把这种欣喜铭刻于心，从而成为汽车生产企业的忠诚客户。客户服务既要有客户服务体系作指导，也要有客户服务组织作支撑，只有两者完美地结合起来，才能实现"客户欣喜"的目标。

汽车生产企业的客户服务体系是从客户的实际需求出发，为客户提供真正有价值的服务，帮助客户更好地使用汽车产品。客户服务体系的宗旨是"客户第一"，体现"良好的客服形象、良好的技术、良好的客户关系、良好的品牌"的核心服务理念，这就要求汽车生产企业和经销商共同通过最专业的服务队伍，及时并全方位地关注客户的每一个服务需求，并通过为客户提供广泛、全面和快捷的服务，使客户体验到无处不在的满意和可信赖的贴心感受。

客户服务体系是指在一系列服务组织与管理措施的基础上，形成的服务策略所体现出的服务价值定位及服务品牌定位，是以客户为对象的整个服务过程的组织构成和制度构成。有效的客户服务体系是保证客户满意的必要条件，它能够增加客户满意度、培育客户忠诚度，为企业赢得良好的口碑，有利于树立良好的企业形象。完善的客户服务体系包括客户服务品牌、客户服务产品和客户服务活动、客户关系管理等内容。

一、客户服务品牌

客户服务品牌是服务组织与管理的核心，一般包括客户服务承诺和客户服务特色两部分。客户服务承诺又可分为时间承诺、费用承诺和质量承诺。不同的客户服务品牌是以各自的特色服务承诺为支撑的，如一汽-大众汽车有限公司通过实施客户体验欣喜之旅的制胜战略，在"九个一"服务承诺的基础上，树立严谨就是关爱的服务品牌形象。表7-1列出了部分汽车生产企业的服务品牌。

体现"严谨就是关爱"服务品牌的"九个一"承诺如下：
（1）将在1分钟内接待客户。
（2）给客户提供一个公开、透明的价格标准。
（3）维修前，为客户提供一套完整的维修方案。
（4）为客户提供一个舒适整洁的休息空间。
（5）将按照约定在第一时间交付客户的爱车。
（6）维修后，为客户解释在本店的一切消费内容。
（7）每次来店将免费为客户洗车1次。
（8）为客户提供原厂备件1年或100 000公里的质量担保（先达为准，易损件除外）。
（9）为客户的爱车提供专业的每一天24小时救援服务保障。

从以上内容可以看出，这9项内容并不复杂，不难做到，但恰恰是这些细节在客户满意度调研CSS中丢分较多。

表7-1 部分汽车生产企业的服务品牌

汽车生产企业	上海通用	北京现代	一汽丰田	广州本田	东风本田
服务品牌	别克关怀	真心伴全程	安心、安全、爱用	三个喜悦	钻石关怀
时间承诺	快速保养通道	及时			时间安心
费用承诺	备件、工时价格透明	诚信			费用安心
质量承诺		准确	爱用（安心、安全）	购买的喜悦、销售的喜悦、创造的喜悦	质量安心、修后安心
特色服务	一对一顾问式服务				紧急时安心

二、客户服务产品和客户服务活动

客户服务产品是指企业在服务营销过程中推出的、形式和内容都比较固定的、能满足客户需求和欲望的活动。通常通过原装备件、专业服务等手段保证客户忠诚度。服务产品的推出,更好地满足了客户的需求,提升了客户满意度;同时,还可以方便进行宣传,通过品牌化运作给客户带来更佳的体验。常见的服务产品有延时服务、听诊服务、菜单式保养、自助式保养、爱车养护课堂、双人快修服务、老客户顾问式接待、一对一客户式服务、服务代步车、宣传资料的提供、24小时紧急救援超值服务等。

客户服务活动是指为宣传和推销客户服务产品,保持和促进经销商与客户的良好沟通,而进行的形式多样化的客户服务营销活动。常见的客户服务活动有春、夏、秋、冬服务节,技能竞赛,远程巡回服务,出租车免费检测,车主俱乐部,客户恳谈会等形式。汽车生产企业推广的客户服务活动是经销商网络服务组织与管理的重要手段,已经受到各汽车生产企业的高度重视。部分汽车生产企业服务活动见表7-2。

表 7-2 部分汽车生产企业的服务活动

服务活动	内容方式	典型厂家	厂家利益	经销商利益	客户利益
免费检测	每季度1次	上海通用、北京现代、一汽丰田、广州本田	吸引客户回流,提高厂家对客户负责的形象	加强与客户沟通,提高配件附件精品销量	发现车辆潜在问题,及时解决
备件配送	赠送零部件或精品	东风日产、上海通用	吸引客户回流,提高厂家对客户负责的形象	加强与客户沟通	免费加装
配件打包	零件打折服务优惠套餐	上海通用	促进厂家配件销售、吸引客户回厂	促进备件销售	以较低价格购买备件
赠送礼品	服务营销礼品	上海通用	促进备件销售	促进备件销售	得到服务的喜悦

客户服务体系(客户服务品牌、客户服务产品和客户服务活动)确立后,要经过品牌化运作,准确地将客户服务理念贯彻给经销商,进而有效地传递给客户。客户服务体系的品牌化运作包括以下几个方面:

(1)设计独立的服务产品和服务标志,方便于服务产品的宣传和识别。
(2)制定服务产品和服务活动的具体操作流程和标准。
(3)将服务承诺、服务产品和服务活动的介绍以标识系统的形式摆放在经销商服务接待大厅的显著位置,让客户在第一时间感受到经销商的服务意识。
(4)印制一系列服务宣传手册、宣传画册,指导客户加强对客户服务体系的理解和认识。
(5)加强经销商的培训与指导,保证客户服务体系的有效实施。
(6)建立详细客观的考核标准,将客户服务产品和客户服务活动纳入考核体系,以推进经销商内部对服务体系标准的贯彻和执行。

三、客户关系管理

1) 客户关系管理概念

客户关系管理（Customer Relationship Management，CRM）系统是一种基于互联网的应用系统。它通过对企业业务流程的重组来整合客户信息资源，以更有效的方法来管理客户关系，在企业内部实现信息和资源的共享，从而降低企业运营成本，为客户提供更经济、快捷、周到的产品和服务，保持和吸引更多的客户，以求最终达到企业利润最大化的目的。

客户关系管理是企业选择和管理有价值客户及其关系的一种商业策略，要求以客户为中心的商业哲学和企业文化来支持有效的市场营销、销售与服务流程。

客户关系管理借助一定的信息技术和互联网技术，为客户提供多种交流渠道，为企业提供全方位的管理视角，最大化客户的收益率。它集合了当今最新的信息技术，它们包括互联网和多媒体技术、数据仓库和数据挖掘、专家系统和人工智能、呼叫中心等。

客户关系管理主要是用于快速及时地获得问题客户的信息及客户历史问题记录等，这样可以有针对性并且高效地为客户解决问题，提高客户满意度，提升企业形象。它的主要功能包括客户信息的收集与反馈、会员管理、客户预约与回访、满意度调查等功能。有些客户关系管理软件还会集成呼叫中心系统，这样可以缩短客户服务人员的响应时间，对提高客户服务水平也起到了很好的作用。

客户关系管理通过信息共享和优化流程来降低企业经营成本，或是制定完善的信息采集的内容和方式。通过 CRM 系统对企业各部门的客户资料进行收集、整理，同时对客户信息进行统计、分析，深入了解客户需求，发现不同价值的客户，对客户提供更加具有针对性、更加专业化的服务。

2) 客户关系管理的原则

客户关系管理的核心思想是将客户作为企业的重要资源，通过收集并分析销售市场和全面、个性化的客户资料，给客户提供更快捷和周到的优质服务，从而提高客户满意度，吸引和保持更多的客户，以增加营业额。

企业只有做到 CCPR（方便、关怀、个人化、立即响应），才能更好地维系客户关系。

（1）让客户更方便。

要让客户更便于取得企业的服务，很多企业设立了 800 或 400 热线电话以便解答客户疑问。在信息时代，企业必须让客户自己选择电话、网站、传真、电子邮件或面对面等沟通方式，与企业接触，取得产品信息或服务。作为汽车售后服务企业，为方便客户，可以为客户提供上门取送车服务、紧急救援服务、代步车服务，等等。

（2）对客户更亲切。

站在客户的角度为客户提供周到热情的服务才能提升客户的归属感、亲切感。如果维修企业出现客户流失过多的情况，除了价格因素外，还要考虑是否对客户不够亲切。

（3）个性化。

企业要把每一个客户当作重要资产，而不仅是一个交易对象，所以必须了解每一个客户的喜好与习惯，并适时地提供建议。对于汽车维修企业，根据车辆购买日期，提醒客户及时进行年检；根据驾驶习惯及生活习惯等，提醒客户按期保养等个性化服务来留住老客户。

（4）立即响应。

企业必须透过每次接触不断了解分析客户行为，并且很敏感地立即进行响应。汽车维修企业对客户行为的快速响应，让客户有被重视被尊重的感觉，也能提升客户的亲切感。

3）客户关系管理（CRM）系统

在市场越发成熟、竞争日益激烈的今天，客户的需求与期望逐渐与国际接轨，这就要求我国经销商企业的管理与国际接轨，其中客户关系管理系统化、程序化，是更好实现客户满意度的基本要求和技术保障。

经销商层面 CRM 系统的功能见表 7-3。

表 7-3 经销商层面 CRM 系统的功能

项目	具体内容
客户信息管理	1. 分类建立、编辑和检索联系人（客户）信息。为联系人添加跟踪计划，查看与联系人相关联的客户信息 2. 联系人管理可以为"提醒服务"中的查询提供信息来源，其准确程度直接影响"提醒服务"的工作质量
预约、维修回访管理	1. 能进行客户的预约管理，也是客户信息收集和管理的过程 2. 维修回访是针对已经完成车辆维修的客户进行服务质量和满意度等方面进行调查，查看在本店维修的客户相关的信息 3. 系统中回访客户分为未回访客户、已回访客户、需再回访客户三类，针对不同客户进行初次回访或再次回访等。通过维修回访可以对对服务质量或其他方面感到不满意的客户进行回访和跟踪，以此来提高客户的满意度
投诉管理	1. 投诉回访：当经销商形成基本投诉处理方案后，由客服进行回访，并评价客户是否对投诉处理方案满意 2. 投诉统计：分为销售投诉、服务投诉、其他投诉、总部下发投诉四类，为方便对客户投诉进行统计分析，可对投诉按类别、问题类型、处理结果是否满意、处理部门、车型进行统计 3. 查看客户投诉历史，掌握客户的整体满意度 4. 当经销商形成投诉处理方案后，按处理方案与客户联系，并记录解决方案基本情况 5. 经销商应在投诉解决之后，对投诉产生原因、处理过程和解决方案进行改进分析，并录入系统
提醒服务	客户关系管理系统提供了提醒功能，提醒内容包括"生日提醒""保险有效期提醒""车辆年检提醒""会员卡有效期提醒""每月还款提醒""行驶证有效期提醒""驾驶证审验期提醒"和"首保提醒"几个方面，同时也设置了相应查询功能
维修历史查询	查询系统中维修客户的维修历史，包括按车牌号查询、送修日期查询。通过维修历史查询可以了解客户历次维修的具体情况

续表

项目	具体内容
短信查看/群发/打电话管理	1. 在"短信查看"窗口中，不但可以看到成功发送的短信、未发送的短信和发送失败的短信，也可以查看到来自客户回复的短信，还可以对发送失败的短信进行重发以及删除查询到的短信 2. 选择需要发送短信或打电话的客户，单击"发短信"或"打电话"按钮，弹出"发送短信"或"打电话"窗口，即可发短信或打电话
紧急救援管理	1. 24小时值班制度 2. 让客户知道救援电话 3. 救援回访制度

4）客户服务中心

客户服务中心是客户关系管理系统的枢纽，建立完整的客户服务中心，是提高客户满意度的有效手段和必要的保障。同时，客户服务中心担负着客户档案的建立和维护及特殊客户关系公关的作用。

客户服务中心是为了高效处理客户的投诉，缓解或者减少客户的抱怨，提高客户满意度而产生和发展起来的。客户服务中心既是汽车生产企业对经销商处理客户投诉进行监督管理的有效手段，也是为客户提供优质服务的措施之一。

汽车生产企业一般建立本部的客户服务中心、区域的客户服务中心，甚至有的还建立国际的客户服务中心，直接接待客户咨询、投诉或需求，一般设有专门的客户服务部门，24小时免费服务电话及完备的呼入呼出制度。随着客户数量的增加，为了提高服务质量，汽车生产企业的客户服务部门近年来发展越来越壮大，如被国家评为先进客户服务部门的一汽 – 大众汽车有限公司的客户服务中心呼入呼出员工就有100多人。

汽车生产企业与经销商全力合作，使客户服务中心发挥最大的作用，其主要体现在以下几个方面：

① 客户服务中心负责耐心安抚客户的抱怨情绪，将客户的抱怨信息反馈给经销商及汽车生产企业的相关部门，监督、督促处理进程，及时向客户回复问题的处理结果。

② 加快客户投诉处理速度，减少客户抱怨。

③ 客户服务中心收到客户投诉后，联系经销商了解客户车辆及投诉的详细信息，经销商要如实反馈并积极配合投诉的处理。

④ 对于不能及时解决的投诉问题，经销商服务总监必须联系区域售后服务经理，并将最终解决方案在24小时内反馈给客户服务中心，即使没有最终的解决方案，也要将处理进程反馈给客户服务中心。

⑤ 经销商处理的疑难投诉或者已经升级到消协等相关部门的投诉，或者投诉客户身份特殊（如记者、律师）等情况时，经销商需要及时请示区域售后服务经理的意见；同时，通知客户服务中心做好预警工作。

⑥ 经销商必须配合客户服务中心共同处理客户投诉，并确保回复的口径一致。

四、客户开发和维护

1. 树立为客户服务的理念

对于汽车维修企业,只有拥有足够多的客户,才能成为汽车售后服务行业的赢家。在产品质量不相上下的前提下,售后服务是决定汽车维修企业拥有客户多少的重要因素。现在已经是超值服务的时代,客户不仅看重产品的质量,更看重能否给他们提供超值完善的售后服务。对于服务行业来说,只有树立以客户为核心的服务理念,站在客户的角度关注服务质量,以服务过程为核心梳理服务流程,把握服务质量的关键环节,掌握以解决客户问题为核心的服务技巧,不断提升企业和服务人员的服务执行力,以创新式的服务赢得更多的客户,才能在服务客户的过程中实现合作共赢的目标。

客户是唯一有权利衡量服务质量的人,客户的满意度是客户对于服务的一种感知,而这种感知源自服务过程中所获得的综合感受,以客户的视角和客户的感知关注我们的服务质量,是服务理念的核心思想。服务的特殊性在于产品技术特点、服务流程、服务人员三个重要方面,但无论服务的内容和重点发生什么变化,客户对服务的感知和标准是不变的。客户对服务的感知源自服务过程中的综合感受。因此,服务应该始终围绕着服务过程展开,以客户的感受为考量依据,不断提升客户在服务过程中的综合感知。服务从某种程度上是一种人与人之间的沟通交流过程,客户对服务的感知很大一部分程度源自服务人员的服务态度、问题解决能力、服务响应的速度。因此,服务人员的服务素质和服务技巧,是客户满意的关键。

市场的竞争越来越激烈,越来越残酷。一些有发展的企业为了生存十分重视为客户服务好这个服务理念。而有些企业为了生存,在经营生产上要数量轻视了质量,一味地追求赚钱而忽视给客户提供优质服务,服务不到位,客户很难回头,造成企业经营也越来越困难。为此,要想生存发展的企业必须以客户为中心,牢固树立为客户提供优质服务的理念。

为了企业的经营和发展,汽车维修企业就要做好找客户和如何为客户做好服务的切实问题。著名的管理大师彼得·杜拉克说:"企业目标是创造并留住客户,利润就是前产品。"可想而知,以客户为中心就是企业发展生存的基础、命脉。如果企业失去了客户,就失去了生存的基础,所以给客户提供优质的服务是企业发展的重要策略。企业必须重视客户服务,以客户为中心,牢固树立为客户提供优质服务的理念。当前,提供卓越的客户服务,建立满意忠诚客户群,对汽车维修企业来说已经迫在眉睫。

以客户为中心,树立为客户提供优质服务的理念,是促进企业发展的基础,因此必须重视。

企业要生存和发展,必须创造利润,企业的利润来源主要有两部分:一类是新客户,另一类是老客户。而开发新客户、维护住老客户是汽车维修企业应该而且必须做好的工作。

2. 开发新客户

拥有客户就意味着企业拥有了在市场中继续生存的理由,所以各个维修企业都在想办法拥有新客户。服务顾问得到销售部门购车的信息后,就要有针对性地开展一系列的服务行动,争取新客户的首次服务能回到维修企业。

(1) 交车三日关爱。
① 以短信方式告诉客户今后他的爱车将由服务站进行跟进服务，告知其我们的预约电话、救援电话及具体地址。
② 短信中提醒客户其爱车的首次保养时间，并告知客户服务站会提前打电话联系他。
(2) 交车 7 日问卷。
① 以电话回访形式联系客户，询问车辆手续是否办理齐全，并以问卷形式询问客户的使用情况和对车辆的看法。
② 结束时提醒客户在行驶中要注意的一些细节，如水温表、机油指示灯、发动机指示灯等。
(3) 修后 3 天回访。
① 以电话回访形式联系客户，询问车辆修后使用情况，并对更换件进行确认。
② 结束时告知客户下次的保养具体时间，并会提前电话联系他，结束后立即短信表示感谢，并附上本公司的预约电话及救援电话。
(4) 保养预约提醒。
① 以短信方式提前一天提醒，第二天电话预约客户进站进行定期保养，尽量跟客户确定进站时间，并事后跟进。
② 包含首次保养、日常保养（以时间为准进行推算）。
(5) 四季活动关爱。
① 以短信方式提前一天通知，第二天电话通知客户近期进站进行关爱活动，尽量跟客户确定进站时间，并在事后跟进。
② 包含冬送温暖、夏送清凉、节假日出游和安全关爱等活动，跟其他项目一起安排，避免短期内多次关爱。
(6) 节日、生日短信关爱。
① 以短信方式在节假日、生日对客户问候，让客户时刻感受到被关爱。
② 提前设置好客户的农历和阳历生日提醒，在两个日期都进行提醒。
(7) 天气突变关怀。
以短信方式在天气发生突变时进行提醒，信息中要表达清楚如有任何问题请拨打服务站电话。

3. 维护老客户
拥有客户就意味着企业拥有了在市场中继续生存的理由，而拥有并想办法留住客户是企业获得可持续发展的动力源泉。这要求企业在广泛关注所有的竞争环境的同时，必须加大投入关注客户这一因素的力度。当前企业的核心任务一方面是提升企业核心竞争力适应客户需求的变化；另一方面以先进的管理思想为指导，采取科学的技术手段，合理地处理企业与客户之间的关系来提高和维持较高的客户占有率。

1）维护老客户的作用
在以前的汽车维修企业服务营销活动中，有相当一部分企业只重视吸引新客户，而忽视老客户，使企业将管理重心置于售前和售中，造成老客户的售后服务中存在诸多问题得不到及时有效的解决，从而使现有客户大量流失。然而，为了保证生存和发展，则必须不断补充"新客户",如此不断循环。这就是著名的"漏斗原理"。企业即使失去和得到的客户数量相同,但实际上为争取这些新客户所花费的宣传、促销等成本显然要比保持老客户昂贵得多,从企业投资回报程度的角度考虑是非常不经济的。因此,以"漏斗"原理作为制定企业的服务营销策略的指导思想,已经不适用于现在的社会形势。如今,买方市场情况下,产品同质化程度越来越高,同时,由于科学技术的发展,产品本身的生命周期也越来越短,很多企业推出的服务营销策略也大同小异,消费者已变得相当理智,所以对客户进行维护和售后的服务非常必要。

(1) 留住老客户可使企业的竞争优势长久。各个汽车维修企业的服务已经由标准化细致入微的服务阶段发展到个性化由客户参与服务的阶段。成功的企业和成功的服务营销,把留住老客户作为企业发展的重要任务。留住老客户比开发新客户,甚至比市场占有率重要。据顾问公司多次调查证明,留住老客户比只注重市场占有率和发展规模经济对企业效益奉献要大得多。

(2) 留住老客户会降低汽车维修企业的成本。开发一位新客户的投入成本是巩固一位老客户的 5 倍。对于一位新客户进行服务营销所需费用较高的主要原因是,进行一次个人服务营销访问的费用远远高于一般性客户服务的相对低廉的费用。因此,确保老客户的再次消费,是降低服务营销成本和节省时间的最好方法。

(3) 留住老客户,有利于发展新客户。在众多汽车维修企业名目繁多的服务营销攻势下,一些老客户可能成为其他汽车维修企业的新客户。因为对于客户来说,在购买汽车之后,关于汽车的售后服务一直会进行大量的信息资料收集。其中听取亲友、同事或其他人亲身经历后的推荐往往比企业做出的介绍会更容易被购买者相信。客户的口碑效应在于:1 个满意的客户会引发 8 笔潜在的生意,其中至少有 1 笔成交。1 个不满意的客户会影响 25 个人的购买意向。

(4) 获取更多的客户份额。由于企业着眼于和客户发展长期的互惠互利的合作关系,从而提高了相当一部分现有客户对企业的忠诚度。忠诚的客户愿意更多地购买企业的产品和服务,忠诚客户消费,其支出是随意消费支出的 2~4 倍。而且随着忠诚客户年龄的增长、经济收入的提高或客户企业本身业务的增长,其需求量也将进一步增长。

2) 维护老客户的方法

汽车维修企业要留住老客户必须要从以下几个方面入手:

(1) 细分客户,明确并积极满足客户需求。

① 采取更多的优惠措施吸引客户,如免工时费或者打折、赠品、店庆活动等。而且经常和客户沟通交流,保持良好融洽的关系和和睦的气氛。

② 特殊客户特殊对待。根据二八原则,汽车维修企业 80% 的利润是由 20% 的客户创造的,并不是所有的客户对企业都具有同样的价值,有的客户带来了较高的利润率,有的客户对于企业具有更长期的战略意义,美国哈佛商业杂志发表的一篇研究报告指出,多次光顾的客户比初次登门的人可为企业多带来 20%~85% 的利润。所以善于经营的企业要根据客户本身的价值和利润率来细分客户,并密切关注高价值的客户,保证他们可以获得应得的特殊服务和待遇,使他们成为企业的忠诚客户。

③ 为客户提供系统化解决方案。汽车维修企业要主动为客户设计合适的系统化解决

方案，而不仅仅停留在服务营销层面上。在更广范围内关心和支持客户的发展，增强客户进厂维修的次数和规模，或者和客户共同探讨新的消费途径和消费方式，创造和推动新的需求。

（2）建立客户数据库，和客户建立良好关系。

在信息时代，客户通过互联网等各种便捷的渠道都可以获得更多更详细的产品和服务信息，使客户比以前更加聪明、强大、更加不能容忍被动的推销。这样，与客户的感情交流是企业用来维系客户关系的重要方式，日常的拜访、节日的真诚问候、过生日时的一句真诚祝福、一束鲜花，都会使客户深受感动。一次服务的结束并不意味着与客户关系的结束，售后部门还须与客户保持联系，以确保客户的满意度。由于客户更愿意和与他们类似的人交往，他们希望与企业的关系超过简单的售买关系，因此企业需要快速地和每一个客户建立良好的互动关系，为客户提供个性化的服务，使客户在购买服务的过程中获得产品以外的良好心理体验。

（3）与客户进行深入沟通，防止出现误解。

客户的需求不能得到切实有效的满足往往是导致汽车维修企业客户流失的最关键因素。一方面，汽车维修企业应及时将企业经营战略与策略的变化信息传递给客户，便于客户工作的顺利开展。同时把客户对汽车维修企业产品、服务及其他方面的意见、建议收集上来，将其融入企业各项工作的改进之中。这样，既可以使老客户知晓企业的经营意图，又可以有效调整企业的服务营销策略以适应客户需求的变化；另一方面，善于倾听客户的意见和建议，建立相应的投诉和售后服务沟通渠道，鼓励不满意的客户提出意见并及时处理，并且从尊重和理解客户的角度出发，站在客户的角度去思考问题，采用积极、热情和及时的态度。同时也要跟进客户，采取积极有效的补救措施。大量实践表明，有 2/3 客户离开汽车维修企业是因为企业对客户关怀不够。

4. 流失客户分析

1）流失客户的界定

客户是汽车维修企业的根本资源，也是企业的最大"无形资产"。在此背景下，争夺客户并保持客户忠诚成了 4S 店的首要任务。然而面对激烈的竞争，客户关系变得越来越脆弱，如何保持客户，使客户不流失成了 4S 店的首要任务。那么，造成客户流失的原因有哪些呢？

有数据统计，有 70%～80% 的客户会向其身边的亲戚、朋友、同事及通过网络向更多的人述说自己的不满意，而在潜在客户购车以及售后服务过程中，家人、朋友及来自网络等的建议又是影响潜在客户判定的主要因素。

所以客户流失原因的分析是十分重要的，需要采取适当的调研分析寻找到真正的关键流失因素，目的是阻止或避免客户流失，扩大企业的生存空间。

怎么确定客户是否流失？不同行业有不同的判断标准。具体在汽车售后服务行业，是指半年内，没有回到汽车维修企业进行过保养、维修等活动的客户。可以将 6～12 个月没有回店记录的客户定义为存在流失风险或者短期流失客户；1 年以上没回店的客户定义为流失客户或者长期流失客户。在调研时，我们利用 DMS 系统里的统计数据进行分析，具体统计方法如图 7-1 所示。

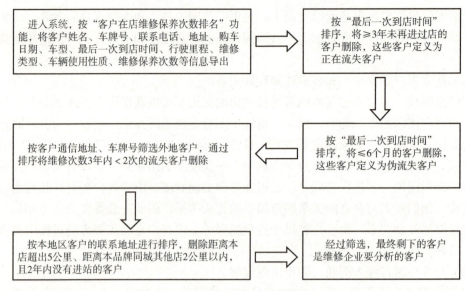

图 7-1 客户流失的统计方法

2）客户流失原因分析

有了流失客户的统计数据，分析客户流失的原因就有了依据，但是还要有正确的分析方法，才能找到客户流失的真正原因，具体分析方法见表 7-4。

（1）根据购车时间，计算车龄并做统计。按质量担保期不低于三年或者 60 000 公里的规定进行统计。根据统计结果进行分析，如果是 $X \leqslant 3$ 年的车辆占比较大就要对这部分客户进一步分析，找出这些车辆中只到店一次的客户占这个统计段的比例是多少。若占比较大，就要将这批客户根据"最后一次维修类型"再做一次筛选，如果发现"最后一次维修类型"为首保加事故车维修的占比较大，需要再将这些车辆按使用性质排序，最终结果如果是私家车占比较大，则表示该店的服务水平较差，客户没有得到很好的服务体验，这就需要对店内客户服务质量进行整体的改进。

如果是 8 年以上的车辆占比较大，也同样按照上述方法进行分析。但这个车龄段的车辆置换较多，这时就需要看看日常工作做得怎么样，有多少车做了二手置换，置换后有多少车辆进过站，这部分是客户流失延伸出的一个日常管理问题。

（2）按最后一次到站行驶里程统计。同样质量担保期为统计起点如（$Y=$ 行驶里程）：如果 $Y \leqslant 60\ 000$ 公里的车辆占比大于 6 万公里以上的车辆，且根据"最后一次维修类型"进行筛选，例行保养类型占比较大，则说明问题出在客户体验和日常客户维系方面：预约做得不到位、客户等待时间过长、服务顾问对待客户不亲切友善等。

（3）按车型统计。每个品牌都有高、中、低端三种车型，在这三种车型中，根据每个车型的配置不同，又有车型高、中、低配置的区分。首先要对高、中、低端车型进行统计，分析各自的占比。如果统计分析中端车型占比大，就需要从服务体验、营销活动、价格策略上进行分析；如果是高端车型占比较多，就要从诚信经营、客户信任方面去分析。再分别选择中档、低档配置的车型，再按上述高、中、低三档统计分析，从中分析出客户流失的关键因素。

（4）按"最后一次维修类型"进行统计分析。根据各维修类型统计，要进一步对"常规保养"类型的车辆进行分析，检索到"最后一次维修类型"只在站里享受一次服务的占比。如果占比较大，则说明4S店的服务质量出现问题，客户感受不好，就选择其他维修企业了。

（5）"事故车维修"也按照这样的方法进行分析，如果只在站里接受过一次服务且是事故车维修的，就要从4S店的服务质量上下功夫，在留住客户上下功夫。

表7-4 客户流失原因分析统计表

分析项目		统计项目					合计
按车龄分析	$X=$车龄	$X \leqslant 3$年	$3<X \leqslant 5$年	$5<X \leqslant 8$年	$8<X \leqslant 10$年	$X>10$年	
	台次						
	占比						
按最后一次到店行驶里程分析	$Y=$行驶里程	$Y \leqslant 60\,000$公里		$60\,000<Y \leqslant 100\,000$公里		$Y>100\,000$公里	
	台次						
	占比						
按车型分析	车型\品牌	高档车型		中档车型		低档车型	
	高配置						
	中配置						
	低配置						
按离店最后一次维修类型分析	分类	召回	首保	索赔	常规保养	一般维修	事故车维修
	台次						
	占比						

短期流失客户中有的并不是真正流失的客户，有些用车较少的客户6个月还未达到进厂的里程数，比如现在的家庭代步车。因此，统计出来的短期流失客户需进行跟踪回访，确认客户状态。

长期流失客户为主要的流失客户，需通过电话调查客户真正流失的原因，调查客户最近一次到服务站的时间以及不来的原因，找出最重要的原因，并有针对性地开展活动项目，从服务站内部管理抓起，真正从服务意识、服务能力上去改变。

对于多数新车主来说，选择4S店的主要原因是客户手册中做了规定。由此，新客户在保修期内，大多会在4S店进行维修保养，4S店的客户流失率自然也就相对较小。但是在此期间内还是有客户流失，主要是客户对4S店软硬件设施问题或是服务产生不满而更换汽车维修企业，属非正常的客户流失。针对保内流失客户，分析客户反映的流失原因，与自身保养流程对比，找出客户流失的主要原因，对服务进行改善和提升。

3）客户流失的解决方案

针对调查确定的客户流失原因，制定整改措施，改进自身工作中的缺陷，尽量满足客户需求，预防问题再发生。针对社会修理厂、个人修理店等可以进行 SWOT 分析，明确自身优势、劣势、机会与威胁，针对客户不同流失原因，提出合理方案，尽力挽回流失客户。

（1）对维修质量不满意客户。

在客户信息中备注客户不满意维修质量，由安排专人或者经理亲自跟进解决，并指定班组或高级技师维修，尽最大努力挽留客户。4S 店要对维修技工不断进行培训及考核，建立奖励机制，提高维修技工的主观能动性，主动学习钻研，提高维修水平。

（2）对服务质量不满意客户。

由服务经理亲自跟进解决，并指定资深服务顾问接待。4S 店应该汲取教训，改善服务质量，提供超出客户期望的服务。这就要求服务顾问必须识别客户的需求，调查客户现实和潜在的需求，分析客户需求，确定服务方向，进而提供适销对路的服务项目来满足或超越客户的需求和期望，使其满意。

（3）对维修价格不满意客户。

对维修价格不满意，主要是与社会修理厂、个人修理店相比，汽车配件以及工时费都要高。针对这种问题，盲目降价并不可行，可以利用一些优惠措施来吸引客户。比如，用赠送精品、工时优惠券等吸引客户回厂；保内免费延保，或付费延保措施，临出保配件捆绑销售给一定优惠，或吸引客户预存维修款，以后使用时进行优惠，保外制定套餐捆绑保养，遵循次数越多，优惠越多的原则，或者是免费赠送等措施。

（4）管理问题。

建立客户电子档案，可以使 4S 店给客户的服务更合身，更高效。客户的车辆一进入服务中心，服务顾问就能够从计算机中调取出该客户的相应资料，按照系统内信息就能够知道该客户是老客户还是新客户，该车上次进行了什么维修，能够预测到本次应该进行什么维修保养，该客户处于什么样的消费群体等。

这样就能够在维修价格、维修质量、维修工期、付款方式、维修保养建议等方面与客户进行友好的沟通，让客户感受到 4S 店对其的重视及服务质量的提高。

按照系统内信息提示进行跟踪服务，使企业的经营由被动变为主动。在客户购买的车辆需要进行年审、季审、保险过期、驾驶证过期、下次维修保养时，4S 店送上温馨提示，拉近与客户之间的关系。

思政课堂

讨论：从2019年西安奔驰女车主坐引擎盖上维权事件中，怎么看待客户关系管理？

参考建议：经销商店大欺客是售后服务管理的倒退，做好服务要先从客户角度思考问题。要解决问题、尊重客户并与客户建立起情感联系。

任务工单

主题	了解客户服务体系的内容	
说明	1. 掌握开发新客户的几种服务行动 2. 掌握客户流失原因分析的方法	时间：20分钟

★ 工作页 / 学习页

1. 为了将购车客户吸引到店做车辆的维修保养等工作，都需要采取哪些服务行动？

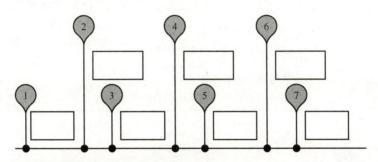

2. 客户流失原因的分析方法有哪几种？

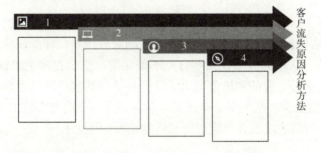

★ 学生工作笔记（体会、收获）：

_____

_____

_____

任务 2 提高客户满意度的流程			
任务难度	中级		
学时	1学时	班级	
成绩		日期	
姓名		教师签名	
能力目标	知识	1. 掌握客户满意度与客户忠诚度的关系 2. 掌握提高客户满意度的流程 3. 掌握客户满意度的调研方法	
		技能	能力描述
	技能	1. 在接待客户时能结合客户满意度流程工作 2. 能处理客户的抱怨 3. 能制定客户满意度调研问卷	"1+X"汽车维修企业运营与项目管理技术中级技能【工作任务：维修企业CSI客户满意度及7S管理】
	素养	1. 能够培养包容精神 2. 培养表达素养及团队成员协作素养	

情境导入

昨天早晨，车主张明接到了一个电话，对方号称他是某调研公司的工作人员，邀请张明和他一起到 4S 店做保养，说是为了检查 4S 店的服务质量，保养完成后还要付给张明一定的现金作为酬劳。这样的好事让张明有点不敢相信，于是在网上求证是否遇到了骗子。热心的网友告诉他这是专业的调研公司为了得到各品牌的客户满意度数据在做调研，可以陪同一起到 4S 店做保养。张明对这事还是半信半疑的，为解除他的疑惑，下面我们就一起来了解一下客户满意度及客户满意度调研的相关知识吧！

任务相关信息

一、客户满意度概述

作为售后服务管理最核心的内容，客户满意度管理越来越受到各大汽车生产企业和经销商的重视。客户满意度管理是以客户感受为主线，以客户满意为关注焦点，借助客户满意度的测量分析与评价工具，不断地进行售后服务管理方面的改进和创新。提高客户满意度是增强汽车生产企业和经销商竞争实力的一种服务管理模式。

客户满意度也叫客户满意指数。那么什么是客户满意呢？一般来说，客户满意是指客户通过对一种产品的感受与他或她的期望值相比较，所形成的愉悦或者失望的感觉状态。如果客户的感受低于期望，客户会不满意；如果客户的感受与期望相匹配，客户就满意；

如果客户的感受超过期望，客户就会高度满意或者欣喜。

客户如何形成他们的期望呢？客户的期望来源于过去的经验、朋友和伙伴的言论、媒体的宣传、营销者和竞争者的信息及承诺。如果营销者将期望值定得太高，客户很可能会失望；如果公司将期望值定得太低，又无法吸引客户。由此可以看出，客户满意度与客户对服务的期望值紧密相连。所以，正确地管理客户的期望对客户满意度管理显得尤为重要。

客户满意度是对服务性行业的客户满意度调查系统的简称，是一个相对的概念，是客户期望值与最终获得值之间的匹配程度。客户满意度管理的最终目标是追求客户的忠诚度，一个客户是否忠诚，往往取决于一些小的事件的累加。客户满意度与客户忠诚度通常有以下4种表现。

（1）当客户满意度是"不满意"时，客户忠诚度为负值。客户不仅不会选择令他们感到过不满意的产品和服务，还会导致周围其他人不愿选择这种产品或者服务。

（2）当客户满意度为"一般"时，客户忠诚度为零。客户对产品或者服务没有任何特别的深刻体会。客户会在任何同类产品或者服务中进行尝试，直到找到真正让他信任的产品或者服务为止。

（3）当客户满意度为"基本满意"时，虽然客户忠诚度为正值，但他们也具有很高的转换率，随时都有可能放弃目前让客户感到基本满意的产品或者是服务，转换到其他的品牌或者替代品。

（4）当客户满意度为"非常满意"时，客户会表现出高忠诚度和低转换率，这就是一汽－大众汽车有限公司一直在追求的"客户欣喜度"，它是客户满意度的最高境界。由于为客户提供了超出他们期望值的产品或者服务，客户会有欣喜的体验和感受，所以会表现出较高的忠诚度。各大汽车生产企业和经销商都是通过这些高忠诚度的客户来实现经济效益和社会效益的。

二、提高客户满意度的流程

如何利用客户满意度管理真正提升客户的满意度，达到客户欣喜；如何解决客户满意度管理中出现的一系列问题，一直是各大汽车生产企业和经销商需要解决的难题。

提高客户满意度流程

我们已经知道了客户满意度对汽车生产企业的重要性，我们应该怎样做才能提高客户满意度呢？

1. 重视"客户资源"的价值

在过去相当长的一段时间内，人们对"客户资源"的理解，往往停留在"客户档案"这个范围内。随着市场环境的变化以及竞争的日趋激烈，各个汽车生产企业对于"客户资源"的理解也越来越具体。各个汽车生产企业在充分认识到"客户资源"价值的同时，也越来越重视对于"客户资源"的有效管理和利用。通常采取以下方式进行客户资源的管理：

（1）成立专业的客户关系管理部门，集中管理汽车生产企业的"客户档案"和"业务数据"。

（2）重视各个渠道的客户请求和需求信息。

(3) 重视营销机会的管理，使它有更高的成功率。

(4) 把"客户资源"作为企业资产来管理，将它的"利用率"与业务部门的绩效考核结合起来等，以便更好地管理利用客户资源。

2. 划分客户类型，为不同类型的客户提供不同方式的服务

应该对稀缺的经营资源进行优化配置，集中力量提升高价值客户的满意度。与此同时，也应该关注潜在的高价值客户，渐进式提高他们的满意度。从全部客户满意，到价值客户满意，再到高价值客户满意，最后到高价值客户关键因素满意，这应该是企业提升"客户满意度价值回报"的"流程"。

客户类型的划分通常有三种方式，按车龄分类（表7-5）、按车辆用途分类（表7-6）、按客户价值分类（表7-7）。

1）按车龄分类

表7-5 按车龄分类

分类方式		特征	应对原则
按车龄分类	保修期内客户	此类客户对车辆的关注度非常高，对4S店的依赖度也相当高。大部分车辆保养与维修基本上都在服务站进行	4S店最基本的目标客户，引导客户消费的习惯，建立和谐、信赖的客户关系
	2～5年的客户	在此期间的客户，定期保养的积极性逐年降低，随着车龄的增长，车辆的故障率也在逐年增加，维修费用占了很大比例。在服务时，客户关注较高的是服务质量、清晰的服务过程和费用。对消费积分或其他服务优惠活动表现出浓厚兴趣	4S店营销的重点目标客户，积极地接触沟通，提供高质量的服务，提升客户忠诚度
	5年以上的客户	随着车辆老旧，逐步进入淘汰期。客户的消费欲望降到最低值。一旦车辆出现大的故障或出险，客户仍然会首选到4S店维修	4S店不能轻言放弃的客户，有针对性地开发客户新的兴趣点，挖掘客户深层需求

2）按车辆用途分类

表7-6 按车辆用途分类

分类方式		特征	应对原则
按车辆用途分类	私家车	客户在消费时，对质量和价格非常敏感，希望得到明确的服务。同时也希望在情感方面得到维修企业服务人员的理解与尊重	维修企业创新并提供个性化的服务是赢得此类客户的关键
	公务车	此类客户对车辆维修质量的关注度是最高的。同时，对于服务环境、服务享受、服务人员的礼仪等方面也比较在意	细致的维修作业、严格的质量检验、多项的车辆检测、紧密的私人交往等必不可少
	营运车	价格、时间、效率是此类客户接受服务时考虑的三大因素。相反，对服务态度、礼仪、环境等服务质量不足的容忍度较高	对此类客户的服务应体现在快速和适当的价格上

3）按客户价值分类

表 7-7 按客户价值分类

分类方式		特征	服务特色及措施	要点
按客户价值分类	A类客户（忠诚客户群）	消费金额高、消费频率高，对品牌忠诚度高、信用度高，对质量问题承受能力强，品德、素质高，对服务站依赖度高，对价格敏感度低，宣传价值高	一对一专人服务，第一时间安排技师、工位和配件，优先发布重要优惠和服务提醒信息。严控维修质量，高度重视客户抱怨，防止其变成B类客户	是维修企业最重要的客户资源，区分、熟记、挽留、赢得他们是客户关系管理工作的重中之重。区分A类客户不能只简单以消费金额多少为参考标准，还要关注客户的非货币因素
	B类客户（机会客户群）	维修企业与客户接触时间短，未完全挖掘客户潜力，服务品牌忠诚度尚未形成，对服务存有疑虑，服务尚未得到客户认可	一流的硬件设施、整洁的服务环境、完美的职业素养，为客户展示专业水准，确保维修质量和按时交车，提供养护、改装等特色服务，认真清洁维修车辆，满意交车	B类客户在客户资源中所占比例相对较大。此类客户只是由于时间较短，暂时没有表现出A类客户的特质，维修企业应尽量促使这类客户向A类客户转化
	C类客户（边缘客户群）	接受服务以获取己方单方面利益为驱动（如只做保修或免费服务，付费维修却在非4S店做），与4S店的服务业务联系极少，消费周期超过6个月或更长时间，也称之为潜在流失客户	针对C类客户，经常举办换季免费检测等特色优惠活动，宣传专用设备、工具优势和认证技师特色。严控维修质量，展示专业技术能力和水平，提供养护、改装等特色服务，加强客户关怀，举办客户训练营，讲授使用常识及驾驶技巧，促使其向B类客户转化	C类客户在现有客户资源中贡献相对较低，此类客户极易占用相当大一部分人力、精力、物力和财力。为平衡资源的利用效率，需要精准区分出此类客户，以便更好地调配企业资源
	D类客户（流失客户群）	过保修期就不再来店，价格敏感度极高，忍耐力低，对服务过程中人员的态度、能力、素质、质量、便捷、快速准确等因素极易产生不满，评估服务容易以点盖面	宣传展示专业技术能力和水平，定向举办优惠活动，定期回访客户，长期关怀性信息提醒服务，提供优惠的特色改装和翻新服务，招揽老客户回店，丰富客户俱乐部活动，增加品牌凝聚力，分析客户流失主要原因及时纠正和改进	D类客户是需要挖潜的重要客户群，由于客户流失原因较为复杂，因此需要收集、整理和有效地分析流失客户群，针对流失客户群的原因和特点，举办有特色的客户服务活动，动员、吸引其回服务站，做好流失客户的挽回将有利于服务站提升赢利能力、保持持续发展

3. 不断收集和研究客户需求

汽车生产企业要实现中长期的稳定成长和发展，必须要不断地收集和研究目标客户群的产品和服务需求，积极而有效地反馈并且还要融入自身的产品和营销策略中去。只有这样，才能在激烈的竞争中提高现有的客户满意度，留住老客户，赢得新客户。

4. 和客户建立亲善关系

现在的客户越来越精明、越来越理性，他们通过网络和电视等媒体可以获得更多更详细的产品和服务信息，更加不能容忍被动的推销。客户希望与企业的关系超越简单的售买关系，因此各个汽车生产企业应该为客户提供个性化的服务，使客户在使用产品以及接受服务的过程中获得产品以外的良好的心理体验。服务人员在与客户的交往中，要善于听取客户的意见和建议，表现出对客户的尊重和理解，要让客户感觉到企业特别关心他们的需求。企业还应鼓励员工站在客户的角度思考应该提供什么样的服务，以及怎样为其提供服务。

5. 积极地解决客户的抱怨

相关统计表明，在不满意的客户中，有65%的人会采取公开的抱怨方式，这会给企业带来这样那样的负面影响。如果这些抱怨处理不及时、不合理，就会有一些客户采取一些过激的方式，如不付账单、对客户服务人员蛮横无理，更严重的是四处诋毁该公司（通过网络影响若干个潜在客户），所以应当给客户提供抱怨的渠道，并认真对待客户的抱怨，在企业内部建立处理抱怨的规章制度和业务流程，如规定对客户抱怨的响应时间、处理方式和抱怨趋势分析等。

提高客户满意度，使其为企业创造更大的利润空间，应该是各个汽车生产行业都十分关心的问题。只要信任和尊重客户，真诚地视客户为朋友，给客户以"可靠的关怀"和"贴心的帮助"，企业就可能赢得客户的满意。

抱怨视频

抱怨典型问题

三、客户满意度调研系统

近年来客户满意度调研（CSS）系统在国内外都受到了普遍重视，特别是服务性行业的客户满意度调研已经成为企业发现问题、改进服务质量的重要手段之一。

国内汽车生产企业的客户满意度调研是在最近几年才迅速发展起来的，并且已经引起越来越多企业的重视。各个汽车生产企业通过客户满意度调研了解客户的需求、企业存在的问题以及与竞争对手之间的差异，从而有针对性地改进服务工作。当前的各大汽车生产企业实行的客户满意度管理模式是通过逐级开展客户满意度调研，对各个经销商进行考核，指出各个经销商的缺点并限期整改，在下一轮的客户满意度调研中得到提升来实现的。客户满意度管理基本是按照"调研—考核—整改—使客户满意—再调研"的闭环系统进行的。

1）客户满意度调研的分类

目前客户满意度调研公司有很多，按照他们服务对象的不同可以将客户满意度调研分成3类。

（1）国内大的汽车生产企业直属调研部门的客户满意度调研。有的大型汽车生产企业具有自己的客户满意度调研部门，每年对下属各子公司进行客户满意度调研，有利于集团公司领导了解掌握各品牌子公司的发展状态。

（2）国际知名的跨国调研机构的客户满意度调研。例如 J. D. Power 调研公司，其独立实施全世界各品牌综合调研与评价，发布具有权威性的调研结果，并有针对性地有偿地为企业提供调研报告与解决措施。

J. D. Power 2020 中国汽车售后服务满意度研究已经进入第 20 个年头。这项研究评测的是拥车期为 13～48 个月的车主对过去 12 个月内在品牌授权经销店的服务经历的满意度。汽车售后服务满意度得分采用 1000 分制。图 7-2 是 2020 年中国汽车售后服务满意度得分及排名。奥迪以 797 分位居豪华车细分市场售后服务满意度榜首。路虎（779 分）和宝马（777 分）分列第二和第三。东风悦达起亚以 779 分位列主流车细分市场第一名，广汽菲克 Jeep（766 分）和广汽本田（764 分）分列第二和第三。排名前十的主流车细分市场中有四个中国自主品牌，分别是广汽传祺（760 分）、吉利（753 分）、BEIJING（744 分）和 WEY（744 分）。

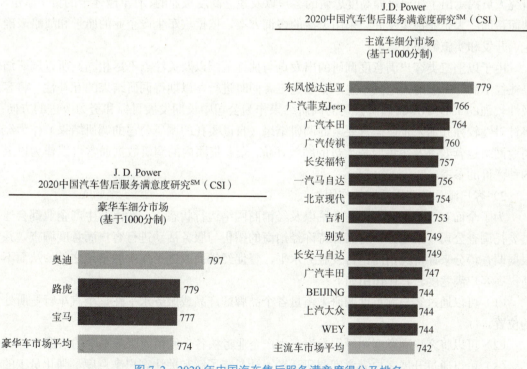

图 7-2　2020 年中国汽车售后服务满意度得分及排名

J. D. Power 调研公司 2020 年重新设计了售后服务满意度模型，通过考察包括服务预约、接待与诊断、服务设施、服务价值、服务质量和服务团队在内的六大因子来传递全面的客户服务体验分析，以及对客户满意度的评价。2020 年研究是基于 2016 年 3 月—2019

年7月购买新车的32 702名车主的反馈。数据采集工作于2020年3月—2020年8月在中国70个主要城市进行。

研究显示，经销商店内服务的数字化应用相对丰富，其中服务设施的数字化程度高达58%，接待和诊断流程的数字化程度为39%；而在远程服务端的数字化应用能力相对较弱，其中服务预约流程的数字化应用比例不足三成（29%）。此外，通过数字化方式进行预约的客户中，有三成表示到店后经销商声称未收到预约或安排失败。

这次的研究还显示，一些售后数字化工具的使用率并不高。以了解服务进度为例，通过车间监视器和电子看板了解服务进度的客户比例分别为23%和22%，通过厂商的微信公众号或官方App了解服务进度的比例仅有15%，却有超六成（61%）客户通过经销商服务人员的主动服务来了解服务进度。

高售后服务满意度品牌的再购率约为低满意度品牌的两倍：高售后服务满意度品牌车主再购现有车辆品牌的比例为32%，约为低满意度品牌（19%）的1.7倍。其中，德系品牌车主的现有车辆品牌复购率（80%）远高于其他车系。

（3）专业调研咨询公司的客户满意度调研。专门为某企业或集团进行有针对性的经销商客户满意度调研、数据分析处理，向相关部门或企业领导提供相应的解决方案。例如，盖洛普调研咨询有限公司，借助经济学、心理学和管理科学方面的深入研究和独立调研，研究人员揭示出了如何培养高度忠诚的客户以及建立高度敬业的、有卓越才干的员工队伍，从而帮助广大企业稳步发展。采用灵活的咨询方案，依据汽车生产企业的愿景和战略来确定、开发和实施解决方案。

由于以上三类客户满意度调研的出发点与抽样范围以及关注点不尽相同，所以调研结果往往不同。一般的大型汽车生产企业这三者同时进行，以期待调研结果的互补性。将客观性较强的 J. D. Power 调研公司的调研结果作为公司中长期发展目标和努力改进的方向；将针对性较强并加入企业运营要素的调研结果（自己委托的调研公司的调研结果）作为经销商网络运营效率及销售服务人员的绩效评价；企业集团内的调研数据通常可以作为以上两种评价的参考。

2）客户满意度调研系统的作用

为了全面客观地了解客户的意见以及经销商网络运行状态，一般汽车生产企业都会通过委托调查公司（第三方）对品牌特许经销商的销售与服务活动进行客户满意度调查，并根据调查得分来评价经销商销售及服务水平，督促经销商改进工作中的不足之处，从而不断提高客户满意度。具体作用如下：

（1）可以通过客户满意度调研来衡量各个品牌的产品或服务水平在整个汽车行业所处的位置。

（2）可以将客户满意度调研作为汽车生产企业考核各个经销商服务水平的依据。

（3）可以通过开展客户满意度调研活动，让员工了解和关注客户满意度，强化员工的服务意识。

（4）可以通过客户满意度调研活动，找出本企业与其他企业之间的差距，检验满意度提升工作的效果，明确需要进一步改善的服务项目。

总之，如果认同产品或服务质量是重要的，而且认同客户的评价是重要的，那么各个汽车生产企业就需要进行客户满意度调研。

3）客户满意度调研工作内容

汽车生产企业通常通过投标、中标的方式选择专业调研公司，委托第三方实施客观的客户满意度调研活动，并在调研活动中，通过自身的 CRM 和客户服务中心承担一部分工作内容，必要时提供部分与企业发展、客户满意度紧密关联的调研内容，并在品牌经销商的积极配合下进行客户满意度调研工作。

（1）汽车生产企业的售后服务部门一般完成以下工作内容：

① 确定 CSS 年度目标值（含各事业部），制定目标值的提升标准。

② 参与专业调研公司的招标。

③ CSS 调研问卷的优化和确认。

④ 确定 CSS 调研形式。

⑤ 对 CSS 调研过程的科学性、有效性实施监控。

⑥ 将调研报告下发到各个事业部，并协助进行问题的整改。

（2）品牌经销商的工作内容：

① 提供有效的客户档案，制定可行性的整改措施，针对 CSS 报告弱项进行整改。

② 经销商内部必须建立完善的客户跟踪回访管理体系，并有效地开展客户跟踪回访工作。

（3）CRM 客户服务中心的工作内容：对有效的客户档案进行汇总，上传给调查公司，负责有关客户档案信息的反馈。

（4）专业调研公司工作内容（第三方）：

① 负责采取电脑辅助电话采访的方法，根据 CSS 调查问卷对有效的客户档案进行调研。

② 负责对有效的调研结果进行统计并反馈给客户服务中心，按时提交调研报告。

4）客户满意度调研 CSS 的工作流程

（1）汽车生产企业在每年的年初制定调研的总体工作方案，方案内容主要包括以下几个：

① 经销商年度客户满意度调研的具体项目。

② 经销商年度 CSS 的目标值。

③ 经销商年度 CSS 的频次，一般年度 CSS 报告期数为每年 4 期（每季度 1 期）。

④ CSS 调研客户群只针对私家车客户。

（2）汽车生产企业对 CSS 报告的应用。

① 汽车生产企业在收到专业调研公司提交的 CSS 报告的第二个工作日，通过网络将报告下发至各区域。

② 对经销商年度目标值考核以最后一期 CSS 报告为准。

③ 为了保证年度目标值的完成，各区域将加强目标过程管理，对每一期报告及时采取措施。针对每家经销商 CSS 报告弱项与经销商面对面交流，审核、完善经销商整改计划并存档，每季度将整改措施报告传至汽车生产企业。

④ 为了促进 CSS 工作稳健开展，各区域需要每月对经销商客户跟踪回访工作进行检

查和指导；监督经销商落实整改计划。

（3）客户满意度调研 CSS 工作的相关规定。

品牌经销商配合客户满意度调研 CSS 工作，自我完善自我提高。经销商需要定期提供客户档案，由于逾期不提供客户档案或提供档案数量不足造成达不到当月 CSS 访问样本量要求的，专业调研公司不再进行补访，由此造成的经济等方面的损失由经销商自行承担。为了保证调研工作能顺利有效地开展，经销商需要为专业调研公司提供如下方便条件：

① 为保证客户服务中心能正确提取客户档案，经销商必须及时维护所有车辆"客户种类"信息。

② CSS 调查所需的有效样本量至少为 30 个，为了保证能准确联系到客户，经销商必须及时维护客户电话。

③ 经销商要及时从网络上查看 CSS 得分，依据每一期 CSS 报告制定整改计划，并认真落实。

5）经销商的客户满意度调研系统介绍

近年来随着汽车市场的成熟与发展，客户的需求进一步提高，以及经销商服务意识的增强，经销商也都建立了客户服务部门，开展客户满意度调研工作。汽车经销商的客户服务部门每日更新客户满意度报告，并且通过系统能够很快地将客户的反馈上传给汽车生产企业的满意度调研系统。

由于这种调研一般是不付报酬的，所以经销商调研问卷往往比汽车生产企业的调研问卷简单，每个被访问的客户最多不超过 3 分钟，并且尽量集中在几个提高满意度的关键问题上。

客户到经销商报修或投诉后，在规定的时间内对客户进行电话跟踪回访工作，方便客户对工作进行评价。

随着经销商的客户满意度调研系统 CSS 的普及与发展，经销商的客户满意度得到了有效的提高，因此经销商的客户满意度调研系统 CSS 受到了汽车生产企业的重视与支持。大多数汽车生产企业将两者合一，生成一个 CSS 经销商模块。经销商实现了客户档案每天指定时间自动上传，《经销商经营月报》自动生成并上传。这样，曾经独立于汽车生产企业的经销商客户满意度调研系统 CSS 又大多消失了，只有那些多品牌经营的大经销商总部设有独立于各品牌汽车生产企业的客户满意度调研系统。

6）"神秘客户"调研

"神秘客户"（Mystery Customer）是由经过严格培训的调查员，在规定或指定的时间里扮演成客户，对事先设计的一系列问题逐一进行评估或评定的一种商业调查方式。

丰田调研问卷

神秘客户调查需要首先界定神秘客户的调查范围，例如维修技师的专业技能、服务态度、环境、营销活动等。每个经销商由于地理位置、周边居民或商业的性质不同、装修时间有先后等原因，实际情况可能会有所不同。因此，在涵盖共性的同时，神秘客户调研还应该充分考虑到个体差异，并给出客观公正的评价。

神秘客户调研不是简单地打勾、划叉。一个有价值的神秘客户调查应该充分结合下面两个方面的内容，努力从理性和感性两个方面提供真实生动的信息：

基于理性的评估：例如经销商提供的服务质量、价格、等待时间的长短等。

基于感性的评估：例如服务人员的接待礼仪、微笑的真诚度、热情等。

综合而言，神秘客户的主要价值点体现在以下4个层面：

（1）服务评估作用。

神秘客户的首要功能是帮助客户发现服务过程的整体状况，并对服务的软硬件的各个环节进行评估，系统性地找出各个方面所存在的问题。

（2）服务校验作用。

神秘客户对服务的检验作用也是基于评估的。一般而言，委托方（即服务企业）会有一套服务流程的标准，而实际的神秘客户通过感受和观察经销商的服务，并与服务标准形成对照。通过比较规范化的标准流程、服务的执行状况和实际的客户感受三者之间的差异，从而为服务的校验和改进提供参考。

（3）服务督促作用。

① 是显性的，根据评估结果的施治行为，即第三方评估公司会根据神秘客户的调研结果提供相应的改进建议，服务人员可以据此有针对性地改进服务。

② 是隐性的，在长期的神秘客户的跟进调研中，服务人员时刻准备着有神秘客户来调研，在主观意识上不会放松优质服务的意识。

（4）神秘客户调研可用于企业销售体系评估。

神秘客户的应用将有利于企业提升和改进服务窗口的服务质量和服务水平。

任务工单

主题	提高客户满意度的流程	
说明	1. 客户满意度 2. 提高客户满意度流程 3. 抱怨处理的流程及技巧	时间：45分钟

★ 工作页 / 学习页

1. 请写出提高客户满意度的流程。

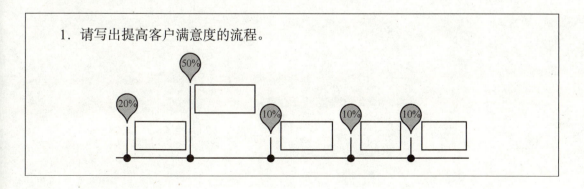

2. 利用模块 2 中所学的客户抱怨处理知识，小组讨论后进行角色扮演，帮助服务顾问小王处理客户的抱怨，将话术记录在下面。

小王是某品牌 4S 店的服务顾问，昨天接待了一位车主，全程按照服务核心流程的要求为车主提供了服务。第二天在客服人员进行回访时，车主抱怨说："其他都挺好，就是价格有点高。"所以车主只给出了一般的评价，如果是你的话，你怎么处理车主的抱怨来提高客户的满意度？

★ 学生工作笔记（体会、收获）：

_____

_____

_____

任务3 一次修复率对客户满意度的影响

任务难度	中级		
学时	1学时	班级	
成绩		日期	
姓名		教师签名	
能力目标	知识	1. 掌握一次修复率的概念及与返修率的关系 2. 掌握提高一次修复率的方法 3. 了解一次修复率与客户满意度的关系	
	技能	技能	能力描述
		1. 能分析简单的返修案例并提出提高一次修复率的方法 2. 能分析一次修复率与客户满意度的关系	"1+X"汽车维修企业运营与项目管理技术中级技能【工作任务：维修企业CSI客户满意度及7S管理】
	素养	1. 培养认真、严谨、专注的素养 2. 能够与团队成员协作、分析、讨论完成任务	

情境导入

一位客户因空调制冷慢到4S店维修，而维修技师小孙在维修过程中未测量空调出风口温度（此车空调出风口温度是15 ℃，远高于正常车辆8 ℃左右），所以客户感觉空调制冷不够。质检员在检验过程中没有有效把关，感觉空调制冷效果不错，终检合格。客户过几天后又来检查车辆，发现问题是蒸发箱内部堵塞导致的。客户第二次到店后，情绪比较激动，服务经理与他沟通了很长时间后，客户才平息了怒火。

任务相关信息

对于汽车生产企业的经销商来说，一次修复率（FFV）是指经销商在一段时间内，客户车辆首次进厂即得到满意的维修服务的车辆数 a 与进厂维修总量 b 的比值：$FFV = a/b \times 100\%$。

返修就是指客户重复因为相同的原因到经销商处报修，对客户满意度和售后服务质量有着显著的影响，返修率 $FNV = 1-FFV$。

返修既包括由于维修技术原因而导致未能排除故障造成的，又包括整个服务接待过程不当引起的客户抱怨，甚至可能是汽车生产企业某个环节造成客户返厂进行检测维修。因此，要想降低返修率提高一次修复率，需要在生产质量、服务技术及售后服务整个环节上进行优化和提高。

客户满意度与一次修复率成正比，与返修率成反比。

一、通过提高一次修复率提高客户满意度

提高客户满意度和售后服务质量是售后服务工作的最高目标和追求，这里既涉及前面讲到的维护良好的客户关系问题，又涉及维修技术、车间管理等因素体现出的具体的服务质量问题。对于这些问题需要采取集中而且有针对性的方式，才能实现客户满意这一目标。

客户满意度与一次修复率的关系如图 7-3 所示。

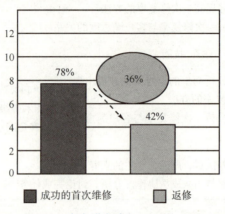

图 7-3　客户满意度与 FFV 的关系

没有良好的客户关系可能不能实现客户满意，但客户关系维系再好，返修率居高不下，也不能实现客户满意，这是不争的事实。为了实现客户满意，必须降低返修率也就是提高一次修复率，进而提高客户满意度。由图 7-3 可知，一次修复的车辆，78%的客户表示满意，而当出现返修后客户中仅有 42%表示满意。其中相差的 36%的客户因为车辆返修而表示不满意。若在本次返修的过程中再出现解决不了的问题而返修，那么就会产生更高比例的抱怨。

一次返修就会导致客户满意度显著下降，更可怕的是往往会出现两次甚至三次返修，或者同类问题得不到妥善解决，造成返修在一段时间内反复大量出现。因此，对于客户满意来说，需特别注意返修这个问题。显著并持久地降低返修率，就是提高客户满意度的有效途径。

提高客户满意度既是汽车生产企业关注的重点，也是特许经销商持续优化和改进的方向。从哪些环节入手才能降低返修率提高一次修复率呢？这就需要汽车生产厂家和特许经销商正确了解各自市场特点，对市场进行充分调研，还可以借助客户满意度调研 CSS 结果和销售与服务回访的样本数据，进行统计分析，然后有针对性地调整正在实施和将要实施的措施，以及在局部组织机构中更有力地实施这些措施，才能提高一次修复率，进而提高客户满意度，但这需要有一个持续优化与完善的过程，切不可急于求成。

二、提高一次修复率的方法

一次修复分析的目的是运用一定的方法找出出现返修的原因，并给出相关的服务环

节，制定可实施的措施来提高一次修复率。为了提高一次修复率，需要对返修进行分析。返修分析有两种方法：一是维修过程细节分析法；二是客户对话抽样调查法。这两种方法的侧重点不同，维修过程细节分析法，可详细研究是哪些原因造成返修，具体分析出合作配套厂、生产厂、经销商环节；客户对话抽样调查法，可以了解经销商范围哪些环节可以影响返修率，并了解各个经销商的潜在优化需求。但分析结果是否有效，与所选样本有很大关系。下面利用某汽车生产企业客户满意度调研 CSS 数据，对各经销商返修率及客户满意度的数据进行分析，得出经销商方面的返修原因，见表 7-8。

表 7-8　经销商方面的返修原因

序号	经销商方面的返修原因
1	制造商/进口商/国家售后服务中心方面的原因
1.1	无法使用技术问题解决方案
1.2	技术问题解决方案没有以目标为导向
1.3	文献资料不正确
1.4	引导型故障查询没有以目标为导向
1.5	原装零部件供应问题
1.6	缺少原装零部件
1.7	技术服务中心维修咨询没有以目标为导向
1.8	活动
2	经销商方面的原因
2.1	没有具体描述/了解客户保修内容
2.2	没有将保养内容完整/正确地传递给相关部门/人员
2.3	没有使用文献资料
2.4	没有使用技术问题解决方案
2.5	没有进行引导型故障查询
2.6	没有正确诊断出故障原因
2.7	没有及时订购原装零部件
2.8	维修错误
2.9	维修站装备不足
2.10	保修内容不同
3	客户的感受（包括详细的注释）

返修的原因虽然千差万别，但从整体上可以分为汽车生产企业的原因和非汽车生产企业的原因两大类，其中汽车生产企业的原因又可分为协作配套的零件制造商、进口商及汽车生产企业的区域、合作配套厂等原因，但这些与经销商销售服务环节及客户使用环节都无关，所以定义为汽车生产企业方面的原因。这就需要从汽车生产企业环节加以整改提高，而除此之外的原因可以从销售服务环节加以改善。

对于造成客户抱怨的车辆返修的具体原因如何界定呢？有的汽车生产企业和经销商各有一套客户满意度调研系统CSS，就会得出各自的结论，有时还是互相矛盾的。因此，数据的分析比较是一个比较重要的过程，可进一步甄别返修的真正原因。比较抽样过程是以底盘编号为基础的。对每个底盘编号在经销商和汽车生产企业的客户满意度调研CSS抽样调查进行比较，查看汽车生产企业与经销商的调查结果分类法是否一致。如果不一致，分析团队要重新分析细节以求找出真正的能影响返修的原因。在这种情况下，分析团队最好直接与经销商或客户联系，弄清返修的真正原因，然后制定行之有效的解决措施。

当然，绝对的一致是不可能的。如果汽车生产企业与经销商分类法的一致性很高（＞90%），那么可以认为双方调研结果的正确，并且可以作为制定解决方案的措施；如果一致性很低，则分析团队需弄清各种情况，直至双方统一。

提高一次修复率

思政课堂

讨论：影响一次修复率的因素有很多种，但对维修技师来说，提高自己的故障诊断能力、提升专业知识素养还是至关重要的。你认为，如何做才能提高自己的能力和素养？

建议：一汽员工、央企劳模、青年岗位能手牟少志曾说过："干技术就要有精益求精、追求完美的态度，对待企业就要有家的情怀、责任感、使命感。"维修技师就是维修岗位上的"工匠"，时时处处用这些"工匠"的事迹鼓励自己、影响自己；工作中认真积累、培训时认真学习、总结反思，慢慢地你会发现，你提升的不仅是专业能力，还有社会责任感，你离"工匠"越来越近……

任务工单

主题	提高一次修复率的方法	
说明	1. 什么是一次修复率 2. 一次修复率与返修率的关系 3. 降低返修率的方法	时间：20分钟

★ 工作页 / 学习页

1. 返修分析的两种方法。

   返修分析方法
   - □
   - □

2. 从整体上分析返修原因。

   返修原因
   （整体分析）
   - □
   - □

3. 请通过小组讨论分析，为空调制冷慢这类简单问题制定提高一次维修率的措施。

★ 学生工作笔记（体会、收获）：

_____
_____
_____

<table>
<tr><td colspan="4">任务 4 提高客户感受与客户满意度</td></tr>
<tr><td>任务难度</td><td colspan="3">初级</td></tr>
<tr><td>学时</td><td>1学时</td><td>班级</td><td></td></tr>
<tr><td>成绩</td><td></td><td>日期</td><td></td></tr>
<tr><td>姓名</td><td></td><td>教师签名</td><td></td></tr>
<tr><td rowspan="4">能力目标</td><td>知识</td><td colspan="2">1. 了解经销商在宏观、微观管理方面提升客户满意度的措施
2. 了解客户关怀的措施
3. 了解欣喜方案的设计内容</td></tr>
<tr><td rowspan="2">技能</td><td>技能</td><td>能力描述</td></tr>
<tr><td>1. 能总结现有的提高客户感受的措施
2. 能提出新的提高客户感受的措施</td><td>"1+X"汽车维修企业运营与项目管理技术中级技能【工作任务：维修企业CSI客户满意度及7S管理】</td></tr>
<tr><td>素养</td><td colspan="2">1. 能养成总结创新的学习习惯
2. 能强化提高客户满意度的意识</td></tr>
</table>

情境导入

李先生是大众品牌的客户，即使过了质量担保期，他也常去 4S 店做保养或者维修。他每次到店都能感受到服务人员的热情接待，而且休息空间干净整洁，也能按时交车，维修价格都是透明公开的。整体上李先生对 4S 店的服务非常满意，所以他也成了这家 4S 店的忠实客户。

任务相关信息

一、加强经销商网络服务组织与管理提升客户满意度

1. 宏观的经销商服务组织管理

经销商网络建设，一般是生产厂家提供统一的建筑标准；提供统一的形象建设标准及标识标准；贯彻先进的管理模式；免费提供技术培训、管理培训、索赔培训、备件培训及计算机业务培训；疑难维修技术支持；提供技术资料、管理资料；统一订购专用工具、仪器设备，指导通用工具订购；提供电子信息服务系统网络及经销商内部管理软件；提供原厂备件；免费提供产品宣传及服务宣传资料；授权开展售前整备、首保及索赔业务；指导经销商开展服务营销。

经销商的服务组织与管理说大也大，说小也小。从小的方面来说，走进经销商展厅内只看一下卫生间，即可大致判断出服务水平；而大的方面讲的是服务理念。各个经销商的服务组织与管理大的方面极其相似，但小的方面却各有不同。尽管核心流程是统一模式的，但激烈竞争导致经销商自觉地开展特色服务营销，使经销商为缓解库存压力积极开展服务营销活动的意识越来越强烈。

提高客户感受

2. 经销商服务组织的微观管理

（1）服务承诺的诞生。

服务承诺是售后服务部门为体现客户关怀，落实服务标准的兑现，并通过经销商承诺的方法向客户公示的服务特色的一种表现形式。

例如，对于一汽大众汽车有限公司的经销商来说，面对德国大众的售后服务核心流程，针对中国市场的复杂性与多样性，及客户需求的多层次性、复杂性，经销商的把握和理解程度都会有很大的差异，所以执行结果也不尽如人意。为了充分体现"严谨就是关爱"的售后服务理念，体现客户关怀，一汽-大众汽车有限公司根据客户满意度调研 CSS 中的弱项及服务核心流程的执行情况，制定了一套简单易行的提高客户满意度解决方案即"九个一"的服务承诺。通过"九个一"的服务承诺可使服务核心流程和客户满意度调研 CSS 的结果，在服务承诺方案中实现闭环的管理与控制，是客户满意的依据与保障。

（2）细节决定成败，落实是关键。

一汽-大众汽车有限公司要求经销商将上述"九个一"承诺，以目视板的形式公示出来，确保客户直观、清晰地看见服务承诺。为兑现服务承诺，经销商根据实际情况制定相应的服务承诺细则，各经销商应按服务承诺细则的内容要求从软件、硬件上符合标准的要求，真正体现客户关怀。经销商管理人员不定期进行服务承诺的监督与检查。客户服务中心调查经销商服务承诺执行情况，根据调查结果，给予经销商相应的奖惩。

二、加强客户关怀并提升客户满意度

汽车生产企业为了提高客户的满意度，会从多角度为客户提供客户关怀，还会从多方面为客户提供汽车贷款、汽车保险、汽车租赁、二手车评估等衍生服务。

1. 什么是客户关怀

从时间上看，客户关怀活动包含在售前、售中、售后的客户体验的全部过程中。售前的客户关怀会加速企业与客户之间关系的建立，为鼓励和促进客户购买产品或服务起到催化剂的作用；售中的客户关怀则与企业提供的产品或服务紧紧地联系在一起，包括订单的处理以及各种有关销售的细节，都要与客户的期望相吻合，满足客户的需求；售后的客户关怀活动则集中于高效地跟进和圆满地完成汽车的维修和保养的相关步骤，以及围绕着产品、客户，通过关怀、提醒或建议、追踪，最终达到汽车生产企业、经销商与客户的互动。汽车生产企业对产品、客户及其变化趋势有很好的把握，能为企业进一步的产品升级、客户拓展达到积累资料的目的。售后服务的跟进和为客户提供有效的关怀，可以大大增强客户对产品和企业（汽车生产企业和经销商）的忠诚度，使客户能够重复购买企业的产品和服务。

为了高效处理客户投诉，倾听客户抱怨，提高客户满意度，经销商都要配合汽车生产企业的售后服务部门和客户关怀部共同处理客户的投诉和抱怨，达到客户满意或者是欣喜的程度。

2. 客户关怀措施

不同的汽车生产企业根据自身产品的特点，制定自己的关怀策略。各个汽车生产企业应该区分客户不同规模、贡献、层次、地区甚至民族、性别，采取不同的策略，从关怀频度、关怀内容、关怀手段、关怀形式上制定计划，落实客户关怀措施。下面重点介绍汽车生产企业为客户提供的善意补偿款和优惠索赔措施。

1）善意补偿款

（1）善意补偿款的定义。

善意补偿款是汽车生产企业为了处理重大客户投诉而提供的相关费用。善意补偿款包括赔偿客户损失及诉讼等发生的直接费用，但不包括连带费用。应急处理时，一般由汽车生产企业的技术团队现场确认后，由经销商第一时间为汽车生产企业垫付给客户，再由经销商向汽车生产企业申报。

（2）善意补偿款支付流程。

① 经销商在垫付善意补偿款前与客户签订免责协议，协议通常是由经销商与客户签订的。签订的协议需要有汽车生产企业的相关人员确认。

② 汽车生产企业的售后服务人员向经销商提供善意补偿款申请表，由经销商服务总监负责填写，在经销商鉴定结果中须标明支付金额，汽车生产企业的售后服务人员签字确认后，汽车生产企业的区域服务经理、总经理签字确认后将善意补偿款申请表反馈给产品责任部相关人员。

③ 产品责任部相关人员负责将善意补偿款申请表上报领导审批。

④ 善意补偿款申请表审批以后，产品责任部相关人员负责区域服务人员，并将善意补偿款申请表存档。

⑤ 区域服务人员负责通知经销商服务总监准备相关材料（发票、结算单、判决书等）。

⑥ 产品责任部负责进行善意补偿款的结算，这项费用由汽车生产企业承担。善意补偿款不计入区域单车索赔费用。支付费用由售后服务部门以备件索赔的形式支付。

2）优惠索赔

根据客户的特殊性，为客户办理优惠索赔，解决超过质量担保期的敏感客户（新闻媒体记者、超级客户、大客户及挑剔客户等）的抱怨，提高客户满意度。

（1）优惠索赔的范围。

敏感客户车辆在超过质量担保期发生的由于质量问题导致的车辆故障，汽车生产企业承担车辆的维修费用，但不包含任何其他额外补偿。

（2）优惠索赔的内容。

① 客户向经销商提出优惠索赔的请求。

② 经销商服务总监初审是否符合优惠索赔的条件并请示汽车生产企业的现场服务代表。

③ 经过现场服务代表核实并确认客户车辆状况，联系区域的现场技术经理进行技术确认。

④ 现场技术经理鉴定是否属于质量问题，尽快将鉴定结果反馈给现场服务代表。

⑤ 对于可办理优惠索赔的车辆，现场服务代表通知经销商的服务总监填写优惠索赔审批表，在经销商鉴定结果处标明索赔金额（汽车生产企业不承担连带责任）。

⑥ 经过现场技术经理和现场服务代表签字确认后，由汽车生产企业售后服务部门的

相关人员对优惠索赔进行技术审核，审核合格后交给索赔人员处理及存档。

⑦ 对于审批合格的优惠索赔，现场技术经理负责将结果通知现场服务代表。

⑧ 汽车生产企业的索赔人员依据优惠索赔审批表进行优惠索赔结算。这项费用由汽车生产企业承担。

⑨ 自然灾害造成的车辆损坏，由经销商负责解决客户的抱怨。

总之，客户关怀管理真正体现了"以客户为中心""以营销为整体"的现代企业经营理念，是企业市场营销系统的重要组成部分，也是企业打造持续的市场竞争力、实现可持续发展的基本要求。

三、超越客户满意、实现客户欣喜方案的设计

尽管各个汽车生产企业的售后服务核心流程在国内都能得到更好的普及与发展，并且汽车生产企业的产品质量在不断提高，客户满意度分值也在上升，但通过 J. D. Power 调研出来的结果却不理想，甚至下滑速度非常快。无论是公认的调研组织 J. D. Power 还是汽车生产企业自身的客户满意度 CSS 数据分析都显示，客户满意度数值还在逐年提高。这就体现出了一方面竞争在加剧，竞争对手的能力在提高；另一方面，客户的需求在提高。因此，服务的组织管理方式必须创新，才能带来高附加值客户满意。一汽－大众汽车有限公司在这方面做了许多探索，在新的竞争形势下改变服务组织现状，势在为客户提供更好的服务。

1. 客户欣喜方案设计

从上面的分析可以看出，客户需求提升的速度已经超过了服务发展的速度，传统的服务需要改进，单纯的客户满意已经不能满足现在的市场发展要求，需要实现超越客户满意的境界。

为了进一步稳固在中国汽车市场上的地位，提高市场竞争力，一汽－大众汽车有限公司售后服务新的目标是为客户提供令人欣喜的售后服务体验。

如何才能创造欣喜呢？可以从以下方面着手：能够为客户传递品牌所赋予的历史、荣誉和传统的信息；具备能够满足客户预期的人员、产品和服务；客户能够感觉到独一无二的、富有荣誉感的和强烈的心理满足感；销售和服务过程中体现出创意、创造性、独特性；高技术含量、高精确性、高品质；具备专业的、思路清晰的、具有吸引力的销售和服务人员；关注细节、给客户以家的感受、程序清晰透明；将客户当作客人一样对待，只有尊敬和欢迎，从不施加压力；在接到客户来电时能够高效地进行解答和回应；满足客户的需求，其中包括那些未明确表达的需求。

2. 客户欣喜方案内容

客户欣喜方案也就是在现有核心流程的基础上，加入时代元素，营造客户想象之外的满意，力图超越满意创造欣喜。

1）打造一流的客户体验服务流程

整合各行业世界一流客户服务标准，以"客户至上"的理念为指导优化现有的工作内容，并加入各种新颖的工作形式。本土化改良德国特色的核心服务流程能够更精确地满足中国消费者的需求。

2）欣喜之旅优化后的核心流程

经销商工作人员与客户的每一次接触都是创造客户欣喜的机会，客户感到欣喜是因为

接受到意想不到的创新工作方式，超出了他们的期望，这就需要经销商工作人员在细节上表现与众不同，让客户感觉到更出色。对比目前的表现和客户的期望值，只要超越客户的期望，即创造了客户欣喜，同时能带来更多的忠实客户，而他们又会向朋友和家人推荐该服务品牌。具体流程如下：

（1）服务前：经销商客户保留和集客活动（推陈出新，打动我心）。

（2）服务开始：服务预约（预约安排，想我所想）、接待与预检（热情接待，预检我车）、服务需求确认及评估（需求分析，确认我意）。

（3）服务进程：车辆维修（专业细致，修我爱车）、客户关怀和信息交流（沟通信息，安慰我心）。

（4）服务交付：服务交车（高效周到，交还我车）。

（5）服务跟踪：致谢并确定客户欣喜措施（售后关怀，令我欣喜）。

任务工单

主题	掌握提高客户感受的措施	
说明	1. 一汽-大众的"九个一"服务承诺的内容 2. 客户关怀的措施	时间：45分钟

★ **工作页／学习页**

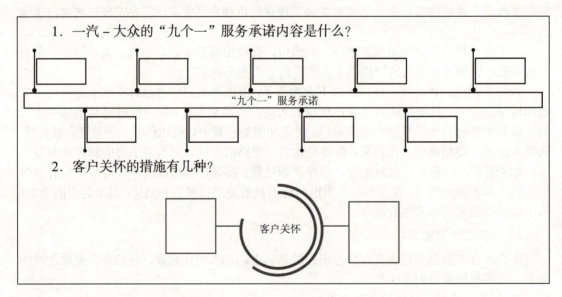

1. 一汽-大众的"九个一"服务承诺内容是什么？

2. 客户关怀的措施有几种？

★ **学生工作笔记（体会、收获）：**

_____

_____

_____

模块 7　　客户满意度管理

任务 5　提高服务意识与客户满意度				
任务难度	中级			
学时	1学时		班级	
成绩			日期	
姓名			教师签名	
能力目标	知识	1. 了解服务满意度奖金激励的目的，评定标准、等级 2. 了解服务满意度服务技术竞赛激励的形式 3. 了解全面辅导的目的、措施		
	技能	技能		能力描述
		1. 能总结提高服务意识的措施 2. 能运用沟通技巧与客户沟通		"1+X"汽车维修企业运营与项目管理技术中级技能【工作任务：维修企业CSI客户满意度及7S管理】
	素养	1. 培养主动服务的意识 2. 培养持之以恒、努力进取的意识		

情境导入

小李是奥迪 4S 店的维修技师，参加了奥迪双杯竞赛。整个比赛过程紧张激烈，比赛过去快一年了，但当时准备比赛时的自豪、努力拼搏的劲头还历历在目。虽然比赛成绩不是很理想，但小李学习的热情更加高涨，每为客户解决一个问题，他都是发自内心的高兴。现在，小李对"技能让生活更美好"有了更深的体会。

任务相关信息

为了保证提升客户满意度方案的顺利、有效实施，充分调动售后服务人员的工作热情，汽车生产企业会设计一整套的奖励激励措施；同时，还对经销商开展现场辅导工作，全面提高服务人员的服务意识，进而提高经销商服务人员对提高客户满意度方案的理解力和执行力。

一、服务满意度的奖金激励

1. 服务满意度奖金激励的目的

（1）通过经济利益的正向激励，促进改善返修率，提高客户满意度。由

提高服务意识

于服务顾问对返修率的影响最大,因此针对服务顾问设定客户满意度奖金。

(2)有针对性地表扬和表彰少数最佳服务人员,并以实际行动证明可以实现质量提高的目的,同时也能带动服务顾问全体综合服务能力的提高。

2. 服务满意度正向激励的总体条件和前提

对每个服务顾问服务质量指标的评定可信,以及最佳服务顾问的评定受到广泛认可,注意评定过程一定要透明清晰,并且可以有针对性地进行一段时间的跟踪评比,为力求达到客观真实,最低要求是每年每个售后服务企业抽样 60 次客户满意度对话。具体实施步骤如下:

1)确定评定标准和评定期限

将评定中的受奖励人员数量限制在较低的范围,并找出一个相对简单的计算方法。生产厂家可按季度评定经销商平均满意度情况,并予以适当激励;同时经销商可以月为周期,评定服务顾问满意度情况,并颁发满意度优胜奖和满意度进步最快奖。

另外,要注重那些可以优化客户满意度与售后服务质量,降低返修率的有关的评定要素。

服务顾问评定标准的要素和权重,可设定为以下几个:

① 返修率(50%)。
② 交车时对所做的工作加以说明(10%)。
③ 深入了解客户的需求和愿望(10%)。
④ 维修站工作正确(10%)。
⑤ 客户联系指数(20%)。

为保证将评定中的受奖励人员数量限制在较低的范围,可将表彰条件设定为图 7-4 所示的服务顾问激励条件,即如下几个:

① 接车返修率<排名最前的 40%(TOP40%)的服务顾问。
② 客户满意度排名>最前的 40%的服务顾问。

同时具备这两个条件,可以认为是经销商网络内有代表性的服务顾问,进入激励范围,进而达到树立样板并激发服务顾问群体的目的。

图 7-4 服务顾问激励条件

2)确定奖励等级

(1)确定整体激励预算:奖金分配计划与两个因素有关,即需要表彰的服务顾问的数量（通常比例为30%）和最高奖金额度（月工资的50%～150%）。

（2）确定获奖服务顾问的数量：经销商要使每个售后服务顾问都能了解奖励激励措施的存在，因此至少排名前30%的售后服务顾问都应获得过奖励。

为了确保奖金确实能够颁发，应根据各地服务顾问月工资的实际水平确定奖金的数量。下限为月工资的50%，上限为税前月工资的150%，如图7-5所示的服务顾问激励奖金分配方案。

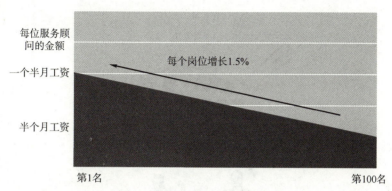

图7-5 服务顾问激励奖金分配方案

对于结构明显多样性的经销商，他们可能存在多品牌经营，不可避免存在复杂的跨品牌竞争，可以根据需求的不同进行奖励方案培训。在准备期就确定奖金的数量，以便能让员工对奖励制度有一个正确的理解。确定一个基准作为下限以及一个最大额度为上限，然后分配剩下的预算，使每一级奖金都按照一定比例上升（如奖励排名最前的100名售后服务顾问，可以在基准的基础上以1.5%的比率递增每一级的奖金）。

（3）奖励扩展方案：为了能够在表彰最佳售后服务顾问的同时，还能嘉奖上一年进步最大的售后服务人员，也可以将评比由最佳（根据排名）转化为进步最大，以鼓励新入职或长期处于偏后的服务顾问的进步，但这种评比可以每年度举行1次。

3）注意激励方案客观合理，注重经常交流

汽车生产企业的售后服务部门，邀请最优秀的经销商的售后服务部门的主管参加售后服务营销年会，并在这个一年一度的总结会中进行相应的表彰，以激励员工和进行经验交流。

另外，还可以定期交流服务顾问最新的排名，可包括全国排名、大区排名、小区排名，乃至经销商内部排名，让竞争与激励深入每家经销商每个服务顾问的各个工作环节。必要时，可定期举办区域性经验交流会，这样在物质激励的基础上强化精神激励的作用。

二、服务技术竞赛激励

这里的服务技术竞赛是广义的，既包括每年一度服务技术竞标赛，也包括日常工作考评中的服务技术竞赛。其目的都是通过竞赛的方式，正向激励少数经销商及其售后服务领域业绩突出的优胜者，树立标杆，促进经销商领导重视技术、尊重人才、提高服务意识，并激发服务技术人员钻研技术、用心服务，进而为客户创造欣喜。售后服务竞赛是一种综合的激励措施，具体分为以下两种形式。

（1）第一种售后服务竞赛是有针对性地激励企业所有者、服务技师、服务顾问及备件工作人员努力工作，进而降低返修率，为客户创造欣喜。近年来各汽车生产企业普遍举行各种服务技术锦标赛，如一汽－大众汽车有限公司奥迪品牌每年组织服务与技术的双杯竞赛（图7-6）。作为竞赛的一部分，各区域都要组织经销商的服务顾问、技术精英以及备件业务人员，全员参与竞赛考核，选出区域优胜选手再参加全国性统一的决赛，其中优胜者即可得到奖金或实物奖励。

图7-6　奥迪专业双杯竞赛

（2）第二种售后服务竞赛是指对经销商售后服务组织与管理水平，及整体运营质量定期进行综合性评价，并评出运行良好的经销商进行正向激励的一种常态性的服务组织与管理能力竞赛。例如，德国大众集团已在欧洲推行欧洲大众汽车售后服务质量奖。它根据CSS结果（或具有等同性的分析结果）奖励欧洲排名前100名的售后服务企业。实践证明，该措施对创造和实现客户欣喜起到重要作用。

三、企业现场辅导

1. 全面企业辅导

全面企业辅导是指来自第三方或主机厂的资深培训师，随同经销商企业管理人员深入企业售后服务组织与管理实践中，从售后服务核心流程的各个工作过程中发现缺点与不足，挖掘出创造客户超越满意的因素，然后再通过现场总结会的方式予以纠正或校准的全过程。这种辅导可及时发现经销商个性化的服务组织与管理方面的问题，一般可以以1年为周期循环进行，以达到持续改进的目的。

这种辅导方式特别适合于售后服务核心流程的实施度不足，而导致客户返修抱怨的经销商。但辅导周期要缩短，甚至应用一种新的引领式帮扶活动，即在新建的经销商服务网点开业初期，汽车生产企业派经验丰富的管理人员，实施一定时间的伴随服务，由指导下工作逐渐转为带领式工作，最后到引领式开展业务。

1）全面企业辅导的目的

通过有效实施售后服务核心流程或识别并排除已有的售后服务核心流程中的薄弱环

节,并且与经验丰富的售后服务核心流程专家进行交流,确保能够持续改善返修率。这是售后服务领域客户满意度能够整体提高的基础,也是原装零部件以及附件销售环节中补救功能不断提高的基础,所以此项工作是提高客户满意度和售后服务盈利能力的有效手段,也是实现客户超越满意的基石。

2) 全面企业辅导的总体条件和前提

根据客户满意度分析(如 CSS)结果,参考售后服务企业返修率决定选择哪些环节需要接受辅导。

对于参与这项辅导的企业来说,人员和经济方面的要求都很高。费用可从汽车生产企业对经销商的奖励费用中全部或部分支出。

培训师必须具备较高的业务能力,以及对所执行的特有流程十分了解。因此,应分别由两个不同的培训师负责业务接待能力和组织机构流程这两个主题的辅导。要求服务总监、服务经理、技术经理在场,并对所发现的不合格项立即制定措施予以改正,对扣分项选定负责人,进行持续优化和改进。

3) 全面企业辅导的实施步骤

(1) 由培训师沿着售后服务核心流程结构化进行盘点,从中发现流程问题。

(2) 与经销商管理层一起分析问题,以找出经销商可以接受的解决方案。

(3) 通过从预约开始直到最后交还车辆的这一系列工作,改善售后服务企业中流程化的细节工作。

(4) 现场直接培训售后服务员工改善交流方式。

2. 细化的企业辅导

细化的企业辅导就是针对各个售后服务企业所制定的独立的流程咨询。这种咨询分为两种,如果组织机构流程范围内只有某个因素比较薄弱,这种咨询就特别适用于有针对性地优化这一范围;如果分析结果表明需要改善多个参数,则需要进行全面的企业辅导。

1) 细化的企业辅导的目的

根据评定分析找出的成功参数,可以了解和处理各个经销商与客户满意度和返修相关的、最重要的薄弱环节,并由此降低返修率。

2) 细化的企业辅导的总体条件和前提条件

经销商中的工作流程具有一定的结构,并且是有组织的,可以针对这些工作流程展开细化的企业辅导计划。以 CSS 或其他类似评定结果为基础,通过分析找出各个市场的成功参数。

3) 细化的企业辅导的实施步骤

通过统计分析结果,根据各个参数改善返修率的程度,识别出各个市场中的成功参数。

对于各个售后服务企业,通过对各个成功参数进行客户满意度评定而做出独立的评分,并将这个评分值与非常满意的客户反馈比较,由此找到改善措施的着手点。

辅导措施的重点内容,需要与区域市场特色取得一致才能确定,并沿着售后服务核心流程步骤继续细化。针对交流这个主题应单独进行交流辅导。每个售后服务核心流程中的辅导措施见表 7-9。

表 7-9　售后服务核心流程中的辅导措施

售后服务核心流程步骤	可能的培训重点
预约	• 改进预约调配（使用电子预约规划系统，把难解决的问题安排在高峰期以外） • 遵循"电话预约"清单的要求 • 预约时询问客户有关附加工作的情况 • 对服务人员进行有关预约的强化培训
准备工作	• 特别记录返修率 • 建立DISS信息 • 检查车辆历史记录 • 更好地调配物流以及备件
接收车辆/制作订单	• 使用"交谈"清单 • 改进沟通方式，对工作进行说明 • 与客户一起进行分析试驾 • 将客户的谈话内容记录在任务单上 • 在车辆旁完成直接验收工作 • 在车辆旁进行检验程序操作
维修	• 详细记录订单扩展服务项目 • 任命负责的技师 • 改进ELSA和TPL的系统应用 • 技术培训 • 维修车间装配
质量检查	• 每次交车前进行试驾 • 每次交车前由服务顾问进行最终审核
交车/结账	• 通过服务顾问改进账单说明 • 引入账单检查流程

四、客户沟通技巧辅导

专业的沟通对于售后服务质量（特别是对返修率）和客户满意度的影响是非常显著的，也就是创造客户欣喜的关键所在。通过对经销商进行客户沟通技巧辅导，可以显著改善经销商与客户沟通的状况。在沟通辅导中，将探讨一些实用的创造客户欣喜的技巧，使服务顾问很快就可以在实践中运用这些技巧，从而最大限度地为客户创造欣喜。

改善售后服务企业中与客户沟通的状况，特别是在预约时间、接收和交付车辆的"关键时刻"，如接收车辆时对维修站工作加以说明，深入了解客户的需求和愿望，交车时对工作和账单加以说明。

同时，有针对性地找出可以降低返修率的沟通元素。根据企业的规模，通过以上的分析可以快速开始客户沟通技巧辅导。

客户间的作用与影响对服务组织与管理也是一个至关重要的因素。永远不变的真理就是客户满意所能影响的群体和放大的范围，永远比不上客户不满意对这些造成的影响。因此，在与客户沟通的环节一定要掌握——先保证不犯错误，再伺机创造欣喜的原则。

客户沟通技巧辅导重点

思政课堂

【劳模风采】从车间走出的修理工
——汽车售后服务竞赛的激励作用

有一位维修技师，2008年参加一汽-大众的售后服务竞赛，赛前三个月吃住在4S店精心备赛，最终取得了全国第一的好成绩。在大赛的激励下，他对维修技术越来越感兴趣，也越来越努力，后来被评为全国劳动模范、全国"五一劳动"奖章获得者、首批吉林省工匠等。有的同学不愿意从事汽车维修工作，觉得没有前途。其实不是汽车修理工作没有前途，是努力还不够。你要坚信坚持和学习是唯一能伴随你一生的本领。不同的付出就会产生不同的结果。大家观看视频，在未来工作中以这位维修技师的事迹激励自己，用他的工匠精神约束自己，在汽车维修行业精耕细作。请相信，只要一直努力前行，你的人生就有无限可能！

维修技师的事迹

任务工单

主题	了解提高服务人员服务意识的措施	
说明	1. 奖金激励的评定要素和权重 2. 全面企业辅导的步骤	时间：20分钟

★ 工作页 / 学习页

1. 服务顾问评定标准的要素和权重是什么？

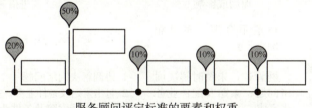

服务顾问评定标准的要素和权重

2. 全面企业辅导的实施步骤是什么？

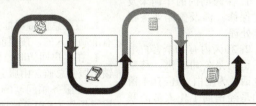

★ 学生工作笔记（体会、收获）：

_____

_____

_____

案例解析——一次修复率的提升

某汽车品牌的一个经销商的一次修复率数据在 10～12 月出现大幅下滑，一次修复率数据连续两个月得分为 70%。为此，汽车生产企业对该经销商进行深入走访，分析问题并共同制定改进措施。

1. 经销商一次修复率得分

图 7-7 所示就是走访中收集到的 FFV 数据。

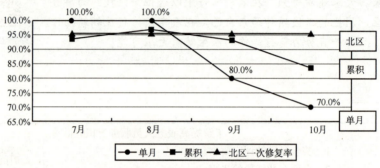

图 7-7　经销商一次修复率得分

现场检查发现的问题和影响一次修复率的因素及改进措施见表 7-10。

表 7-10　发现的问题和影响一次修复率的因素及改进措施

问题	原因或影响	改进措施
服务顾问流失严重	待遇不合理，每月扣 20%保证金	提高待遇，返还扣除保证金。
未使用DS-ERP系统，总监无法监控业务，部分业务功能未使用	网管忙，未及时解决网络问题；索赔及配件业务未完成	1. 协调解决网络问题。 2. 打出索赔及备件业务，指导解决。 3. 建议申请索赔及备件业务培训
客户档案中的信息有误	1. 保修期内的车辆未及时保修，涉及索赔业务很难处理。 2. 30天内有90个客户电话留的是公司座机，移动电话处为空白。还有9个留的是经销商工作人员的联系方式，其中还包含首保车辆	1. 服务总监每周抽查车辆进厂情况，发现没有准确录入的，按照前台管理制度进行处罚。 2. 在客户回访时，监控不准确的电话信息反馈给服务总监，由服务总监处理。 3. 在服务顾问薪酬考核的KPI中，把客户档案维护作为KPI考核项
客户档案管理，按结算日期装订，无顺序，查找困难且不知是否有缺失	管理方法不当	从系统打印当天的结算明细表，按照明细表的顺序排列，并标出缺少的任务委托书，上报服务总监，查明任务委托书缺失原因

续表

问题	原因或影响	改进措施
无明确可执行的返修控制流程	执行力度不够，且环节把控不严	制定新的可执行的返修控制流程（见图7-8），并严格执行，由服务总监亲自检查跟踪！ 关键点： 1. 服务顾问发现返修不上报，通过客服及管理监控，发现后考核服务顾问。 2. 技术部对返修鉴定及解决问题不及时、不彻底，把此项作为技术人员的主要考核指标。 3. 每周例会通报维修质量（返修）情况
客服对打来长途电话的客户不进行回访	电话无法打长途，客服没有将问题反馈给公司	公司为客服开通一部有长途通话功能的电话
客户抱怨的维修项目，由于担心一次修不好，在系统中并未登记，只是口头传达	理由是担心国家汽车三包法，客户以此来维权	必须详细登记客户报修故障，不能回避问题
对于缺少的零配件，订货周期长，监控不到位	缺少备件订购和管理流程	1. 制定备件订购流程及备件订购单。 备注：流程至少包含以下环节的把控：服务顾问订货日期、备件确认、备件订货日期、备件到货日期、通知服务顾问日期、服务顾问通知客户日期、客户更换完毕日期 2. 每周例会上备件经理向服务总监及前台通报备件供货情况
部分索赔任务委托书上缺少技术经理技术鉴定签字	索赔员必须在索赔任务委托书上签字方可办理索赔，技术经理对新车的技术判定把关	服务总监每周抽检及技术走访抽查

2. 返修流程

返修流程如图7-8所示。

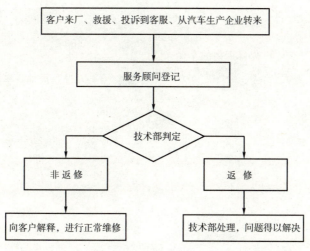

图7-8　返修流程

通过以上措施的实施,某汽车品牌经销商在第二年 3 月、4 月和 5 月 CSS 调查中,一次修复率单月成绩都达到 100%,改进成果显著。

一次修复率是对售后服务的一个简洁概括,但涵盖的内容非常丰富,若要做到这一点,涉及服务工作的各方面,任何一个环节出现问题都可能导致无法顺利将客户的车辆修好,因此,一次修复率是一个涉及面很广的课题。另外,问题往往是由多方面的失误所导致,所以一次修复率又是一个复杂的问题。

经销商只有建立坚实的基础才能构建强大的竞争力。良好的服务质量不仅可以使经销商从车辆维修中获得稳固的回报,还能通过售后服务带动新车销售,从而促进利润的增长。

模块实操考核——沟通技巧运用

姓名：　　　　　学号：　　　　　实训地点：　　　　　时间：

考核任务：运用沟通技巧解决客户对于更换刹车片和刹车盘的疑虑。

1. 任务描述

王先生送他的迈腾 B8 到 4S 店做 60 000 公里保养，经过技师检测，需要更换刹车片和刹车盘，王先生本意是想下次保养时再换，所以对服务顾问的建议有点犹豫不决。请利用售后服务核心流程及汽车专业知识，运用沟通技巧与客户进行交流，完成客户车辆的保养服务工作。

相关信息：

4S 店：长春华天特约经销商　　　服务电话：0431-5832×××

客户：王先生　　　　　　　　　联系电话：138×××××××

车型：迈腾 B8/ 60 000 公里

2. 任务分析

　　　　　　　　　　　　　　　　　　　　　　　　　　　　　　

　　　　　　　　　　　　　　　　　　　　　　　　　　　　　　

3. 工作计划

工作岗位		制定工作计划
客户		
服务顾问		

4. 任务考核

考核项目				分值	得分	备注
接待礼仪运用			自我介绍	1		
			交换名片、握手	1		
			仪容仪表礼仪	5		
沟通技巧运用	沟通技巧1		微笑三结合法	5		
			安全距离	5		
			体现专业的话术	5		
	沟通技巧2 车辆服务	配置	听觉感受	4		
			视觉感受	4		
			触觉感受	5		
		功能	设定标准	5		
			证据烘托	5		
			专业解释	5		
			需要提问	5		

考核项目			分值	得分	备注
	好处	利益	5		
		情景	5		
		确认	5		
沟通技巧3 管理客户期望	告知客户应知的权益		5		
	使用车辆服务说明价格获得客户信任		5		
	预估报价，管理客户期望		5		
沟通技巧4 解释疑义的作用	说明	明镜法	5		
	复述	同理心、赞美法	5		
	解决	平衡法、真诚法、参照法	5		
任务评估					
优（90~100）	良（80~89分）		中（70~79分）	及格（60~69分）	
总结反思					

模块 8

特约经销商其他业务

模块名称	任务名称	难度描述
	模块8 特约经销商其他业务	
特约经销商其他业务	任务1 销售业务	"1+X"汽车营销评估与金融保险服务技术初级技能
	任务2 二手车业务	"1+X"汽车营销评估与金融保险服务技术中级技能
	任务3 保险理赔业务	"1+X"汽车营销评估与金融保险服务技术初级技能
	任务4 汽车美容与装饰	初级技能

说明：

本课程设计遵循德国双元制职业教育理论，参考"1+X"汽车营销评估与金融保险服务技术技能标准，以服务客户为理念，按照汽车售后服务企业标准设计。

任务1 销售业务			
任务难度	初级		
学时	1学时	班级	
成绩		日期	
姓名		教师签名	
能力目标	知识	1. 了解汽车销售的流程 2. 掌握汽车销售的技巧 3. 掌握售前检查（PDI）的内容及规定	
	技能	技能	难度描述
		能够熟练完成汽车销售的客户接待工作	"1+X"汽车营销评估与金融保险服务技术初级技能【工作任务：整车销售流程】和【工作任务：汽车保险及按揭服务】
	素养	1. 培养沟通谈判能力 2. 培养自信、积极进取的人生态度 3. 培养承压、感恩的职业素养	

情境导入

郭佳是红旗品牌汽车的销售顾问，今天店里来了一位张先生，年龄40岁左右，是国企的部门主管，夫妻收入稳定，家里现在有一辆大众迈腾，想再买一辆红旗HS5。如果你是郭佳，该如何给张先生提供销售帮助呢？需要为他提供哪些信息呢？

任务相关信息

汽车销售是特约经销商的首要职能，由经销商的销售部门完成。汽车经销商的销售部门负责开拓市场，完成销售计划，做好客户的开发及维护工作。销售部门是经销商的窗口，代表着经销商的形象和汽车品牌的形象。

一、销售顾问岗位

在销售部门，销售顾问是销售业务的基本承担者，对于实现经销商的销售目标和销售业绩有重要的作用，因此，经销商的销售顾问都需要经过专业的培训，执行标准的销售流程。

（1）销售顾问岗位职责。
① 当客户抵达展厅后，应立即按照公司接待客户的工作流程迎接客户。
② 对自己售后的车辆，必须参照公司的流程进行跟踪服务。
③ 确保完成自己月度销售目标。
④ 每天填写和妥善保存客户信息。
⑤ 准确及时填写所有销售文件。
⑥ 确保展车在任何时候都一尘不染和光亮如新。
⑦ 参加公司培训。
⑧ 熟练掌握车辆的特点和性能：系列、规格、价格、车色、可选配件和装饰附件。
⑨ 了解竞争对手的产品知识。
⑩ 交车前 6 小时，确保待售车辆状态完好，且配置和合同规定的一致。
⑪ 为车主介绍质量担保和维修保养条款。
（2）销售顾问任职条件。
① 具有大专以上学历，汽车相关专业毕业。
② 熟悉汽车行业，有汽车销售工作经验，了解营销心理学。
③ 形象气质较好，成熟稳重。
④ 具有一定管理能力，具有良好的人际交往和沟通能力。
⑤ 熟练掌握各类办公软件的操作。
⑥ 能熟练驾驶汽车，有驾驶证。

二、销售业务简介

汽车销售是向客户提供汽车生产厂家的品牌新车，为客户介绍车型的性能、结构特点、性价比等优点，向客户提供试乘试驾、汽车上牌、汽车信贷等服务，树立汽车生产厂家的品牌效应。销售业绩的提升与销售顾问的业务水平有着很大关系。

1. 汽车销售的整个过程

（1）客户开发：在销售流程的潜在客户开发步骤中，最重要的是通过了解潜在客户的购买需求来开始和他建立一种良好的关系。只有当销售人员确认关系建立后，才能对该潜在客户进行邀约。

（2）接待：为客户树立一个正面的第一印象。由于客户通常预先对购车经历抱有负面的想法，因此殷勤有礼的专业人员的接待将会消除客户的负面情绪，为购买经历设定一种愉快和满意的基调。

（3）咨询：重点是建立客户对销售人员及经销商的信心。对销售人员的信赖会使客户感到放松，并畅所欲言地说出他的需求，这是销售人员和经销商在咨询步骤通过建立客户信任所能获得的最重要利益。

（4）产品介绍：重点是进行针对客户的产品介绍，以建立客户的信任感。销售人员必须通过传达直接针对客户需求和购买动机的相关产品特性，帮助客户了解一辆车是如何符合其需求的，只有这样客户才会认识其价值，直至销售人员获得客户认可，所选择的车辆符合客户的心意，这一步骤才算完成。

（5）试车：这是客户获得有关车的第一手资料的最好机会。在试车过程中，销售人员应让客户集中精神对车进行体验，避免多说话。销售人员应针对客户的需求和购买动机进行解释说明，以建立客户的信任感。

（6）协商：为了避免在协商阶段引起客户的疑虑，对销售人员来说，重要的是要使客户感到他已了解到所有必要的信息并控制着这个重要步骤。如果销售人员已清楚客户在价格和其他条件上的要求，然后提出销售议案，那么客户将会感到他是在和一位诚实和值得信赖的销售人员打交道，会全盘考虑到他的财务需求和关心的问题。

（7）成交：重要的是要让客户采取主动，并允许有充分的时间让客户做决定，同时加强客户的信心。销售人员应对客户的购买信号敏感。一个双方均感满意的协议将为交车铺平道路。

（8）交车：交车步骤是客户感到兴奋的时刻，如果客户有愉快的交车体验，那么就为长期关系奠定了积极的基础。在这一步骤中，按约定的日期和时间交付洁净、无缺陷的车是我们的宗旨和目标，这会使客户满意并加强他对经销商的信任感。重要的是此时需注意客户在交车时的时间有限，应抓紧时间回答任何问题。

（9）跟踪：最重要的是认识到，对于一位购买了新车的客户来说，第一次维修服务是他亲身体验经销商服务流程的第一次机会。跟踪步骤的要点是在客户购买新车与第一次维修服务之间继续促进双方的关系，以保证客户会返回经销商处进行第一次维护保养。新车出售后对客户的跟踪是联系客户与服务部门的桥梁，因而这一跟踪动作十分重要，这是服务部门的责任。

2. 销售技巧

经销商不但应该重视整车销售的数量和售后服务的业务量，还应该重视在销售过程中向客户提供周到、细致的服务，要提供全面的汽车性能、价格方面的介绍，这样做不仅会提高销售额，更会增加来公司接受售后服务客户的数量，从而全面提高经销商的经济利益和社会效益。

经销商的整车销售人员（一般称销售顾问）应该主动接待客户，了解客户的需求，向客户介绍所销售汽车的特点、卖点。因此，一个好的销售顾问不但应该掌握营销学、心理学，还应该具有一定的汽车理论和维修常识，这样才能全方位地与客户沟通，真正做到在向客户提供服务的过程中完成销售，引导客户消费。因此，要多角度地与客户沟通，以便向客户推荐自己所销售的车型。

（1）了解客户购车的用途。

如果客户购车主要用于长途奔波或远距离旅行，应建议客户考虑具有足够容量的密闭式行李舱空间，以便将行李装进去而非暴露在外面承受日晒雨淋。

如果客户购车大部分时间是用来在市内使用，那么应建议客户选一辆轴距较短并带有助力转向的轿车，以便能够见缝插针，停车方便，挤入稍有些空地的停车场和穿过拥挤的购物中心。

如果客户购车经常在恶劣的路况下驾驶，应考虑汽车的通过能力，买一辆四轮驱动的越野车或者运动型多功能车可能再合适不过了。

（2）了解客户的购买能力。

在和客户沟通过程中，还要了解他能提供多少钱用来买车、养车和使用车。如果是贷款买车，还要考虑还贷能力，然后向客户介绍所销售车型的各项成本。

① 车辆购买成本：客户在接触到车的第一部分花费必然是买车的成本，而且这一部分花费是一次性支出，价值也是最大的，往往被客户们看成是最重要的购车因素。

② 车辆正常保养成本：客户在购买车辆后，紧接着就要面临保养与维护，而保养与维护的好坏也将直接影响到车辆以后的驾乘感觉及使用寿命等。

③ 燃油成本：其实只有燃油费用才是伴随车辆使用全过程的，这部分成本应该是最多的，也是最重要的，能不能节约成本从燃油消耗上最能够直接体现出来。虽然每百千米的耗油量只相差 1～2 L，但是长此以往，就不是一个小数目了。这也是除了车价以外客户最为关心的。

④ 易损件及事故件更换成本：鉴于客户们的驾驶习惯、驾驶技巧以及驾驶用途等都不尽相同，难免会出现磕磕碰碰或者更加严重的小事故。另外，就是由于一些非人为因素，比如天气、道路状况等，造成的车辆某些零部件的损坏，需要经常更换，也是客户在用车当中一项比较大的开支。

（3）了解客户对汽车性能的要求。

根据客户对汽车性能的要求和所销售汽车的特点，向客户介绍汽车在动力性、经济性、安全性、可靠性等方面的优势。同时，也要纠正某些客户在选购车辆时的不正确看法，例如以下几点：

① 车身越坚固则车辆越安全。交通事故安全分析和试验数据表明，如果车身整体都非常坚固，在车辆碰撞时，车内乘员就要承受巨大的撞击能量和减速度，容易造成伤害。在遇到强烈碰撞时，只有汽车前面的发动机罩形成符合碰撞试验标准的倒 V 字形，而后面的行李舱盖渐渐塌陷，才能使来自前冲或后撞的冲击力得以"软着陆"。

②"小车"的安全配置偏低。随着汽车技术的进步，完备的安全配置早已不是高档轿车的专利。其实，现在的一些"小车"已经将原先高档轿车才有的双安全气囊、ABS 防抱死制动系统、全车碰撞吸能设计作为紧凑型家庭轿车的标准配置，从而带动了国产紧凑型家庭轿车安全配置的普遍提升。此外，5 座标准安全带、宽胎等也都是容易被忽视的车辆安全保障。尤其是轮胎，高档的宽扁胎可以带来高强度的轮胎抓地性，增强车辆操控性能和行驶平稳性，是安全性的重要保证。

③ 单纯比拼油耗。一部汽车的油耗水平往往是汽车厂商综合考量一部车的市场需求特性之后综合匹配的结果。比如，所有有益于车辆安全、舒适的配置均加大了整车质量（车重），其油耗也跟着相应提高。再如，轮胎越宽，则滚动阻力越大，车辆低速时的耗油量越大。此外，车辆的舒适性还间接地影响到汽车风阻系数的设定。消费者对整车各项性能指标充分了解之后，应根据自身的用车需求，在汽车的动力性、安全性、舒适性与燃油经济性之间做出评定和选择。值得提醒的是，作为家庭用车，对家人安全以及乘坐舒适性的考虑是必不可少的选购因素。

（4）寻找潜在客户。

① 留意首次来店的客户。在走进汽车展厅的前 3 分钟内，绝大多数客户首先希望

自己（注意，是自己，不需要销售顾问干预）可以先看一下展厅内的汽车。当客户的目光聚焦的不是汽车的时候，他们是在寻找可以提供帮助的销售顾问；他们拉开车门，要开车前盖，或者要开后盖等动作，这都是需要销售顾问出动的信号。由以上可知，在客户刚走进店内的前3分钟还不是接近他们的时候，你可以打招呼、问候，并留下一些时间让他们自己先随便看看，或者留一个口信："您先看着，有问题我随时过来。"初次沟通的要点是初步降低客户的戒备，逐渐缩短双方的距离，逐渐向汽车话题转换。成熟的销售人员非常清楚，当客户从陌生开始沟通时，一般不先说与车有关的事情。可以谈刚结束的车展，还可以谈任何让客户感觉舒服的、不那么直接的、不是以成交为导向的任何话题。比如，可以是与客户一起来的孩子，长得真高，多大了，比我侄子可高多了；也可以是客户开的车，或者客户开的车的车牌，您的车牌号码是特选的吧，等等。所有这些话题的目的就是初步降低客户的戒备，逐渐缩短双方的距离，逐渐向汽车话题转换。这前3分钟也是递交名片的好时候，也是你记住与客户同来的所有人名字的好时候。

② 利用"有望客户"（PROSPECT）、"寻找有望客户"（PROSPECTING），开发潜在的客户。各个字母的具体含义如下：

P：PROVIDE "提供"自己一份客户名单。

R：RECORD "记录"每日新增的客户。

O：ORGANIZE "组织"客户资料。

S：SELECT "选择"真正准客户。

P：PLAN "计划"客户来源及访问对策。

E：EXERCISE "运用"想象力。

C：COLLECT "收集"转手资料。

T：TRAIN "训练"自己挑客户的能力。

P：PERSONAL "个人"观察所得。

R：RECORD "记录"资料。

O：OCCUPATION "职业"上来往的资料。

S：SPOUSE "配偶"方面的协助。

P：PUBLIC "公开"展示或说明。

E：ENCHAIN "连锁"式发展关系。

C：COLD "冷淡"的拜访。

T：THROUGH "透过"别人协助。

I：INFLUENCE "影响"人士的介绍。

N：NAME "名录"上查得的资料。

G：GROUP "团体"的销售。

要开发新客户，应先找出潜在客户，而潜在客户必须多方寻找。增加潜在客户的渠道：朋友介绍，参加车展举办的各种试乘试驾活动，驾校、汽车俱乐部、汽车维修厂等汽车潜在客户集中的单位或场所，老客户介绍，售后服务人员介绍，电子商务，汽车相关的网站论坛，电子邮件，直邮（DM）。直邮（DM）也是大量接触客户的一个好办法。销售信函、电话最能突破时间与空间的限制,是最经济有效的接触客户的工具。若能规定自己找出时间,每天至少打 5 个电话给新客户,一年下来能增加 1500 个与潜在客户接触的机会。另外,展示也会扩大人际关系(特别是目标客户集中的团体或场所)。

只有在至少 5 个客户拿着你的名片走进展厅找你的时候,你才有资格正式开始汽车的销售生涯。

三、售前服务

售前服务(Pre Delivery Inspection,PDI)即车辆出厂前检查。为了保证车辆正常使用和处于良好的技术状态,使车辆在到达客户手中之前,排除由于质量、运输及储运等原因所造成的各种故障,使其完全符合厂家的出厂标准,满足客户的要求,从而在各方面提高所有售前单位的知名度及声誉,厂家对售前的系列产品全部进行售前检查,此项工作由全国各地指定的特约经销商在代理商的协助下承担。

PDI 是新车在交车前必须通过的检查。因为新车从生产厂到达经销商处经历了上千公里的运输路途和长时间的停放,为了向客户保证新车的安全性和原厂性能,PDI 检查必不可少。越是高档的车辆,其电子自动化程度越高,PDI 项目的检查也就越多。例如,未做 PDI 的新车,会始终在运输模式运行。这种模式只能简单行驶,很多系统没有被激活。强行使用会导致功能不全,甚至会严重损害车辆,给车辆及驾驶员的安全带来极大的危害。正常情况下,各种车辆在使用过程中都要进行正规的维护保养。PDI 检查项目范围很广,其中一些细微的检查也许车主连想都没有想过,如电池是否充放电正常、钥匙记忆功能是否匹配、舒适系统是否激活、仪表灯光功能是否设置到原厂要求,等等。技术人员所做的一切,为的是向客户确保车辆的安全性和驾驶的舒适性。

1. 售前服务的范围和内容

(1)范围。

从储运部门发运开始到销售部门销售给最终客户为止。

(2)内容。

① 代理商接车时由经销商按车辆售前检查表验车,如表 8-1 所示。

② 经销商对验收中发现的问题或代理商在储运中发生、发现的问题进行调整和修理。

表 8-1 宝来轿车交车检查表

DIN ISO9002、EN2 9002标准 宝来轿车交车检查(PDI)				
修理单号	底盘号	发动机代码	车辆接收(检验)单	车辆维修单位
务必使用保养维护手册				

续表

| 合格 | 不合格 | 消除 |

说明
- 久置车辆，请遵照相关手册中处理措施来执行。
- 功能检测：所有开关、用电器、指示器和其他操纵件，车钥匙的各项功能。
- 校准时钟及维修保养间隔显示归零，查询各电控单元的故障记忆。
- 检查电动窗玻璃升降及中央门锁功能，车外后视镜调整功能，内后视镜防眩目功能，天窗开关功能。
- 收音机：检查功能，将收音机的密码贴于收音机说明书上。
- 检查行李舱灯、警示灯、各车外灯、车内照明灯及仪表照明灯功能，大灯灯光手动调整功能。
- 检查前后杯架是否安好，后遮阳帘是否完好。
- 自动空调：检查功能状态，将自动空调的温度调至22 ℃。
- 检查座椅调整、加热功能及安全带是否正常，后座椅折叠功能是否正常。
- 检查方向盘调整功能，燃油箱盖开启功能。
- 检查内饰各部位是否清洁，行李舱是否清洁；除去座椅保护罩，地毯保护膜。装上附带在车内的所有装备件：脚垫、顶棚天线、轮罩。
- 检查车身外部是否清洁：漆面、装饰件、玻璃、刮水器片；漆面是否完好。
- 除去车门边角塑料保护膜。
- 检查轮胎及轮辋状况。
- 车轮紧固螺栓：按规定力矩检查并紧固。
- 轮胎：调定气压（气压规定值详见油箱盖）。
- 备胎：调定气压（气压为油箱盖上规定值的最大值）。
- 运输安全件：除去前轴减震器上的止动件；取下车内后视镜处的说明条。
- 目视检查发动机舱中的发动机及其他部件：有无漏油，损伤（不拆下发动机舱下部防护板）。
- 前轴、主传动轴、转向系统、万向节防尘套：目视检查有无漏油和损伤（不拆下发动机舱下部防护板）。
- 制动液、软管、液体容器：目视检查有无溢漏和损伤（不拆下发动机舱下部防护板）。
- 目视检查车身下部（下底板）有无损伤。
- 蓄电池：用手检查蓄电池电极卡夹是否牢固到位。
- 蓄电池：检查状态及电压容量。
- 刮水器/风挡清洗电动机：刮水器各挡位功能检查，雨量传感器功能检查，喷嘴调整检查，清洗液添加充足。
- 机油状态检查：按《保养维护指南》检查机油油位，必要时添加。
- 目视检查机舱内的发动机及其他部件，有无渗漏和损伤（上部）。
- 冷却液：检查液面，应接近最高液面标识。
- 助力转向：检查液面，应接近最高液面标识。
- 制动液：检查液面，应接近最高液面标识。
- 保养手册：填写交车检查证明（在保养手册中）。
- 检查随车资料及随车工具是否完整、配齐。
- 试车：检查发动机、变速器、制动系统、转向系统、悬挂系统等功能。
- 合格=已检查未发现缺陷。
- 不合格=检查中发现缺陷。
- 消除=按维修信息消除缺陷。
- 上述工作完成后，在维修保养手册上填写好"交车检查证明（PDI）"记录。
- 消除所有缺陷，并将此表存档。
- 备注：

| 日期/签名(终检) | | 日期/签名(客户) | |

2. 各方应遵守的原则

① 代理商接到到货通知后，至少提前 24 小时将到货地点、时间通知经销商。

② 经销商必须派专人按通知地点和时间验车。

③ 代理商除协助经销商验车外，有责任对车辆自检。

④ 代理商接车后，对于由于质量原因所产生的故障车辆应予接收，由经销商负责维修。

⑤ 运输过程中造成的损伤或被换件，代理商必须与运输单位确定具体责任，有责任单位承担一切费用，由经销商维修。

⑥ 代理商在储运过程中发现或发生的故障必须到经销商处维修。

⑦ 凡由经销商维修的车辆必须更换原厂备件，绝不允许使用假冒备件。

⑧ 凡经售前服务交代理商的车辆必须完好，经销商要对此负责；凡属质量问题，费用由厂家承担，属非质量问题，由责任单位结清费用后，代理商方可向经销商提车。

3. 费用结算

① 检查费：每车 20 元，与厂家结算。

② 售前服务中发现的质量问题，经销商可按照索赔程序与厂家结算。

③ 对于维修费用，质量原因造成的故障所发生的费用，由代理商或责任单位承担，工时费按索赔工时标准结算，材料费用按备件科有关规定结算。

四、销售配套服务

1. 试乘试驾

如今，体验式营销正在成为汽车行业当下最时尚的营销模式之一。通过试驾，消费者可以深切感知产品本身的产品品质。因此，试乘试驾已经成为各大汽车制造商、经销商推广新车型，消费者选购新车前必不可少的环节。试乘试驾浪潮也在全国风起云涌，使得媒体试车、消费者试车、集体试车、组合试车等各种形式的试车体验一个接一个，令人目不暇接。尽管试车永远是一种令人心动的体验，但是怎样试车，如何引导客户根据车的性价比判断车况，仍然是各经销商相关人员需重视的问题。为此，经销商人员应做好如下工作。

（1）掌握车型资料。

试车前，首先要掌握汽车的以下基本资料。

① 整车参数，包括车长、车宽、车高、轮距、轴距、整车装备质量。

② 动力参数，包括发动机排量、最大输出功率、最大输出转矩、气缸排列方式、气缸数、气门数、转向操控方式、驱动方式、制动方式、悬挂形式、变速器类型（自动/手动）、风阻系数。

③ 性能参数，包括零至百公里时速加速所需时间、最高车速、经济性（百公里油耗）。

这样就会对整车基本情况从理论上有个全面的掌握，对于该车特别突出的性能更要重点记忆，以便向客户介绍。

（2）引导客户观察整车外观和内饰设计。

① 格栅、前灯、车轮。

② 车的外形。

③ 外形与车的功能是否符合。
④ 车身漆面。
⑤ 车内布局是否符合人体工程学，比如开关按键布局是否直观或便于操控。
⑥ 内饰材料、色彩、手感，内饰件颜色搭配协调，车内饰件贴合严密。
⑦ 车的行李舱空间大小。
⑧ 轮胎与车身的协调性。

（3）引导客户感受舒适性。

① 坐进车里，从乘坐空间的角度介绍汽车设计的合理性，根据用途不同，介绍空间的合理利用。
② 车前座与后座有令人满意的头部空间、腿部空间。
③ 介绍座椅调整方法，座椅的加热功能，以及在较长旅途情况下，座椅的舒适程度。
④ 介绍车内空调系统运行状况，充分制冷或制暖，制冷、制暖迅速。
⑤ 介绍车内灯光的舒适度，门灯、脚灯。
⑥ 介绍车门进出的方便性。
⑦ 介绍被试车提供的安全装备，三点式座椅安全带、头部保护装置、安全气囊的功能。
⑧ 介绍车辆主动安全性，如 ABS、ESP、ASR、EBV、动力转向随速助力调节系统等的功能。
⑨ 介绍在撞车实验中的表现。

（4）介绍并比较装备价格。

① 介绍装备价格比。
② 介绍在既定价格下，被试车提供的装备，如空调系统、音响系统、电动门窗。
③ 介绍在同级别车型中，有无其他品牌车没有提供的装备。
④ 介绍本车型提供的保用期。
⑤ 讨论在同级别车型中，与竞争对手相比的相对优点。

（5）指导客户驾驶与乘坐体验。

① 点火着车，体验发动机运转是否顺畅，留心听发动机声音（还可踏下加速踏板，听听声音是否顺畅）。感受方向盘和座椅有无轻微或不可忍受的振动，试试静止时车的排挡（自动挡车型）是否可以顺畅地拨动。
② 在不同路面（如湿滑路、坡路、土路、一般公路）情况下，体验起步加速是否平稳。
③ 在不同路面，体验不同速度下汽车行驶质量如何，感觉底盘是硬还是软。
④ 体验汽车动力是否强劲（包括起步、超车、提速），在不同挡位体验加速是否顺畅。
⑤ 体验转向是否精确，范围包括直线行驶稳定性、转向随动性、制动稳定性等，汽车转向有无转向不足或转向过度问题。
⑥ 体验整车悬挂设计，包括弹簧支柱、四连杆式悬挂是否与整车动力表现匹配。
⑦ 感觉齿轮转换或咬合是否精确或顺畅，如果是自动变速器，是否频繁跳挡。
⑧ 体验轮胎在干、湿路面下能否充分抓地，同时感受制动性能表现如何。
⑨ 感觉高速行车时发动机噪声、路面行驶噪声及风噪的大小。
⑩ 体验节油性如何。

2. 汽车贷款

消费信贷与一个国家的经济发展水平和消费水平密切相关，只有在买方市场的情况下才会发生消费信贷。近几年我国消费信贷发展迅速，从 6 年前的 147 亿元，发展到 2018 年 6 月末金融机构全部消费贷款余额的 17 952 亿元，占金融机构各项贷款余额的 10.6%。消费信贷的投向主要集中在住房、汽车和助学等方面。其中汽车消费贷款余额为 1833 亿元，占全部消费贷款余额的 10.2%。消费信贷的迅速提高标志着我国的消费者，特别是年轻人的消费观念正在发生重大变化。

目前，我国人均 GDP 已经超过 1000 美元，居民消费结构升级加快，汽车消费发展前景广阔。在发达国家，居民购买汽车 60%～70% 的资金来自贷款，消费贷款在全部贷款中的比例平均为 30%～50%，其中，美国高达 70%，德国为 60%。而目前我国这两个比例都比较低，汽车贷款业务发展的潜力十分巨大。

2004 年《汽车贷款管理办法》的颁布实施，对于规范和加强汽车贷款业务管理、防范汽车贷款风险、促进汽车消费市场持续健康发展、带动和促进扩大居民消费显然都将发挥积极作用。从长远来看，必将促进我国的汽车消费更快更好地发展。

1）贷款规定

目前，购车并不需要一次性付清一切款项，银行车贷、汽车金融公司贷款成了购车新选择。汽车贷款是指贷款人向申请购买汽车的借款人发放的贷款，也叫汽车按揭。

目前多数汽车品牌的经销商都与银行联合开办了汽车贷款业务。某品牌汽车经销商的分期付款客户登记表如表 8-2 所示，欲贷款购车的客户填好此表后方可办理其他业务。

（1）贷款对象：借款人必须是贷款行所在地常住户口居民，具有完全民事行为能力。

（2）贷款条件：借款人具有稳定的职业和偿还贷款本息的能力，信用良好；能够提供可认可资产作为抵、质押，或有足够代偿能力的第三人作为偿还贷款本息并承担连带责任的保证人。

（3）贷款额度：贷款金额最高一般不超过所购汽车售价的 80%。

（4）贷款期限：汽车消费贷款期限一般为 1～3 年，最长不超过 5 年。

（5）贷款利率：由中国人民银行统一规定。

（6）还贷方式：可选择一次性还本付息法和分期归还法（等额本息、等额本金）。

汽车金融或担保公司就是文中有足够代偿能力的第三人作为偿还贷款本息并承担连带责任的保证人。

2）贷款程序

（1）借款人申请贷款时应当向贷款人提供以下资料，并对所提供材料的真实性和合法性负完全责任。

- 贷款申请书。
- 有效身份证件。
- 职业和收入证明以及家庭基本状况。
- 购车协议或合同。
- 担保所需的证明或文件。
- 贷款人规定的其他条件。

表 8-2 分期付款客户登记表

客户名称		联系电话		家庭住址	
选购车型		销售价格		颜　　色	
贷款期限		贷款车款（　　）%		贷款金额	
月利率		首付车款（　　）%		首付金额	
××××××汽车销售有限公司					
选购车型		销售价格		颜　　色	
贷款期限		贷款车款（　　）%		贷款金额	
月利率		首付车款（　　）%		首付金额	
保险费	车　损		落籍费用	通行费	
	三　者			拓印照相	
	盗　抢			牌照费	
	自　燃			购置税	
	履　约			扩大号	
	1年保险费合计			小　计	
	2年保险费合计				
其他费用	公证费		前期总计金额		
	工商验证费		总利息		
	封籍费		业务经办人		
	小计		联系电话		

（2）贷款人在收到贷款申请后，应对借款人和保证人的资信状况、偿还能力以及资料的真实性进行调查，并最迟在受理贷款申请之日起 15 日内对借款人给予答复。

（3）对于符合贷款条件的借款人，贷款人须履行告知义务。告知内容包括贷款额度、期限、利率、还款方式、逾期罚息、抵押物或质押物的处理方式和其他有关事项。

（4）贷款人审查同意后，应按《贷款通则》的有关规定向借款人发放贷款。对于不符合贷款条件的借款人，应说明理由。

（5）贷款支用方式必须保证购车专用，并须经银行转账处理。借款人不得提取现金或挪作他用。

（6）在贷款有效期内，贷款人应对借款人和保证人的资信和收入状况以及抵押物保管状况进行监督。

3）汽车消费贷款流程

（1）购车人到贷款行或已与贷款行签订合作协议的汽车销售商处咨询汽车消费贷款有关事宜。

（2）购车人到汽车销售商处挑选车辆，与销售商谈妥有关条件后签订购车合同（意向）。

(3) 购车人携带有关资料到贷款行申请汽车消费贷款。

(4) 购车人在贷款行开立存款账户或银行卡，并存入不少于车价 30% 的首期付款。

(5) 银行对购车人进行资信调查后，最迟在受理借款申请之日起 5 日内对购车人是否贷款给予答复，若有意向贷款，汽车经销商要提供购车人的购车发票原件及复印件，然后银行与购车人签订《消费担保借款合同》，并委托银行办理车辆保险。

(6) 购车人委托汽车销售商代为办理汽车上牌、税费缴纳、抵押登记；贷款合同将在以上工作完毕后生效。

(7) 合同生效后，银行将根据购车人的委托将贷款和首期款划转到汽车经销商的账户，购车人就可以提车了。

(8) 购车人以后只要每月（每季）20 日前在存款账户或银行卡上留足每期应还款额，银行会从购车人账户中自动扣收，到期结清全部本息。

(9) 贷款归还后，贷款行注销抵押物，并退还给购车人。

案例

农行的汽车消费贷款流程。

(1) 汽车消费贷款概念。

汽车消费贷款是农行对在特约经销商处申请购买汽车的借款人所发放的人民币担保贷款。

(2) 基本条件。

① 有固定住所，具有完全民事行为能力的自然人，或依法设立的企（事）法人。

② 借款人具有稳定的职业和收入，信用良好，确有偿还贷款本息的能力。

③ 能为汽车贷款提供我行认可的有效担保。

④ 同意在贷款银行办理银行卡（或折），每期贷款本息委托贷款银行扣收，首期付款不少于车价的 30%，以国债、存单质押的除外。

⑤ 同意承担贷款抵押物评估、登记、保险等费用。

(3) 须提供以下资料。

① 与汽车销售商签订的购车合同原件。

② 夫妻双方身份证或有效身份证明、户口本、结婚证、驾驶证等原件及复印件，若是未婚，还需提供未婚证明。

③ 购车人若为国家公职人员，要提供本单位的收入证明。

④ 购车人为法人的要携带有效的企业法人营业执照或事业法人执照、法定代表身份证明书、财务报表、贷款卡。

⑤ 若是股份制企业，还需提供公司章程、董事会同意抵押证明书。

⑥ 贷款银行认为必须提交的其他资料。

(4) 业务一般规定。

贷款金额以国债、存单质押的贷款本息不超过国债或存单的面值；以所购车辆或房产抵押的，贷款金额不超过购车款的 70%；以保证人担保的，贷款金额不超过购车款的

60%。贷款期限一般为 3 年,最长不超过 5 年,如果所购车辆用于经营,则贷款期限最长为 2 年,工程车贷款期限最长为 2 年。贷款利率执行人民银行的规定。如遇法定利率调整,期限为 1 年以内的,执行合同利率,不分段计息;期限为 1 年以上的,则于次年初执行新的利率。借款人应按合同约定的还款方式、还款计划归还贷款本息。贷款期限在 1 年以内(含 1 年)的,实行按季付息,到期全部结清;贷款期限在 1 年以上的,实行按月等额分期偿还贷款本息。

3. 汽车上牌

目前,多数品牌经销商与当地公安车辆管理部门合作,代办汽车上牌业务,大大地节省了客户自己上牌的时间。

(1) 初次领取牌照。

① 国产车验车完毕 5 个工作日后,到各区、县车管所领取牌照,同时领取行驶证待办凭证,在 3～15 个工作日内,方可办理行驶证。

② 进口车验车完毕 5 个工作日后,到车管所总所上缴车辆底档,领取有效期 30 日的临时牌照及行驶证待办凭证,待 30 个工作日后方可办理行驶证。

③ 领取牌照所需材料:

• 购车发票。

• 质量合格证,进口车需提供海关货物进口证明或罚没证明书或准运证明书、商检证明书。

• 个人需提供身份证,单位需提供企业法人代码证,国家控制车辆需提供"准购证明"。

• 保险单。

• 购置税证明。

• 验车合格的机动车登记表。

• 停车泊位证明(某些停车泊位紧张的城市需要办理)。

另外,领取私人牌照需本人亲自到场。

(2) 安装牌照。

① 安装牌照时,要保证牌照无任何变形和打孔,并基本垂直于地面,其误差小于 15°。

② 安装牌照时,每面要用两个压有发牌照机关代号的牌照专用固封装置固定。

③ 前号牌必须安装在车体前正面下部的中间或偏右位置上。

④ 后号牌必须安装在车体后正面下部的中间或偏左位置上。

⑤ 凡 1992 年 10 月 1 日以后生产的各类机动车辆,必须按上述要求及号牌尺寸规格设计制造相应的安装位置或号牌架。

⑥ 大型载货汽车和挂车必须在后栏板处喷写本车号牌的放大号,字体放大 2.5 倍,字体标准与号牌一致。

⑦ 大型货车挂车应悬挂挂车号牌一面(半挂车用主机号牌),并喷放大号,发给行驶证,即主机与挂车不是一个号牌。

(3) 各类机动车业务收费标准如表 8-3 所示。

表 8-3　各类机动车业务收费标准

收费项目	单位	收费标准/元
新领、换领汽车牌证	套	114
新领、换领挂车、农用运输车号牌	套	64
新领、换领摩托车（轻便车）牌证	套	84
新领、换领特种车标志牌	套	20
教练学员登记本	本	5
补领汽车牌证	套	214
补领挂车、农用运输车号牌	套	114
补领摩托车（轻便车）牌证	套	154
补领《机动车行驶证》	套	20
机动车过户、变更手续费（含行驶证）	辆次	15
机动车转出、注销手续费	辆次	5
新领、换领临时行驶车号牌（纸）	辆	5
机动车年检手续费	辆次	7
号牌专用固封装置	套	4
《机动车登记证书》工本费	本	10
机动车抵押登记费	辆次	100

4. 汽车保险

目前，多数品牌经销商与保险公司合作，在客户购车时代办保险。汽车保险有以下几种：车辆损失险、第三者责任保险、车上责任险、无过失责任险、全车盗抢险、玻璃单独破碎险、新增设备损失险、自燃损失险、不计免赔特约险。

5. 汽车金融公司

（1）汽车金融服务。

汽车金融服务最初是在 20 世纪初期，汽车制造商向客户提供汽车销售分期付款时开始出现的。它的出现引起了汽车消费方式的重大变革，实现了消费支付方式由最初的全款支付向分期付款方式的转变。这一转变虽然促进了汽车销售，却大大占用了制造商的资金。随着生产规模的扩张、消费市场的扩大和金融服务及信用制度的建立与完善，汽车制造商又开始向社会筹集资金，通过汽车金融服务这个新的融资渠道，利用汽车金融服务公司来解决制造商在分期付款中出现的资金不足等问题。这样，汽车金融服务就形成了一个完整的"融资－信贷－信用管理"的运行过程。

汽车金融服务是主要在汽车的生产、流通、购买与消费环节中，融通资金的金融活动，包括资金筹集、信贷运用、抵押贴现、证券发行和交易，以及相关保险、投资活动，具有资金量大、周转期长、资金流动相对稳定和价值增值等特点，它是汽车制造业、流通业、服务维修与金融业相互结合渗透的必然结果，涉及政府法律、法规、政策行为以及金融保险等市场的相互配合，是一个复杂的交叉子系统。

（2）汽车金融服务公司。

汽车金融服务公司是汽车销售中商业性放款和汽车个人消费贷款的主要提供者。1919年，美国通用公司设立的通用汽车票据承兑公司是最早的汽车金融服务机构，主要向汽车消费者提供金融信贷服务。1930年，德国大众公司推出了针对本公司生产的"甲壳虫"的未来消费者募集资金。此举开创了汽车金融服务向社会融资的先河，同在此前由美国通用公司创立的汽车销售中商业性放款和汽车个人消费贷款的金融服务业务，形成了一个初具雏形的汽车金融服务体系。

专业化的汽车金融公司，国外有近100年的历史。通常，汽车金融公司隶属于较大的汽车工业集团，成为向消费者提供汽车消费服务的重要组成部分，可以凭借其先天的汽车行业背景，向消费者提供完整的专业服务，推动汽车业的健康发展。

汽车金融公司是从事汽车消费信贷业务并提供相关汽车金融服务的专业机构，其首要市场定位是促进汽车及相关产品的销售。汽车销售涉及产品咨询、签订购买新车或二手车合同、办理登记手续、零部件供应、维修保养、索赔、二手车处理等。

银监会2008年1月24日颁布的《汽车金融公司管理办法》规定，在我国，汽车金融公司是为中国境内的汽车购买者及销售者提供金融服务的非银行金融机构。出资人应为中国境内外依法设立的企业法人。其中，非金融机构出资人最近1年的总资产不低于80亿元人民币或等值的自由兑换货币，年营业收入不低于50亿元人民币或等值的自由兑换货币，而非银行金融机构出资人注册资本不低于3亿元人民币或等值的自由兑换货币；经营业绩良好，最近2个会计年度连续盈利；主要出资人须为生产或销售汽车整车的企业或非银行金融机构。汽车金融公司的最低注册资本不得低于3亿元人民币或等值的自由兑换货币。

国内的一些可以提供购车贷款服务的汽车金融服务公司有：

- 一汽财务有限公司（一汽金融）：提供一汽品牌车辆的贷款，如一汽丰田、一汽－大众、一汽马自达、一汽红旗、一汽奥迪以及卡车等。
- 大众金融公司：提供大众品牌车辆的贷款，如上海大众、一汽－大众等。
- 丰田金融公司：提供丰田品牌车辆的贷款，如广汽丰田、一汽丰田等。
- 东风雪铁龙金融公司：提供雪铁龙品牌车辆的贷款。

思政课堂

讨论：你认为4S店的销售冠军就是成功的销售顾问吗？

参考建议：不能单纯以卖出车辆的总价值来定义销售顾问的成功与否，怀揣感恩的心情面对客户，从容应对各种客户的异议并圆满处理，自信进取的工作态度，高超的谈判沟通技术，越挫越勇的人生态度，不抱怨、不懈怠的精神，每天都满满的正能量……

任务工单

主题	实践任务演练——六方位绕车介绍	
说明	本任务需要同学扮演销售顾问和客户2种角色，另选择几名同学作为评价员，对销售顾问的表现进行评分，并且完成评分表。小组成员可轮流扮演销售顾问和客户。任务完成后，教师对任务完成情况进行点评评分	时间：45分钟

★ 工作页 / 学习页

1. 任务描述

张先生想买一辆红旗 HS5，请你结合红旗 HS5 的配置和卖点设计，为张先生介绍一下车辆相关情况，并为他提供必要的销售帮助。

红旗 HS5 配置资料

六方位绕车介绍	
任务工具	1. 配置单　　2. 销售工具夹（或IPAD）　　3. 实训车辆
任务实施过程记录	
所选车型	红旗HS5
方位	话术准备内容
左前方（正前方）	建议从车辆品牌历史、品牌定位、车型定位、前风挡玻璃、前脸造型、进气格栅、前照灯等方面展开
车侧方	建议从车身尺寸、车身结构、车身安全、底盘设计、悬架结构、车轮尺寸等方面展开，还可以介绍关于操控与行驶方面的相关的技术
车后方	建议从后风窗玻璃、尾灯、后备厢、排气管等方面展开
车后座	建议从舒适性、静谧性、安全性等方面展开，可以介绍车内空间、座椅、空调、头枕、天窗、娱乐系统、安全锁、防夹车窗、安全带、安全气囊、儿童座椅等
驾驶室	建议从舒适性、操控性、安全性、智能科技等方面展开，可以介绍内饰设计、做工细节、环保材质、人性化关怀、多功能方向盘、影音娱乐系统、人机交互导航、语音控制、无线充电等
发动机舱	建议从发动机舱布局、发动机型号、变速器、车辆动力表现、燃油经济性、维修保养便利性等方面展开

2. 销售顾问表现评分

考核重点	考核标准	分值	得分					
			（ ）组	（ ）组	（ ）组	（ ）组	（ ）组	（ ）组
绕车顺序	能够按照顺/逆时针顺序展开介绍	2						
绕车位置与介绍内容匹配度	绕车位置与配置/卖点匹配合理	2						
FAB应用	能够应用FAB方法介绍重要配置/卖点，且用语得当	3						
互动沟通	鼓励客户参与激发客户兴趣	3						
任务评价	学生自评	□ 优秀 □ 良好 □ 合格 □ 不合格						
	教师评价	□ 优秀 □ 良好 □ 合格 □ 不合格						

★ 学习工作笔记（体会、收获）：

_____

_____

_____

任务 2　二手车业务

任务难度	中级		
学时	1学时	班级	
成绩		日期	
姓名		教师签名	
能力目标	知识	1. 了解二手车的鉴定方法和交易手续 2. 掌握二手车评估师的职责及条件	
	技能	技能	难度描述
		能够对二手车进行简单的鉴定与评估	"1+X"汽车营销评估与金融保险服务技术中级技能【工作任务：机动车（二手车）评估与鉴定】和【工作任务：机动车（二手车）估价和收购】
	素养	1. 培养沟通谈判能力 2. 培养职业诚信素养	

情境导入

陈先生是一家外企的中层领导，最近他想把自己的迈腾置换成奥迪 A6，但是又不知道现在的迈腾估价到底是多少。如果你是一名二手车评估师，会给陈先生的迈腾车估价几何？又会给陈先生怎样的置换建议呢？

任务相关信息

二手车，英文译为"used car"，意为"使用过的车"，在中国也称为"旧机动车"。"中古车"是日本的叫法。在美国，有二手车经营者为了更好地卖出二手车，改变消费者对二手车质量差的看法，给二手车定义为"曾经被拥有过的车"。

二手车最大的优点就是便宜。不同年份的二手车价格仅相当于新车的 1/3～1/2，甚至更少，而且由于新车头两年折旧率比较高，买二手车避开了汽车的快速折旧期，所以还具有相对保值的优势。此外，某些特定年代和车型的二手车还具有收藏的价值。

国内二手车行业的发展日趋完善，二手车的交易和服务也呈现多样化形态，产生了二手车买卖信息、二手车拍卖、二手车评估、二手车保养维修等服务项目。多项服务手段结合，可以使人们减少购买二手车的种种顾虑，对二手车行业的发展有一定的促进作用。

经销商除了销售新车以外，往往也开展二手车置换业务。特约经销商的二手车又称为认证二手车,是由汽车生产企业推出的品牌二手车业务。汽车生产企业采用统一的鉴定评估标准对二手车进行评估,经过多项检查、修复、再检查,合格后称为品牌认证二手车。

一、二手车部门与岗位

品牌经销商的二手车部门一般属于销售总监的下属部门,二手车部门对二手车进行评估、接收、检查及翻新后,又在经销店进行销售。这种认证二手车如新车一样享受质量担保和售后服务,免除购买者的后顾之忧。

二手车部门的岗位主要包括二手车经理和二手车评估师。

1. 二手车经理

(1) 岗位职责。

① 制定二手车业务管理制度及相关标准;制定和实施年度/月度二手车业务工作计划,完成二手车业务工作目标。

② 收集和分析当地汽车二手车市场和竞品二手车信息、动向;负责二手车业务市场调研与分析,为市场部提供二手车业务信息。

③ 与市场部共同制定与执行二手车市场宣传及活动方案。

④ 负责向市场部提出物料制作需求。

⑤ 负责与主机厂沟通相关二手车工作和传递二手车业务信息,反馈市场、价格、当地二手车政策信息。

⑥ 监督二手车收购、置换、销售以及认证业务的开展效果,并督促改善。

(2) 任职条件。

① 具有大专以上学历,汽车相关专业毕业。

② 3年以上二手车相关工作经验,1年以上人员管理经验。

2. 二手车评估师职责及条件

(1) 岗位职责。

① 对二手车的综合状况进行检测,结合车辆相关资料对二手车的技术状况进行鉴定,结合评估标准进行二手车价格评估。

② 熟悉当地二手车市场行情。

③ 协助销售顾问与置换客户进行商谈。

④ 对销售顾问进行二手车相关知识培训。

⑤ 对评估客户的资料进行登记并跟踪回访,对客户进行需求分析,提供最适合的置换方案。

⑥ 配合二手车部门办理客户的手续交接及过户事宜。

⑦ 保持二手车展示区内二手车的清洁及车辆性能的完好。

⑧ 执行公司组织的市场营销活动,收集有效的二手车潜在客户信息。

(2) 任职条件。

① 具有大专以上学历。

② 2 年以上汽车行业二手车评估工作。
③ 熟练掌握电脑操作知识及技能。
④ 具备出色的沟通技巧和娴熟的销售水平及相关经验。
⑤ 较强的组织、分析能力，高超的业务开发技巧及培训技巧。
⑥ 有二手车评估师从业资格证。
⑦ 有驾照，并能熟练驾驶。
⑧ 诚信、诚实、工作认真，有敬业精神。

二、二手车的鉴别

越来越多的使用一年半载的汽车流入了二手车市场，崭新的车外形、优惠的价格吸引了众多准车族人的眼球。很多有意购买二手车的消费者都面临如何鉴定二手车车况的难题。针对二手车市场中参差不齐的车况，专家提醒购买二手车不仅要看外观，更要检查发票、手续等单据，以免上当受骗。

（1）查找事故痕迹与隐患。掀开车内地毯，查找下面车身是否藏有硬伤；仔细观察车门，看是否重新油漆过，任何新的油漆都说明掩盖了不想让人知道的缺陷；机盖下的车架当然会有焊接点，但原来的焊接点粗糙、不规则。

（2）识别二手汽车的真实年龄。看一眼踏板上的橡胶蒙面，这里最能透露出车辆的实际年龄。经常有人担心原车主会在里程表上作伪，也有办法查验，可索要该车最近的保修发票，那上面应该注明车辆的行驶里程。

（3）查看轮胎磨损程度尤其是前轮。假如花纹扁平，边缘已全无棱角，说明原车主驾车的习惯粗野。这样不仅轮胎本身状况不佳，更透露出车的整体状况会存在问题。

（4）了解二手车车身状况。耐心地围着车身多转几圈，仔细观察挡泥板的边缘，以及车轴处，看机件磨损与经受风吹日晒的情况或者查看排气管外端，检查其陈旧或生锈程度。

（5）查看发动机外观与运转情况。查看发动机外观，识别漏水漏油的痕迹。起动发动机，观察排出气体的颜色。假如排出的气体是半透明的淡灰色，说明状况良好；如果是黑色则说明发动机没有调校好。蓝色说明发动机已经十分疲劳，白色说明气缸垫即将报废。另外，嗅一嗅气体的气味，难闻则是不妙的征兆。

（6）检查二手车行驶性能。通过亲自驾驶来检测车辆状况是绝对必要的。首先检查各种电器，包括转向灯、车大灯、暖气系统、空调系统、收音机等是否都能正常运转。然后起动发动机，令其低速运转，倾听运转状况是否平稳。要想查验离合器的状况，可以在起步时把变速器挂在三挡而不是通常的一挡，假如发动机未像正常情况熄火，说明离合器已经衰老。

（7）要驾车行驶一程，并且等发动机上升到适当的温度，继续仔细倾听发动机的声音。尽可能频繁地转换车速，查看在加速与减速时车辆的反应。假如车速升高时车身与方向盘抖动，则车辆状况不佳。

（8）请原车主驾车带你行上一程，看看原车主在驾驶座上的习惯和做法。假如原车主驾车动作粗暴，他的车况肯定不佳。

三、交易车辆的手续检查与交易资格审核

1. 二手车的手续

本书所讨论的二手车交易是在继续使用的前提下进行的，不同于收藏、回收等其他条件下的二手车买卖行为，它的价值包括车辆实体本身的有形价值和保证其能继续合法上路行驶所要缴纳的各项税费。只有手续齐全，才能发挥机动车辆的实际效用，才能构成车辆的全价值。因此，二手车的手续是指保证该交易车辆在交易后能继续合法上路行驶，具有按照国家法规和地方法规应该办理的各项有效证件和应该交纳的各项税费凭证。

2. 二手车的交易证件

二手车的交易证件是指证明二手车手续完备合法的书面证明，具体包括二手车的来历凭证、机动车行驶证、车辆号牌、车辆运输证、交易双方的身份证明等。

（1）机动车来历凭证。

进行交易的二手车来历凭证分新车来历凭证和二手车来历凭证。

第一次进行二手车交易的车辆，其来历凭证与新车交易的来历凭证一样，是指经国家工商行政管理机关验证盖章的机动车销售发票。其中没收的走私、非法拼（组）装汽车、摩托车的销售发票是国家指定的机动车销售单位的销售发票。

已经交易过的二手车再次交易，其来历凭证是指经国家工商行政管理机关验证盖章的二手车交易发票。除此而外，还有因经济赔偿、财产分割等所有权发生转移，由人民法院出具的发生法律效力的判决书、裁定书、调解书。

（2）机动车行驶证。

机动车行驶证是机动车取得合法行驶权的凭证，与登记车辆一一对应，由公安车辆管理机关依法对机动车辆进行注册登记后核发（农用拖拉机由当地公安交通管理部门委托农机监理部门核发证件）。机动车行驶证是机动车上路行驶必须携带的证件，也是二手车过户、转籍必不可少的证件。机动车行驶证一般记载有该车车型、车主信息和车辆号牌、发动机号、车架号、车辆技术性能信息、检验记录等内容。

（3）机动车号牌。

机动车号牌即车辆牌照，是指由公安车辆管理机关依法对车辆进行注册登记核发的金属号牌，在办理车辆注册登记时和机动车行驶证一同核发，其号牌字码与行驶证号牌一致。

（4）道路运输证。

道路运输证是县级以上人民政府交通主管部门设置的道路运输管理机构对从事客货运输（包括城市出租客运）的单位和个人核发的随车携带的证件，用于证明该车能用于相应的客货运输。营运车辆转籍过户时，应到运营机构及相关部门办理营运过户有关手续。

（5）车辆购置税。

为了解决我国发展公路运输事业与国家财力紧张的矛盾，国务院于1985年4月2日发布《车辆购置税征收管理办法》，决定对所有购置车辆的单位和个人，包括国家机关和单位一律征收车辆购置税，车辆购置税由交通部门负责征收，征收标准一般是车辆价格的10%。

（6）机动车辆保险费。

按照我国现行管理法规，机动车第三者责任险是强制保险险种，车辆不投保该险种不能办理合法上路行驶手续。另外，机动车所有人为了避免在车辆发生事故时造成较大损失，一般都会对车辆进行保险。需要注意的是，二手车交易完成后，交易双方应到保险公司办理批改手续以确保保险权利和义务的执行。

（7）车船使用税。

国务院2006年发布的《中华人民共和国车船税暂行条例》规定，凡在中华人民共和国境内拥有车船的所有人或管理人，都应该按照规定按年缴纳车船税。

（8）公路养路费。

我国的交通管理部门规定车辆所有者使用车辆所占道路必须缴纳公路养路费。它是国家按照"以路养路，专款专用"的原则，由交通部门向用车单位或个人征收的用于公路保养和建设的专项事业费。拥有车辆的单位和个人，必须按照国家规定，向公路养护部门交纳养路费，交纳养路费的车辆发给养路费交讫证，此证是机动车辆通行公路的必备条件之一。

（9）交易双方的身份证明。

即买卖双方证明或居民身份证。这些证件主要用于向注册登记机关证明机动车所有权转移的车主身份和住址。

3. 禁止交易的车辆

根据《旧机动车交易管理办法》的规定，下列机动车禁止交易：已经办理报废手续的各类机动车；虽未办理报废手续，但已达到报废标准或在1年时间内（含1年）即将报废的各类机动车；未经安全检测和质量检测的各类旧机动车；没有办理必备证件和手续，或者证件手续不齐全的各类旧机动车；各种盗窃车、走私车；各种非法拼、组装车；国产、进口和进口件组装的各类新机动车不能当作旧机动车交易；右方向盘的旧机动车；手续不全、各种规定费用没有交清的车辆。

国家法律、法规禁止进入经营的其他各种机动车，主要包括：军队交地方的退役车辆不满2年的，不得进入旧车交易市场交易；华侨、港澳同胞捐赠的以及出国回国人员购买的。

二手车评估案例

品牌型号：POLO1.4两厢手动舒适型。

发动机：直列4缸16气门双顶置凸轮轴多点电喷发动机。

车身颜色：蓝色。

初登日期：2003年10月。

已行驶里程：32 000公里。该车是典型的私家车，车主是一位女士，购买此车的目的仅为上下班代步，因此行驶里程较少。

配置说明：五挡手动变速器、前后盘式制动器带ABS系统、转向助力装置、前排电动车窗、双安全气囊、空调、VCD液晶电视（加装）。

静态检查：该车车身保养很好，在2年多的使用中，车身没有明显的碰撞痕迹。保险杠处有划伤，但未影响整体外观。车内饰给人以八成新的感觉，前排皮座椅有轻微磨损，顶板、地胶很干净，车内外照明灯光、仪表显示、功能控制件等正常有效。挂挡顺畅，电控部分良好有效。打开空调感觉制冷效果良好。

动态检查：起动发动机后，发现该车怠速状态平稳均衡。挂挡起步，离合器接合平稳。踩油门做提速测试，感觉该车爆发力很好。另外，该车有较先进的 ECU 系统，驾驶者如果在一挡提速时转速不够就换挡，ECU 会有报警提示，比较适用于驾驶新手。继续驾驶该车，发现该车转向灵活轻便，ABS 工作有效，传动系统和悬挂系统均正常良好。

评估分析：POLO 轿车作为德国大众旗下享有盛誉的品牌，至今已有 30 年的历史，其间经过 4 次升级换代，这款 2003 年的 POLO 为其第 4 代车型，安全配置与高配车型一致，具有经济型轿车中少有的安全性能。相对三厢车而言，两厢车虽然体积小了点，却已经逐渐成为市场的新宠，而两厢版 POLO 由于品牌、质量优势，在市场上更是表现不俗。

综上所述，该车在新车市场价格为 98 000 元，估计其成新率为 67%，因此其基准日评估价格为 71 500 元。

思政课堂

典型案例：2018 年年初，王某在开封市某汽车销售公司看中了一辆二手小型汽车，商家承诺车况良好，无重大质量问题，于是，双方签订了二手车买卖合同，并完成了过户登记。不久，王某在为车辆保养时发现该车有大量被水浸泡痕迹、残留水渍。王某即向某公司询问情况，某公司坚称该车绝对不是泡水车。后王某委托鉴定机构对该车车身状况进行了鉴定，鉴定意见显示该车发动机舱、工作台、车身底板、座椅、内饰、后备厢、车顶均有泡水后残留痕迹，该车确实为泡水车。王某再次找到某公司要求退款并赔偿，某公司仍然予以拒绝。一气之下，王某诉至河南省尉氏县人民法院，要求某公司退还并额外赔偿三倍购车款，还要求某公司赔偿车辆鉴定费及保养费。最后，法院判决某公司退还王某购车款 45 000 元，赔偿王某购车款三倍的损失 135 000 元，赔偿王某鉴定费 3 000 元及保养费 500 元。

话题：同学们，这个案例对你有什么启示？

参考回答：（1）"诚信"二字是商家安身立命、获取利润的首要选择。

（2）消费者去买二手车之前，可以先与二手车商约定好，先去 4S 店做检测，没问题再付款，发现有问题，应立即做好取证，咨询律师维护自己的合法权益。

（3）消费者要去 4S 店和保险公司查询车辆保养记录和保险理赔的记录。如果一辆车的修车费用已经过万元，那它肯定出过大问题。

★ **学习工作笔记（体会、收获）：**

_____

_____

任务3 保险理赔业务

任务难度		初级	
学时	1学时	班级	
成绩		日期	
姓名		教师签名	
能力目标	知识	1. 了解汽车保险知识 2. 了解汽车交通事故理赔的流程	
		技能	难度描述
	技能	1. 能够合理地为车辆购买保险 2. 能够处理交通事故的理赔业务	"1+X"汽车营销评估与金融保险服务技术初级技能【工作任务：汽车保险及按揭服务】
	素养	1. 培养吃苦耐劳的精神 2. 培养良好的沟通能力	

情境导入

某城市昨夜下过一场大雪，在早晨上班的路上，陈先生在拥挤的交通条件下，由于踩刹车不及时，追尾了前车，造成前车后保险杠损伤和尾灯破碎。陈先生赶紧给保险公司打电话，请求出险勘察并申请理赔。陈先生遇到的这种事故，保险公司该如何进行赔付呢？陈先生能够得到全额赔偿吗？

任务相关信息

汽车保险产生的前提是自然灾害和意外事故。自然灾害和意外事故的客观存在，使人们寻找设法对付各种自然灾害和意外事故的措施，但是预防和控制显然是有限的，于是人们想到了经济补偿，保险业这才作为一种有效的经济补偿措施走进了人们的生活。可以说，没有自然灾害和意外事故就不会产生保险，并且人类社会越发展，创造的财富越集中，遇到自然灾害和意外事故所造成的损失程度也就越大，就越需要通过保险的方式提供经济补偿。

一、机动车保险基本知识

机动车保险主要分为2个主险种和3个附加险种。主险种有车辆损失险和第三者责任险，机动车附加险是在投保了主险种后的附带险种，即只有投保了主险种后方能投保相对应的附加险，附加险不能单独投保。机动车保险种类如表8-4所示。

表8-4 机动车保险种类

主险种	附加险
车辆损失险	盗抢险
	玻璃单独破碎险
	车辆停驶损失险
	火灾、爆炸、自燃损失险
	新增加设备损失险
第三者责任险	救助特约险
	车身划痕损失险
	无过失责任险
	车上人员责任险
	车上货物责任险
	不计免赔险

1. 车辆损失险

车辆损失险是指车主向保险公司投保的预防车辆可能造成的损失的保险。《机动车辆保险条款》中对什么原因造成的保险车辆损失，保险人负责赔偿或不负责赔偿都有严格的责任界定（如保险车辆上的一切人员和财产，该险种是不负责赔偿的）。车辆损失险的保险金额可以按投保时的保险价值或实际价值确定，也可以由投保人与保险公司协商确定，但保险金额不能超出实际价值，比如价值10万元的车辆，保险金额只能在10万元以内。

2. 第三者责任险

被保险人允许的合格驾驶人员在使用保险车辆过程中发生意外事故，致使第三者遭受人身伤亡或财产的直接损毁，依法应当由被保险人支付的赔偿金额，保险人依保险合同的规定给予赔偿。投保时，被投保人可以自愿选择投保档次——事故最高赔偿限额。关于第三者的赔偿数额，应由保险公司进行核定，保险人不能自行承诺或支付赔偿金额。

3. 车辆损失的附加险

（1）盗抢险：保险车辆因全车被盗、被抢劫或被夺时，保险人对其直接经济损失按保险金额计算赔偿。赔偿后保险责任终止，该车辆权益归保险人所有。

（2）自燃损失险：在保险车辆因本车电气线路、供油系统发生损毁及运载货物的自身原因起火燃烧，造成保险车辆损失，以及被保险人在发生本保险责任事故时，为减少车辆损失所支出的必要合理的施救费用，由保险公司进行赔付。

（3）玻璃单独破碎险：指保险车辆发生玻璃单独破碎后，由保险公司承担赔付责任。

（4）新增加设备损失险：指保险车辆在出厂时原有各项设备以外，被保险人对另外加装设备而进行的保险，保险人将在保险单该项目所载明的保险金额内，按实际损失赔偿。

4. 第三者责任险的附加险

（1）车上责任险（司乘人员意外伤害险）：保险车辆发生保险责任范围内的事故，致使保险车辆上的人员遭受伤亡，保险人在保险单所载明的该项赔偿限额内计算赔偿本应由被保险人支付的赔偿金额。

（2）车载货物掉落责任险：如在使用过程，投保车辆所载货物掉落致使其他人遭受人身伤亡或财产损失，保险公司可以按照"车载货物掉落责任险"进行赔偿。

（3）车上货物责任险：如投保车辆在使用过程中，所载货物遭受直接损失，以及被保险人为减少货物损失而支付的合理施救、保护费用，可由保险公司依据"车上货物责任险"为投保车辆提供一定金额的赔偿。

5. 其他附加险

不计免赔险：投保了车辆损失险及第三者责任险的车辆如发生保险责任范围内的事故，而造成车辆损失（不含盗抢）或第三者责任赔偿，由保险人依据《机动车辆保险条款》赔偿规定的金额负责赔偿。

《机动车辆保险条款》第十一条规定："根据保险车辆驾驶人员在事故中所负责任，车辆损失险和第三者责任险在符合赔偿规定的金额内实行绝对免赔率：负全部责任的免赔20%，负主要责任的免赔15%，负同等责任的免赔10%，负次要责任的免赔5%。"即两个主险种在发生事故时的赔偿率并非100%，而是根据保险人在事故中所负的责任大小，按比例赔偿。

由此可知，如投保了不计免赔险，在发生保险责任范围内的事故时，就可以收到100%的赔偿。

二、保险条款中的不赔责任

常见的不赔条款包括：

① 无证驾驶或超出准驾车型，或持不合格的驾驶证。
② 酒后、吸毒、药物麻醉所致车辆损失和第三者责任。
③ 第三者责任险拒绝支付投保户与第三者私下协定的赔偿金额。
④ 逾期报案，报案不实。
⑤ 报案车辆发生转移、变更用途、增加危险程度而未办理批改手续。
⑥ 发生事故未报保险公司备案。
⑦ 发生事故时保险车辆的行驶证无效。

三、保险理赔和维修基本流程

汽车维修企业不仅自身要熟悉保险理赔的基本流程，而且要让客户了解理赔的基本流程。这样，客户在出现交通事故后才能与维修厂联系，由修理厂出面帮助客户处理保险理赔，那么出险车辆到该修理厂维修则是十拿九稳的事情了。车辆保险理赔流程如图 8-1 所示。

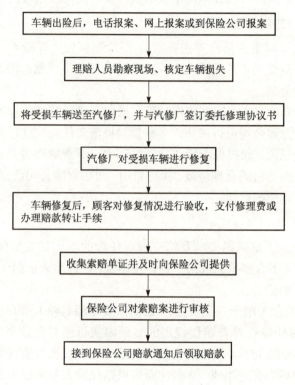

图 8-1　车辆保险理赔流程

1. 报案定损

出险后客户要保护现场，及时报案，除了向交通管理部门报案外，还要及时向保险公司报案。

出险车辆定损的基本流程：

（1）车主出示保险单证、行驶证，出示驾驶证，出示被保险人身份证。

（2）车主出示保险单。

（3）车主填写出险报案表，详细填写出险经过、出险地点、时间，详细填写报案人、驾驶员和联系电话。

（4）保险公司理赔员和车主一起检查车辆外观，拍照定损。

（5）根据车主填写的报案内容拍照核损。

（6）交付维修站修理。

（7）理赔员开具任务委托单确定维修项目及维修时间。

（8）车主签字认可。

（9）车主将车辆交予维修站维修。

以上是车主和保险公司理赔员必须做的。一定要注意做好前期工作，避免事后理赔时麻烦被动。

2. 保险车辆维修流程

为保证保险车辆的工作进度和质量，维修企业应认真抓好保险车辆维修，其中很重要的一环是保险车辆维修流程。维修企业的保险车辆维修流程如下：

（1）保险车辆进厂后应确定是否需要保险公司进行受损车辆损伤鉴定，若需要，则由业务经理负责联系保险公司进行鉴定。切不可不经保险公司而直接拆卸，以免引起纠纷。

（2）要积极协助保险公司完成对车辆查勘、照相以及定损等必要工作。

（3）保险公司鉴定结束后，由车间主任负责安排班组进行拆检。各班组长将拆检过程中发现的损伤件列表并通知车间主任或业务经理。

（4）服务主管将损伤件列表后联系保险公司，对车辆进行全面定损并协商保险车维修工时费。定损时应由业务经理陪同，业务经理不在，应提前向业务接待员交代清楚。

（5）业务接待员根据保险公司定损单下达《维修任务委托书》。有客户自费项目，应征得客户同意，并另开具一张《维修任务委托书》并注明，然后将《维修任务委托书》交由车间主管安排生产。

（6）业务接待员开完《维修任务委托书》后，将定损单转报给报价员。

（7）报价员将定损单所列材料项目按次序填入《汽车零部件询报价单》，报价单必须注明车号、车型、单位、底盘号，然后与相关配件管理人员确定配件价格，并转给备件主管审查。

（8）报价员在备份主管确定备件价格、数量、项目后，向保险公司报价，并负责价格的回返。

（9）报价员将保险公司返回价格交备件主管审核，如价格有较大出入，由业务经理同保险公司协调。报价员将协调后的回价单复印后，将复印件转备件主管。

（10）对于定损时没有发现的车辆损失，由业务经理协调保险公司，由保险公司进行二次查勘定损。

（11）如有客户要求自费更换的部件，必须由客户签字后方可到备件库领料。

（12）保险车维修完毕后应严格检验，确保维修质量。

（13）维修车间将旧件整理好，以便保险公司或客户检查。

（14）检验合格后，《维修任务委托书》转业务接待员审核，注明客户自费项目。审核后转结算处。

（15）结算员在结算前将所有单据准备好。

（16）最后由业务接待员通知客户结账，业务经理负责车辆结账解释工作。

（17）如有赔款转让，由业务经理协调客户、保险公司办理。

3. 赔付规定

（1）全部损失。

① 保险车辆发生全部损失后，如果保险金额等于或低于出险当时的实际价值，将按保险金额赔偿。

② 保险车辆发生全损后，如果保险金额高于出险当时的实际价值，将按出险时的实际价值赔偿。

（2）部分损失。

① 保险车辆局部受损失，其保险金额达到承保时的实际价值，无论保险金额是否低于出险当时的实际价值，发生部分损失均按实际修理费用赔偿。

② 保险车辆的保险金额低于承保时的实际价值，发生部分损失按照保险金额与出险当时的实际价值比例赔偿修理费用。

③ 保险车辆损失最高赔偿金额以保险金额为限。

④ 保险车辆按全部损失的一次赔款等于保险金额全数时，车辆损失险的保险责任即行终止。但保险车辆在保险有效期内，不论发生一次或多次保险责任范围内的损失或费用支出，只要每次赔偿未达到保险金额，其保险责任依然有效。

⑤ 保险车辆发生事故遭受全损后的残余部分，应协商作价归被保险人并在赔款中扣除。

4. 赔付时间

在车辆修复或自交通事故处理结案之日起 3 个月内，车主应持保险单、事故处理证明、事故调解书、修理清单及其他有关证件到保险公司领取赔偿金。保险公司支付赔款一般在 10 天以内。赔款一般在 1 年内领取，否则将按放弃处理。

5. 争议

如与保险公司争议不能达成协议，可向经济合同仲裁机关申请仲裁或向人民法院提起诉讼。

多方事故——夏利与骐达相撞

某日中午，李先生到饭店吃饭，在倒车入位时不小心与一辆左转弯向前行的尼桑骐达轿车相撞。

（1）报案。

李先生拨打了 122 交警报案电话，并拨打了保险公司的报险电话，保险公司工作人员询问了李先生车牌号码，核实了车辆承保信息，询问记录了李先生的联系方式、出险地点，并简单询问了事故经过，告知李先生在现场等待，将有查勘员与李先生取得联系。

查勘员接到保险公司座席的电话，并询问了相关信息，得知李先生只保了交强险。查勘员做了一些查勘准备（带上工具、表格等），及时跟李先生取得了联系，并告知李先生自己会尽快到达事故现场。

（2）现场查勘。

10 分钟后查勘员到达事故现场，这时交通警察已经到了现场。

查勘员查勘了事故现场,拍摄了现场照片(方位照相、概貌照相、中心照相、细目照相、两证、车牌号),如图8-2和图8-3所示,询问了李先生相关情况。

图8-2　概貌照相　　　　　　　　　图8-3　接触点照相

查勘员询问李先生是到4S店修车还是到普通修理厂修,李先生选择到附近的维修厂修车。查勘员出具《机动车辆保险索赔申请书》或《车辆查勘定损单》(各保险公司有所不同),并填上被保险车辆的相关信息。事故当事人填写事故经过,并签字确认。

由于骐达车有的损伤部位不能现场确定,需要到维修厂拆检后再做完全定损。查勘员告知李先生到修理厂拆检后,联系查勘员,对车辆的各损失部件进行定损。

(3)事故责任划分。

交通警察出具了《交通事故认定书(简易程序)》,判李先生倒车时观察不清,负事故的全责。

(4)拆检与定损。

李先生将车开到修理厂,修理厂拆检结果如下:

夏利车(见图8-4):右后尾灯损坏,应更换;右后叶子板变形,应整形修理。

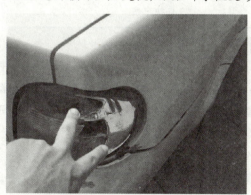

图8-4　夏利右后尾灯损坏,右后叶子板变形

骐达车(见图8-5):将右前大灯拆下检查,发现大灯固定爪断开,壳体破碎损坏,加上大灯表面划痕较深,大灯应更换;中网卡爪断开,应更换;前叶子板需要整形喷漆;前杠右侧需要修复。

图 8-5 骐达前杠右侧、右前大灯、右前叶子板、中网损坏

查勘员、客户、修理厂三方同时在场的情况下确定了该车的修理和更换项目,从而与客户达成赔付协议。定损情况如表 8-5 所示。

表 8-5 定损情况

车型	损伤部位及维修情况	价款/元
夏利轿车	更换右后尾灯	50
	右后叶子板整形	200
骐达轿车	前叶子板整形喷漆	200
	前杠右侧修复	200
	更换右前大灯	450
	更换中网	300

(5) 告知客户理赔事项。

查勘员告知李先生,等车修好后,拿着《机动车辆保险索赔申请书》或《车辆查勘定损单》、修理厂修车发票、行驶证、驾驶证、被保险人身份证及账户,到保险公司办公地办理赔偿处理手续,一般在办理手续后的 7 个工作日内,保险公司会将赔付款打到被保险人的账户上。

查勘员还向李先生作了如下说明:

① 夏利轿车。因为夏利车只保了交强险,所以夏利车的维修费用保险公司不予赔偿。

② 骐达轿车。因骐达轿车总维修费用为 1 150 元(在交强险 2 000 元范围内),所以夏利车保险公司赔付骐达车 1 150 元,其中 100 元属于无责代赔。(平安保险公司)

注明:有的保险公司是这样处理的:因骐达轿车总维修费用为 1 150 元(在交强险 2 000 元范围内),所以夏利车保险公司赔付骐达车 1 050 元,另外 100 元由无责方(骐达车)保险公司赔付。

任务 4　汽车美容与装饰

任务难度		初级	
学时	1学时	班级	
成绩		日期	
姓名		教师签名	
能力目标	知识	1. 了解汽车美容的内容 2. 了解汽车装饰的内容	
	素养	1. 培养吃苦耐劳的精神 2. 培养良好的沟通能力	

情境导入

李女士家住南方，刚刚买了一辆新车，她想给车窗玻璃贴膜。来到汽车美容店后，面对琳琅满目各种各样的玻璃膜，李女士的眼睛都花了，不知道该挑选哪种。同学们，你们能给李女士提供哪些建议呢？

任务相关信息

汽车美容装饰不仅使车整洁漂亮，也延长了汽车的使用寿命，防止车漆皲裂硬化和脱色，使其美观并保值。

一、汽车美容

1. 汽车美容的概念

"汽车美容"源于西方发达国家，英文名称表示为"Car Beauty"或"Car Care"，指对汽车的美化与维护。

西方国家的汽车美容业随着整个汽车产业的发展，已经非常完善。他们形容这一行业为"汽车保姆"（Car Care Center），也称作"第四行业"。所谓第四行业，顾名思义，是针对汽车生产、销售、维修三个步骤而言的。

现代汽车美容不只是简单的汽车清洗、吸尘、除渍、除臭及打蜡等常规美容护理，还包括利用专业美容系列产品和高科技设备，采用特殊的工艺和方法，对汽车进行漆面抛光、增光、深浅划痕处理及全车漆面翻新等一系列养护作业。

汽车美容按作业性质不同可分为护理性美容和修复性美容两大类。护理性美容是指保持车身漆面和内饰件表面亮丽而进行的美容作业，主要包括新车开蜡、汽车清洗、漆面研磨、抛光、还原、上蜡及内饰件保护处理等美容作业；修复性美容是车身漆面或内饰件表面出现某种缺陷后所进行的恢复性美容作业，其缺陷主要有漆膜病态、漆面划痕、斑点及内饰件表面破损等，根据缺陷的范围和程度不同分别进行表面处理、局部修补、整车翻修及内饰件修补更换等美容作业。

专业汽车美容具有系统性、规范性和专业性等特性。所谓系统性就是着眼于汽车的自身特点，由表及里进行全面而细致的保养；所谓规范性就是每一道工序都有标准而规范的技术要求；所谓专业性就是严格按照工艺要求采用专用工具、专用产品和专业技术手段进行操作。汽车美容应使用专用优质的养护产品，针对汽车各部位材质进行有针对性的保养、修复和更新，使经过专业美容后的汽车外观洁亮如新，并保持长久。

2. 汽车美容的作用

（1）保护汽车。

汽车涂膜是汽车金属等物体表面的保护层，它使物体表面与空气、水分、日光以及外界腐蚀性物质隔离，起着保护物面、防止腐蚀的作用，从而延长金属等物体使用寿命。在使用过程中，由于风吹、日晒、雨淋等自然侵蚀，以及环境污染的影响，汽车涂膜会出现失光、变色、粉化、起泡、皲裂、脱落等老化现象；另外交通事故、机械撞击等也会造成涂膜损伤。一旦涂膜损坏，金属等物体便失去了保护的"外衣"。因此，加强汽车美容作业，维护好汽车表面涂膜是保护汽车金属等物体的前提。

（2）装饰汽车。

随着人们消费水平的提高，对于一些中、高档轿车来说，汽车已不仅仅是一种交通工具，它已成为一种身份的象征。车主不仅要求汽车具有优良的性能，而且要求汽车具有漂亮的外观，并想方设法把汽车装点得靓丽美观，这就对汽车的装饰性能提出了更高的要求。汽车装饰不仅取决于车型外观设计，而且取决于汽车表面色彩、光泽等因素。通过美容作业，汽车可实现涂层平整、色彩鲜艳、色泽光亮，始终保持美丽的容颜。

（3）美化环境。

随着我国国民经济的不断发展和科学技术的不断进步，人们生活水平的不断提高，道路上行驶的各种汽车越来越多。五颜六色的汽车装扮着城市的各条通路，形成一条条美丽的风景线，对城市和道路环境起到了美化作用，给人们以美的享受。如果没有汽车美容，道路上行驶的汽车车身灰尘污垢堆积、漆面色彩单调、色泽暗淡，甚至锈迹斑斑，这样将会形成与美丽的城市建筑极不协调的景象。因此，美化城市环境离不开汽车美容。

3. 汽车美容作业项目

1）护理性美容作业项目

（1）新车开蜡：汽车生产厂家为防止汽车在储运过程中漆膜受损，确保汽车到客户手中时漆膜完好如新，汽车总装的最后一道工序就是对整车进行喷蜡处理，在车身外表面喷涂封漆蜡。封漆蜡没有光泽，严重影响汽车美观，且易黏附灰尘。汽车销售商在汽车出售前对汽车进行除蜡处理，俗称开蜡。

（2）汽车清洗：为使汽车保持干净、整洁的外观，应定期或不定期地对汽车进行清洗。汽车清洗是汽车美容的首要环节，同时也是一个重要环节。它既是一项基础性的工作，也是一种经常性的护理作业。

按汽车部位不同,清洗作业可分为车身外表面清洗、内饰清洗和行走部分清洗。车身外表面主要有车身表面、车门窗、外部灯具、装饰、附件等;内饰主要由棚壁、地板(地毯)、座椅、仪表台、操纵件、内部装饰、附件等组成;行走部分主要指与汽车底盘有关总成壳体的表面。

对车身漆面的清洗可分为不脱蜡清洗和脱蜡清洗两种。不脱蜡清洗是指车身表面有蜡,但是不想把它去掉,只是洗掉灰尘、污迹。清洗方法主要是通过清水和普通清洗剂,采用人工或机械清洗。脱蜡清洗是一种除掉车漆表面原有车蜡的清洗作业。有些汽车原先打过蜡,现在需要重新打蜡上光,在这种情况下,必须在洗车同时将原车蜡除净,然后再打新蜡。脱蜡洗车使用脱蜡清洗剂,该清洗剂可有效地去除车蜡。用脱蜡清洗剂洗完之后,再用清水将车身表面冲洗干净。

(3) 漆面研磨:漆面研磨是去除漆膜表面氧化层、轻微划伤等缺陷所进行的作业。该作业虽具有修复美容的性质,但由于所修复的缺陷非常小,只要配合其他护理作业,便可消除缺陷,所以把它列为护理性美容的范围。

漆面研磨与后面的抛光、还原是三道连续作业的工序,研磨是漆面轻微缺陷修复的第一道工序。漆面研磨需使用专用研磨剂,通过研磨/抛光机进行作业。

(4) 漆面抛光:漆面抛光是紧接着研磨的第二道工序。车漆表面经研磨后会留下细微的打磨痕迹,漆面抛光就是去除这些痕迹所进行的护理作业。漆面抛光需使用专用抛光剂作业。

(5) 漆面还原:漆面还原是研磨、抛光之后的第三道工序,它是通过还原剂将车漆表面还原到"新车"般的状况。还原剂也称"密封剂",它对车漆起密封作用,以避免空气中污染物直接侵蚀车漆。还原剂有两种,一种叫还原剂,另一种叫增光剂。增光剂在还原作用的基础上还有增亮的作用。

(6) 打蜡:打蜡是在车漆表面涂上一层蜡质保护层,并将蜡抛出光泽的护理作业。打蜡的目的:一是改善车身表面的光亮程度,增添亮丽的光彩;二是防止腐蚀性物质的侵蚀,对车漆进行保护;三是消除或减小静电影响,使车身保持整洁;四是降低紫外线和高温对车漆的侵害,防止和减缓漆膜老化。汽车打蜡可通过人工或打蜡机进行作业。

(7) 内室护理:汽车内室护理是对汽车控制台、操纵件、座椅、座套、顶棚、地毯、脚垫等部件进行的清洁、上光等美容作业,同时还包括对汽车内室定期杀菌、除臭等净化空气作业。汽车内室部件种类很多,外层面料也各不相同,在护理中应分别使用不同的专用护理用品,确保护理质量。

2) 修复性美容作业项目

(1) 漆膜病态治理:漆膜病态是指漆膜质量与规定的技术指标相比所存在的缺陷。漆膜病态有上百种,按病态产生的时间不同可分为涂装中出现的病态和使用中出现的病态两大类。对于各种不同的漆膜病态,应分析原因,采取有效措施积极防治。

(2) 漆面划痕处理:漆面划痕是因剐擦、碰撞等原因造成的漆膜损伤。当漆面出现划痕时,应根据划痕的深浅程度,采取不同的工艺进行修复处理。

(3) 漆面斑点处理:漆面斑点是指漆面接触了柏油、飞漆、焦油、鸟粪等污物,在漆面上留下的污迹。对斑点的处理应根据斑点在漆膜中渗透的深度不同，采取不同的工艺。

（4）汽车涂层局部修补：汽车涂层局部修补是当汽车漆面出现局部失光、变色、粉化、起泡、皲裂、脱落等严重老化现象或因交通事故导致涂层局部破坏时所进行的局部修补涂装作业。汽车涂层局部修补虽作业面积较小，但要使修补漆面与原漆面的漆膜外观、光泽、颜色达到基本一致，需要操作人员具有丰富的经验和高超的技术水平。

（5）汽车涂层整体翻修：汽车涂层整体翻修是当全车漆膜出现严重老化时所进行的全车翻新涂装作业。其作业内容主要有清除旧漆膜、金属表面除锈、底漆和腻子施工、面漆喷涂、补漆修饰及抛光上蜡等。

4. 汽车美容的依据

汽车美容应根据车型、车况、使用环境及使用条件等因素有针对性地、合理地安排美容作业的时机及项目。

（1）因车型而异。由于汽车美容项目、内容及使用用品不同，其价位也不一样。对汽车进行美容不仅要考虑效果，同时也要考虑费用。因此，不同档次的汽车采用的美容作业及使用的美容用品应有所不同。对于高档轿车主要考虑美容效果，而对一般汽车进行常规的美容作业就可以了。

（2）因车况而异。汽车美容作业应根据汽车漆膜及其他物面状况有针对性地进行。车主或驾驶员应经常对汽车表面进行检查，发现异变现象要及时处理。例如，车漆表面出现划痕，尤其是较深的划痕，若不及时处理，金属出现锈蚀后，会增大处理的难度。

（3）因环境而异。汽车行驶的地域和道路不同，对汽车进行美容作业的时机和项目也不同。如汽车经常在污染较重的工业区行驶，应缩短汽车清洗周期，经常检查漆面有无污染色素沉积，并采取积极预防措施；如汽车在沿海地区行驶，由于当地空气潮湿，大气中含盐较多，一旦漆面出现划痕应立即采取治理措施，否则很快就会造成内部金属锈蚀；如汽车在西北地区行驶，由于当地风沙较大，漆面易失去光泽，应缩短抛光、打蜡的周期。

（4）因季节而异。不同的季节、气温和天气的变化，对汽车表面及内饰部件具有不同的影响。如汽车在夏季使用时，由于高温漆膜易老化；在冬季使用时，由于严寒漆膜易冻裂，应进行必要的预防护理作业。另外，冬夏两季车内经常使用空调，车窗紧闭，车内易出现异味，应定期进行杀菌和除臭作业。

二、汽车装饰

随着人们物质生活水平的提高，个性化、独具风格的汽车装饰已成为现代人生活的时尚。通过外装饰可在不改变车辆本身功能和结构的前提下，改变汽车外观，使汽车更醒目、豪华、满足个性化要求；汽车内饰为车主营造温馨与舒适的空间；汽车视听装饰则可为车主欣赏更多音源、获得更好的音质、扩展音响的功能提供更大的空间；车载免提电话可提高汽车行驶的安全性。

汽车的装饰服务项目有：车窗与车身装饰、汽车内饰装饰、汽车视听装饰、车载免提电话及汽车安全防护装饰等。

1. 车窗与车身装饰

车窗和车身构成汽车外表面，其装饰效果直接影响到汽车的外观。车主应根据汽车的实际情况，本着美观、协调、实用和安全的原则，有针对性地选择装饰项目，确保装饰效果。

1）车窗太阳膜

车窗太阳膜的功用如下：

（1）改变色调。五颜六色的太阳膜可以改变车窗玻璃全部是白色的单一色调，给汽车增添美感。

（2）隔热降温。太阳膜可以减小光线照射强度，起到隔热效果，保持车厢凉爽。

（3）防止爆裂。当汽车发生意外时，防爆太阳膜可以防止玻璃爆裂飞散，避免事故中玻璃碎片对司乘人员造成伤害，提高汽车安全性。

（4）保护肌肤。阳光中的紫外线对人体肌肤具有一定的侵害力，长期受紫外线照射易造成皮肤疾病。太阳膜可有效地阻挡紫外线，对肌肤起到保护作用。

（5）单向透视。太阳膜的单向透视性可以遮挡来自车外的视线，增强隐蔽性。

太阳膜按颜色可分为自然色、茶色、黑色、天蓝色、金墨色、浅绿色和变色等品种；按功能不同可分为普通太阳膜、防晒太阳膜和防爆太阳膜等；按产地不同可分为进口和国产太阳膜。

2）加装天窗

加装天窗的主要目的是有利于车厢内通风换气，车厢内的空气状况直接影响到乘坐的舒适性。对于没有天窗的汽车主要是靠侧窗进行通风换气，而打开侧窗后车外的尘土、噪声便会灌进车内。若是冬夏两季，享受车内暖风和冷气时，让窗外的寒气或热浪扑面吹来，会使人感到很不舒服，同时还破坏了空调的效果。加装天窗后能较好地克服上述不足，实现有序换气。另外，天窗还为驾车摄影、摄像提供了便利条件。

3）车身装饰

汽车车身装饰可分为三类：一是保护类，为保护车身安全而安装的装饰品，如保险杠、灯护罩等；二是实用类，为弥补轿车载物能力不足而安装的装饰品，如行李架、自行车架、备胎架等；三是观赏类，为使汽车外部更加美观而安装的装饰品，加彩条贴、金边贴、全车金标等。

上述装饰中，有些项目改变了车辆的原设计外形尺寸，造成车辆超长、超高及超重现象，这是国家有关规定所不允许的。

在车身上粘贴形状、色彩各异的彩条贴膜，不仅能突出车身轮廓线，还能协调车身色彩，给人以丰富的联想和舒适的心理感受，使车身更加多彩艳丽。

2. 汽车内室装饰

汽车内室包括驾驶室和车厢，它是驾驶员和乘客在行驶途中的生活空间。对汽车内室进行装饰，营造温馨、美观的车内环境，从而使司乘人员乘坐舒适，心情愉快，给人一种宾至如归之感。

1）座椅装饰

汽车座椅是车内占用面积最大，使用频率最高的部件，所以对其进行装饰不仅要考虑到美观,还要考虑到实用。

(1) 汽车坐垫的功能:

① 提高舒适性。柔软的汽车坐垫可减缓汽车颠簸产生的振动,减轻旅途疲劳。

② 改善透气性。夏季使用的硬塑料或竹制品坐垫具有良好的透气性,给人以凉爽的感觉,有降温消汗功效。

③ 增强保健性。汽车保健坐垫可通过振动按摩或磁场效应,改善乘员局部新陈代谢,促进血液循环,消除紧张疲劳,达到保健目的。

(2) 汽车坐垫的种类:

① 柔式坐垫。主要由棉、麻、毛及化纤等材料制成。

② 帘式坐垫。主要由竹、石或硬塑料等材料制成小块单元体,然后将单元体串接成帘状制成坐垫,该坐垫具有极好的透气性,是高温季节防暑降温的佳品。

③ 保健坐垫。该坐垫是根据人体保健需求制成的高科技产品,当乘员随汽车颠簸振动时可起到自动按摩效果,另外坐垫的磁场效应对人体保健也大有益处。

2) 真皮座套

目前,国产车和经济型进口车出厂时多数没配备真皮座椅,为营造更舒适、温馨的车内空间,越来越多的轿车开始更换真皮座套。

3) 车内饰品装饰

车内饰品种类很多,按照与车体连接形式的不同可分为吊饰、摆饰和贴饰三种。

(1) 吊饰:吊饰是将饰品通过绳、链等连接件悬挂在车内顶部的一种装饰。

(2) 摆饰:摆饰是将饰品摆放在汽车控制台上的一种装饰。

(3) 贴饰:贴饰是将图案和标语制在贴膜上,然后粘贴在车内的装饰。

4) 桃木装饰

桃木装饰的特点是美观、高雅、豪华,其优美的花纹具有特殊的装饰效果,主要用于汽车内饰控制台、方向盘及变速杆等部位装饰。

5) 香品装饰

车用香品对净化车内空气,清除异味,杀灭细菌具有重要作用。

现今市面上的车用香品种类繁多,按形态可分为气态、液态和固态;按使用方式可分为喷雾式、泼洒式和自然散发式等。

气态车用香品主要由香精、溶剂和喷射剂组成。液态车用香品由香精与挥发性溶剂混合而成,盛放在各种造型美观的容器中,此种车用香品在汽车室内应用最广。固态车用香品主要由香精与一些材料混合,然后加压成型。

3. 汽车视听装饰

人们在以车代步、乘坐舒适等需求满足之后,又进一步追求坐在车内听广播、欣赏音乐、看电视等享受,因此,汽车装饰项目中便增添了选配、安装或改装视听装置的内容。

1) 汽车视听装饰的作用

在汽车里安装音响、电视等视听设备具有以下作用。

(1) 减轻驾驶途中疲劳。在汽车行驶途中,听听音乐、相声、小品等文艺节目,既可体验优美的听觉享受,又可减轻驾驶途中的疲劳,使司乘人员感到轻松愉快。乘客还可通过汽车电视观看精彩的影视节目，消除途中寂寞。

（2）提供交通信息。一些大中城市的广播电台已相继开通交通信息节目，向驾驶员及时传递道路情况、交通情况、汽车使用、维修服务及安全行车知识等信息，还接受驾驶员的信息咨询和投诉，成为驾驶员行车的顾问和向导。

（3）减少停车等待中的寂寞。停车等候乘客，这是客车驾驶员经常遇到的，此时打开视听设备，动听的音乐、诙谐的相声和小品可减少等待中的寂寞。

2）汽车视听装饰的种类

汽车视听装饰主要有汽车收放机、汽车激光唱机、汽车电视机、汽车影碟机等。

4．车载免提电话

大家都知道酒后驾车的危险，但可能还不知道，驾车人在行车中手持手机拨打或接听电话，发生交通事故的概率高达27.3%，与酒后驾车相当，是正常行车的4倍。车载免提电话与车载电话的区别在于：一是通话时不必手持话筒，双手照样开车，而一般的车载电话只能在停车时或不开车时使用；二是免提电话价格低。

车载免提电话主要有以下类型。

（1）用手机做"心"的免提电话。这是一种上车后将手机置入机座内就可以使用的免提电话装置。它体积小，不影响车内装置，直接接到汽车点烟器，无须改装车内结构，来电话时从高保真扬声器传出。这种产品不仅克服了车载电话和手机是两个不同号码的弊端，而且无须更换手机和车载系统，它适合任何型号的手机和汽车。

（2）声控免提电话。这种电话靠声音控制，只需轻声一呼，电话就自动接通。这种电话可以预存50多个电话号码。当开车时，只要轻轻按一下"一指键"，系统就提示"哪个名字？"说出某人的名字后，系统会提示"哪个地点？"如果说"办公室"，就可以等待办公室电话接通了。

（3）插卡式车载电话。这是同时具有普通车载电话功能和免提声控功能的高档车载电话。手机所具有的功能应有尽有，而且操作简单，可满足不同客户的需求，真正为客户建立了一个移动的办公室。

5．汽车安全防护装饰

汽车安全防护装饰包括车辆防盗、报警和司乘人员行车保护等装置。它是为提高车辆的安全防护性能而采取的技术措施，对加强车辆及行车安全具有重要作用。

1）汽车防盗装置

汽车防盗装置按照结构不同大致可分为以下三种。

（1）机械式汽车防盗装置：机械式汽车防盗装置大多为各种防盗锁，它们通过锁定方向盘、制动器踏板、变速杆等主要操纵件防止汽车开走。

（2）电子式汽车防盗系统：在高级轿车上多数安装的是微电脑控制的智能型电子遥控防盗器，该防盗器可在窃贼接近或进入汽车时，发出蜂鸣、警笛、灯光等信号，既可吓退窃贼，又可引起路人的注意。

（3）网络式汽车防盗系统：网络式汽车防盗系统主要是利用GPS卫星定位系统对汽车进行监控达到防盗目的，该防盗系统不仅可以锁定汽车点火或起动，还可通过卫星定位系统（或其他网络系统）将报警信息和报警车辆所在位置无声地传送到报警中心。

2）电子式汽车门锁

电子式汽车门锁主要有以下类型。

（1）按键式电子门锁：按键式电子门锁采用键盘（或组合按钮）输入开锁密码，内部控制电路采用电子锁专用集成电路（ABIS）。

（2）拨盘式电子门锁：拨盘式电子门锁采用机械拨盘开关输入开锁密码。按键式电子门锁可以改造成拨盘式电子门锁。

（3）电子钥匙锁：电子钥匙锁使用电子钥匙输入（或作为）开锁密码，电子钥匙是构成控制电路的重要组成部分。电子钥匙可以由元器件或由元器件构成的单元电路组成，做成小型手持单元形式。电子钥匙和主控电路的联系，可以是声、光、电和磁等多种形式。此类产品包括各种遥控汽车门锁、转向锁和点火锁，以及电子密码点火钥匙。

（4）触摸式电子门锁：触摸式电子门锁采用触摸方法输入开锁密码，操作简便。相对于拉链开关，触控开关使用寿命长，造价低，因此优化了电子锁控制电路。装有触摸式电子锁的轿车前门没有门把手，代之以电子锁和触摸传感器。

（5）生物特征式电子门锁：生物特征式电子门锁的特点是将声音、指纹等人体生物特征作为密码输入，由计算机进行模式识别控制开锁。因此，生物特征式电子锁的智能化程度相当高。

3）汽车安全报警装置

汽车是高速行驶的交通工具，为使汽车驾驶员和行人及时了解汽车运行过程中的各种信息，采取果断措施，确保行车安全，现代汽车上安装了多种安全报警装置。汽车安全报警装置的种类有：超速报警装置、超车自动报警装置、倒车报警装置、多功能安全显示器。

4）汽车安全保护装置

（1）汽车安全带：汽车安全带是属于汽车驾驶员和乘客的安全保护装置，当汽车遇到意外情况紧急制动时，安全带可以将驾驶员或乘客束缚在座椅上，以免前冲，从而保护驾驶员和乘客避免二次冲撞造成的伤害。

（2）汽车安全气囊：安全气囊的安装应考虑以下几点：一是安全气囊的结构形式。目前安全气囊主要分为机械式、电子式和化学式。从反应速度上看，电子及化学式的气囊充气速度较快，机械式的气囊充气速度比较适中。二是安全气囊的安装方式。安全气囊的安装方式主要有两种，即直接将气囊安装在方向盘上，安装气囊组件时原车方向盘不更换；或将整个方向盘换装成带有气囊的豪华方向盘，安装气囊组件时需将原车方向盘更换下来。三是安全气囊的生产厂家。在选购气囊时应注意认清所购气囊是否有国家安全鉴定权威机构（公安部车检中心）的检测合格证明，同时还要核实经销商及加装店的经营安装许可文件。

拓展模块

汽车售后服务领域创业

拓展模块　汽车售后服务领域创业

模块名称	任务名称	难度描述
汽车售后服务领域创业	任务1　经营战略制定	"1+X"汽车维修企业运营与项目管理技术高级技能
	任务2　汽车售后服务企业形象识别系统战略	"1+X"汽车维修企业运营与项目管理技术中级技能
	任务3　汽车售后服务企业经营战略落实	"1+X"汽车维修企业运营与项目管理技术高级技能
	案例解析——制定加盟某汽车维修连锁品牌的计划书	"1+X"汽车维修企业运营与项目管理技术高级技能

说明：

本课程设计遵循德国双元制职业教育理论，参考"1+X"汽车运用与维修职业标准，以服务客户为理念，按照汽车售后服务企业创业的实际情况设计。

<table>
<tr><td colspan="4">任务 1　经营战略制定</td></tr>
<tr><td>任务难度</td><td colspan="3">高级</td></tr>
<tr><td>学时</td><td>2学时</td><td>班级</td><td></td></tr>
<tr><td>成绩</td><td></td><td>日期</td><td></td></tr>
<tr><td>姓名</td><td></td><td>教师签名</td><td></td></tr>
<tr><td rowspan="3">任务目标</td><td>知识</td><td colspan="2">1. 了解汽车维修市场调研常识
2. 了解汽车维修企业经营模式
3. 了解汽车维修客户维修行为</td></tr>
<tr><td>技能</td><td>技能
1. 能够完成汽车维修经营战略分析
2. 能够选择与制定正确的汽车维修经营战略</td><td>能力描述
"1+X"汽车维修企业运营与项目管理技术高级技能【工作任务：项目管理策略制定分析】</td></tr>
<tr><td>素养</td><td colspan="2">1. 培养全局意识
2. 培养客户意识</td></tr>
</table>

情境导入

小周从汽车职业院校毕业后一直在一家汽车4S店工作，至今已经四年，他是一名机修组长，具有丰富的实践经验，收入水平也不错，但是已经能看出来4S店管理方面存在的一些弊端，跟主管提了几次之后没有得到回应，觉得自己的才智不能充分发挥。看到媒体上宣传的大众创业、万众创新的相关报道后总想尝试一下自己创业，但是又舍不得从事多年的汽车专业转而去从事餐饮、家居、饰品等行业。这时他的一名同学找到他，建议他从事汽车快修行业，他开始详细地考虑汽车快修店经营的相关问题。

任务相关信息

一、汽车售后领域调研

市场调研是运用科学的方法，有目的、有计划、系统地收集、整理和分析研究有关市场方面的信息，提出解决问题的建议，供相关人员了解市场环境，发现问题与机会并以此作为制定经营决策的依据。

市场调研是企业投资前期或者战略转型的重要步骤，是汽车售后服务企业投资、制定经营战略和经营决策的依据，需要对经营方向做全面经济技术分析，包括宏观经济形势与行业政策、周围车源分布、周边维修企业分布、配件渠道等。如果市场调研不够深入细致，缺乏真实的可行性分析，就会没有明确的市场定位，给企业的投资和经营带来致命的影响。

市场调研的信息来源包括行业主管部门的政策和统计资料、网上媒体统计分析资料、市场调查数据资料、客户群体抽查等。市场是不断发展变化的，对收集到的信息也要进行动态分析，对信息的准确性和时效性进行评估，剔除无效、过时和不可靠的信息。

汽车售后领域调研一般分为三个步骤，即调研准备、调研实施和分析总结。

（1）调研准备阶段。调研准备充分与否，直接关系到整个调研工作的成败。本阶段的工作内容有：

确定问题和调研目标，既不能过于宽泛，也不宜过于狭窄，要有明确的界定并充分考虑调研成果的时效性。

拟定调研计划，撰写策划书。其主要包括调研项目、确定信息来源、选择调查方式、估算费用、设计调查问卷和撰写调研策划书。

（2）调研实施阶段。这个阶段包括走访、收集调研资料工作。

（3）分析总结阶段。这个阶段的工作有调查资料的汇总、调研报告的撰写等。另外，还有对资料进行校核，剔除不必要、不可靠的资料；对资料进行整理分析，撰写调研报告。

市场调研不仅是企业投资前期投资决策的依据，在企业正常运营之后也需要持续进行，如听取市场反馈、收取信息等，这样才能不断改善企业运营状况。

二、经营战略分析

经过市场调研之后，需要对汽车售后服务企业经营面对的所有外部条件进行全面而深入的分析，制定出正确的经营战略。

（一）宏观经济形势与行业政策

宏观经济形势分析包括宏观经济环境、区域经济特点、政治和法律环境、社会和文化环境、自然环境、人群消费习惯，区域文化特征等方面的分析。行业政策分析包括对维修行业集中度、企业之间的差别、行业壁垒进行深入分析、行业的整体供需状况、竞争状态、行业自律情况、消费群体对行业的认知，行业政策、法规和标准等方面的分析。

汽车售后服务企业必须密切注意市场经营宏观环境的变化，分析和鉴别宏观经营环境变化造成的发展机会和危机，并制定正确的策略。

（二）维修车源与周围汽车售后服务企业

维修车源是汽车售后服务企业的生存基础，汽车售后服务企业是否具有竞争力、是否能够在维修车源中取得一定的份额是汽车售后服务企业生存和发展的关键。

1. 维修车源

维修车源分析需要对拟定厂址周围10公里以内的公用车、企业用车和私家车的车型和数量进行统计和估计，维修车源的经济状况及对维修费用的支付能力也会对维修企业的经营造成一定的影响。投资方自身的车源容易做出准确的统计分析，这部分车源将是企业创办初期业务量的重要组成。对潜在的维修车源，则需要一个基本预测，还应考虑维修车源的发展，如该地区的经济发展趋势、规划、道路的发展、居民收入的增加等因素对车源发展的作用。

2. 周围汽车售后服务企业经营要素

分析周围汽车售后服务企业的经营要素是汽车售后服务企业经营者投资建厂、制定经营战略的重要参考依据。

（1）分析周围维修企业的经营优势、经营特点、业务结构、客户群体、市场地位和组织结构，从中掌握竞争对手的战略方向、市场地位和组织机构体现出的战略重点。

（2）分析周围维修企业的技术人员的水平和数量、维修项目、维修价格、维修质量、设备情况、业务开发人员的素质和经验。

（3）分析周围维修企业的投资状况、经营规模、经营效益及潜在的经营危机，以利于找到市场突破口，确定自身经营策略。

（4）分析周围维修企业的投资者的素质和能力及社会关系，经营背景，经济实力，管理层的素质、能力和管理方式。

（三）汽车售后服务企业经营模式

目前汽车售后服务企业有这样一些模式，如特约经销商（4S 店）、汽车经销维修集团（同时经营多品牌特约）、大型修理厂、专项修理店、连锁店、小型修理部、汽车美容店、轮胎经营店、快速养护店、O2O 模式等。

1. 4S 店

4S 店一般属于一类汽车维修企业，强调一种整体的、规范的、由汽车生产企业控制的服务，由于它与各个汽车生产厂家之间建立了紧密的产销关系，具有购物环境优美、品牌意识强等优势，能得到厂家的全方位支持。4S 店有统一的外观形象、统一的标识、统一的管理标准，只经营单一的品牌，具有渠道一致性和统一的文化理念。

1) 4S 店经营上的优势

（1）信誉度方面。4S 店有一系列关于处理客户投诉、意见、索赔等常见问题的管理方法，给车主留下良好的印象。

（2）技术方面。由于 4S 店只针对一个厂家的系列车型，有厂家的系列培训和技术支持，对车的性能、技术参数非常了解，在使用和维修方面也非常专业，做到了"专而精"。

（3）售后服务保障方面。随着竞争的加大，4S 店商家越发注重服务品牌的建立，加之其后盾是汽车生产厂家，所以在售后服务方面可以给客户提供保障。

（4）人性化方面。4S 店投资大、条件好，客户累了有休息室，渴了有水喝，无聊可以看杂志、书刊、报纸、上网，如果着急用车还有备用车供客户使用，整个流程有专门的服务人员打理，不用客户自己操心就可以完成整个业务。

2) 4S 店经营上的劣势

（1）汽车 4S 店基本是汽车厂家的附庸，没有话语权。

（2）汽车 4S 店的经营活动都在为生产厂家服务，为把汽车及配套商品快速而有效地从生产厂商手中流通到消费者手中努力，为维护生产厂家的信誉和扩大销售规模而辛苦工作。汽车经销商没有实力与厂家平等对话，处于弱势地位。

（3）没有自身的品牌。建筑形式以及专卖店内外所有的 CI 形象均严格按厂家的要求进行装饰和布置，经销商自身的品牌形象则无处体现，厂家也不允许体现。汽车厂家对汽车 4S

店的经营管理模式、业务流程、岗位的设置等都有标准的规定和要求，对产品价格、促销政策、销售区域、零配件和工时的价格均有强硬控制，使得汽车 4S 店的经营弹性范围狭窄，经营模式和服务同质化。

（4）完全靠汽车品牌吃饭。汽车 4S 店经营状况的好坏，90% 依赖于其所经营的品牌，而同一品牌，不同的 4S 店的经销商还得依赖本店经营者与厂家的关系，关系越好厂家给予的相关资源越多，利润的空间也越大。

2. 大型修理厂

大型汽车修理厂（综合修理厂），软硬件设施都很优秀，能保养、维修各种品牌的汽车，零配件从市场上购买，设备和人力资源得到充分利用，因而保养及维修价格相对较低，在一定时间内对品牌汽车的技术及性能掌握程度不如 4S 店。大型汽修厂能够弥补汽车 4S 店维修的不足，而且资金较为雄厚，同时也正逐步完善其服务质量。

大型修理厂一般属于一类或二类汽车维修企业。

3. 连锁经营店

连锁经营店（快修店）跟 4S 店和大型修理厂相比，突出了它的"快"字，软硬件设施投入相对 4S 特约经销商或大型修理厂少，维修价格也要便宜，但管理、服务很正规。连锁经营店一般属于二类和三类汽车维修企业，往往采取连锁经营方式，店面、标色、服装等统一，由连锁总部管理、控制、支持、服务。

不少连锁经营店目前仍处在初级阶段，形似神不似，只是店面、标色、服装等统一了，而服务理念、服务方式、服务质量未达到快修连锁的要求。

4. 专项维修店

专门从事汽车空调维修、自动变速器维修等专项维修或维护的汽车售后服务企业，专业化较强，管理较为正规，软硬件设施投入相对较少，属于三类汽车售后服务企业，汽车专项维修店在对汽车客户提供维修服务方面具有重要作用。

5. 小型修理部

小型修理部也称为路边店，属于三类汽车维修企业，维修快速，具有维修价格低廉的优点，小型修理部在提供低端汽车售后服务方面具有重要作用。有些小型修理部没有正规手续。

6. O2O 模式

O2O 即 Online To Offline（线上到线下），是指将线下的商务机会与互联网结合，让互联网成为线下交易的前台。4S 店消费高，而街边维修店的信任体系缺失给了上门保养维修 O2O 企业成长为大平台的机会。

网上集客、线下交易虽然是 O2O 行业的一贯玩法，但在汽车后市场，由于车主习惯、车辆昂贵等诸多问题，Offline 端实际上显得更加重要。唯有同时抓住线上线下两端的服务，才能在汽车后市场稳步发展。O2O 模式经营中如果 Online 端过重、Offline 端过轻，虽然大量的平台能够通过优惠吸引客户，但却无法通过良好的线下服务留住客户，缺乏标准化和服务质量，靠补贴、烧流量的模式来留住线上客户显然是难以为继的。

以上各种经营模式,无论是特约经销商、专项维修店还是O2O模式都有自身的优缺点,需要从业者根据自身情况选择。

(四)维修客户的维修行为

1. 客户送修过程与影响因素

一个较为完整的客户送修过程如图9-1所示。

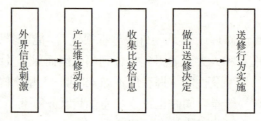

图9-1 客户送修过程

维修客户在做出要不要维修车辆、送到哪里维修决定的过程中,除了考虑车辆的使用情况、技术状况等信息外,汽车售后服务企业的营销、客户口碑、维修项目设置、维修价格、维修客户的经济状况、公关渠道、政治政策、消费文化、公共宣传等因素都会有所影响。另外,维修客户在送修时还常常会面临维修项目及消费额度的选择。

由于维修客户心理特点、消费习惯的不同,不同维修客户的送修过程会存在一定差异,有些维修客户的送修过程可能会简单一些。

2. 维修消费行为类型

(1)可引导型。维修客户个性不强,消费行为容易受到朋友推荐或者企业营销宣传影响。

(2)被动型。车辆在过了生产厂家规定的保修期之后,到了非修不可的时候才去维修。除了在维修费用上斤斤计较,送修的维修企业必须够档次。

(3)非专家型。维修客户对汽车构造不感兴趣,除了会开汽车,其他一概不知或知之甚少,容易接受维修顾问的意见。

(4)了解汽车型。维修客户对汽车构造和维修感兴趣,通常为汽车爱好者或者机械行业工作者,喜欢对维修项目仔细询问并有自己的维修意见,并能看出一些街边店的不规范操作。

(5)时尚型。经济条件较好,追求生活品质,注重维修质量,不在意维修消费数额,送修的维修企业必须够档次。

三、汽车售后服务经营战略选择与制定

在完成了对宏观经济形势与行业政策、维修车源、周围汽车维修企业等外部经营条件的分析之后,就可以制定正确的汽车售后服务经营战略以保证企业的生存和发展。

1. 市场细分

若要制定适合市场的经营战略,首先要对市场进行细分,市场细分是对每个细分市场做进一步分析的基础,其意义如下:

(1)可以将企业有限的资源集中于一个确定的目标,确立企业的竞争优势。

（2）通过细分，明确了客户，能够准确了解客户的需求，制定服务方案，提高客户满意度和客户的满足程度。

（3）提高企业的应变能力，及时了解客户的需求变化和潜在需要，开发新的服务产品。

（4）捕捉新的市场机遇、需求点。市场的需求分为现实需求和潜在需求，汽车售后服务企业在充分研究市场和细分市场时，还必须考虑客户的个性化需求，了解客户的价值观、情感因素、消费理念等一系列信息。

在细分市场的过程中，正确确定目标市场的客户需求，比竞争对手更有效、更有力地传送目标市场更需要的东西，需要明确以下问题：

（1）本地区汽车保有量、车源、车型的分布情况。

（2）某一细分市场客户的需求，客户需求的满足程度，哪个细分市场最有发展前途，拟定的客户群体特点，找出能够做到而市场没能做到的地方。

（3）在某一细分市场其他企业的营销状况，主要竞争对手的优势和劣势。

（4）创办或经营的是针对哪个细分市场的汽车售后服务企业。

2. 经营模式规模的确立及汽车售后服务连锁经营

在汽车售后市场的细分过程中找到哪个细分市场最有发展前途及拟定的客户群体特点，也就不难回答将要经营一个什么样的汽车售后服务企业。确定经营规模和模式是汽车售后服务企业制定经营战略的首要问题，汽车售后服务企业的经营规模并非越大越好，只有最合理的经营规模才能产生最佳经营效益。一个"大而全"的企业，未必比一个"小而专、小而精"的企业更具有市场竞争力。

根据交通部的管理规定，将汽车维修企业分为汽车整车维修企业和汽车专项维修业户。汽车整车维修企业分为一类汽车整车维修企业和二类汽车整车维修企业，二者的主要区别在企业规模大小、技术力量强弱等不同。汽车专项维修业户通常称为三类汽车维修企业，并把汽车快修店划分为三类汽车维修企业。

汽车售后服务企业按照规模有大、中、小之分，规模确定涉及行业发展趋势、周围维修企业状况、投资额等多种因素。

在经过科学准确的市场调研和分析后，投资者就可以确定合理的企业经营规模了，在此之前需要明确下列问题：

（1）确定经营战略范围内的维修车辆保有量。

（2）确定维修车型和日维修量。

（3）确定维修工位数量。

（4）确定维修车型。一般情况下，大规模汽车维修企业（集团）适合多品牌特约维修经营，中小规模的企业适合单一车型或专项、专业修理。

（5）确定聘用人员数量。企业经营规模的大小取决于售后领域规模、资源条件、车源分布、周边维修企业分布状况、备件渠道、地理位置、技术力量、员工素质等多方面的因素。

规模大并不等于效益好，规模在很大程度上是竞争优势的结果，而不是竞争优势的原因。经营规模小、资源有限的企业，虽然难以搞综合经营以分散风险，但是可以集中资源，通过选择能使企业发挥自身优势的细分市场来进行专业化的经营。

汽车维修连锁是近年来我国汽车售后服务业发展较快的经营模式，而且相关资料显示，在欧美等发达国家和地区，汽车维修连锁店已成为汽车售后服务保养的主力军。

1）汽车维修连锁经营形式

汽车维修连锁经营主要包括三种形式，自由连锁、特许经营和直营连锁。

（1）自由连锁。加入连锁的均为独立法人，在连锁总部的指导下共同经营。各成员店使用共同的店名，与总部签订采购、维修、宣传等方面的合同，按合同开展经营活动。各成员店可以自由加入连锁体系，也可以自由退出。

（2）特许经营。指连锁特许者将自己所拥有的商标、商号、产品、专利和专有经营模式等，以特许经营合同的形式授予被特许者使用，被特许者按合同规定，在特许者统一的业务模式下从事经营活动，并向特许者支付相应的费用。

（3）直营连锁。连锁公司的店铺均由公司总部全资或控股开设，在总部的直接领导下统一经营，总部对各店铺实施人、财、物等方面的统一管理。

2）连锁经营加盟

加盟汽车维修连锁，可以借助现有的连锁品牌快速起步，准备加盟汽车维修连锁的经营者，需要注意以下事项：

（1）必须对加盟集团的品牌作充分的调研，经营者要到加盟集团总部进行项目考察，并与总部工作人员进行业务交流，加盟品牌要有特色、有市场竞争力。

（2）在确定厂址之前做好充分的市场调研和车源分析，由于加盟汽车维修连锁经营资金回报周期较长，因而选址上要考虑较长的稳定期。

（3）厂址显眼，车辆进出方便，门口有一定的回旋余地，在考虑车流量的同时，还需考虑停车位。

（4）加盟集团必须有相对完善的配送系统，或者离备件供应中心相对较近。

（5）加盟集团必须有相对完善的客户管理与信息管理支持平台。

3. 经营战略选择与制定

经营战略是企业面对激烈变化、充满挑战的环境，为求得长期生存和不断发展而进行的总体性谋划。汽车售后服务企业经营者在分析了目标客户群的特点（私车、公车、车型、档次），客户的需要，主要竞争对手的优势和劣势，决定了企业的经营规模、模式之后，为了在汽车后市场中求得生存和不断发展，必须科学地选择、评价和拟定经营战略。

（1）"专、精"战略。"专、精"战略是指汽车售后服务企业主攻某个细分市场，如某个品牌、某一专项修理，能够以更高的效率、更优的质量为某一特定的、狭窄的客户群体服务，在某一方面超过其他竞争对手。采用"专、精"战略可以集中资源重点突破从而具有很强的竞争力，取得客户的信任，满足客户需要。

比如，市场上出现的变速器阀体维修店，做到集自动变速器维修，设备研发，配件销售，新技术推广于一体，专为变速器专修厂、4S店提供维修技术指导和改良维修方案，开发了卧式变矩器维修设备，不仅可以修复变矩器，还可以加工铜套、光轴、蜗杆等，能够为4S店、修理厂、汽配商及自动变速器维修厂提供自动变速器维修代工服务和变速器阀体代工维修服务。

周围维修企业无论规模大小、能力强弱，都不能包吃天下，市场的需求是丰富多彩的，任何地方都存在商机。市场给予企业的机会很多，但不是所有机会都适合，关键是找到适合企业经营战略和经营特点的市场机会，促进企业的生存和发展。

新建的汽车售后服务企业要想在市场中找到立足点，必须找准市场突破口，经过汽车售后领域调研，通过维修车源分析和周围汽车售后服务企业的经营要素分析，对行业发展状况进行剖析，容易发现周围维修企业在某些要素上经营能力相对低下，找到市场突破口。

采用这种经营战略对于小企业有两方面的好处：一是可以提高专业化程度和维修质量，提高规模与经济效益，在市场上站稳脚跟。二是随着需求多样化和专业程度的提高，大企业也普遍欢迎这种专业化程度高、维修质量好的企业为其提供配套服务。

如果周围汽车售后服务企业数量较多而车源相对稳定，市场竞争激烈，不时出现汽车售后服务企业倒闭，则投资者应该慎重选择，考虑重新选址。

（2）"广、全"战略。"广、全"战略是指汽车售后服务企业为了使得企业服务功能强大，给区域内的客户提供更大便利，依托平台优势或者集团优势，在汽车售后服务服务中经营范围广、服务项目全，给客户留下深刻印象。"广、全"战略能最大限度地满足客户需求，使客户产生信赖感、依赖感和亲切感。

（3）特色经营战略。特色经营战略就是使企业在汽车售后服务行业中独具一格，具有鲜明的特色，并建立差别竞争优势，而不是模仿周边企业的经营模式。

经营特色的塑造可以从服务项目、维修速度、客户会员制、管理风格等方面多方位、多角度开发，经营特色一旦建立起来就会引起客户群的注意，具有很强的竞争力。比如，为小型车队经营者开设夜间维修服务，留下一小部分技师在下午5点到晚9点工作。建立企业经营特色并不受企业规模的限制，即小规模汽车售后服务企业也能在市场竞争中树立鲜明的经营特色。

如果自身资金实力不够，可以考虑降低成本采取低成本优势，从优化业务流程、加快维修速度、削减管理费用等方面入手提高企业竞争力。当然，也要注意到降低经营成本可能会对维修质量和效益带来负面影响，需要通过管理经营创新来消除可能的负面影响。

因为维修客户不仅需要汽车售后服务企业对汽车本身的维修服务，还关注汽车售后服务企业对客户的人性化服务，所以汽车售后服务企业可以考虑提供一些人性化服务，如提供一些社区便民服务，出板报宣传安全卫生知识；提供代用车；设置客户体验车间，某些维修项目可以自己动手。

（4）寻找市场空隙战略。寻找那些其他企业不愿意、不便于或未发现的细分市场、地区进行发展，此种经营战略尤其适合中小型汽车售后服务企业。在开辟市场新领域时，应该在被大企业忽视的市场空隙和边缘地带寻找商机，以客户需要的产品和项目去占领市场、赢得客户。进入空隙后，可视情况而定，或者扩大生产，向集中化、规模化的方向发展，也可以及时退出。

（5）连锁战略。汽车售后服务企业采取连锁经营战略能够集中优势要素，能够以较低的成本确立较大的战略优势。汽车售后服务企业连锁模式可以是中心店＋连锁店结构，形

成完整的服务链。中心店可以集中配置昂贵的设备、一流的技术人才和齐全的服务项目，成为连锁加盟店的强大支柱；而连锁店则发挥便利、快速养护、统一配送等低成本运行之优势，为客户提供最近距离的服务。

任务工单

主题	熟悉汽车维修创业的两种战略	
说明	1. 连锁战略 2. 特色经营战略	时间：45分钟

★ **工作页/学习页**

小周从汽车职业院校毕业后，已经在汽车4S店工作了4年，打算在汽车售后服务领域创业，他面临两种创业模式选择。第一种模式是加盟汽车维修连锁品牌；第二种模式是利用他对所在4S店的品牌汽车改装升级技术自创维修品牌。

1. 第一种模式相比于第二种模式，有哪些优点？

2. 第一种模式相比于第二种模式，有哪些缺点？

★ **学生工作笔记（体会、收获）：**

任务 2　汽车售后服务企业形象识别系统战略

任务难度		中级	
学时	2学时	班级	
成绩		日期	
姓名		教师签名	
任务目标	知识	1. 了解汽车维修企业形象识别系统 2. 掌握汽车维修企业形象特征	
		技能	能力描述
	技能	掌握正确运用企业形象识别系统战略的原则，规范运用与管理汽车维修企业形象识别系统	"1+X"汽车维修企业运营与项目管理技术中级技能【工作任务：维修企业SCI形象与规范管理】
	素养	1. 培养品牌意识 2. 培养企业荣誉感	

情境导入

小周目前在一家汽车 4S 店工作，至今已经工作四年了，想尝试一下汽车售后市场创业，在市场调研和制定经营策略过程中他经常听到一个名词"CIS"，也有人称之为"企业形象识别系统"，他急于确切了解这方面的知识，同学们，我们来跟小周一起学习吧！

任务相关信息

一、汽车维修企业形象识别系统

企业形象识别系统（Corporate Identity System）由理念识别（Mind Identity）、行为识别（Behavior Identity）、视觉识别（Visual Identity）三方面组成。企业形象识别系统将企业经营理念与精神文化，运用整体传达系统，传达给社会大众、周围团体和企业内部，树立和发展品牌形象，提高内部员工的自豪感和凝聚力。

在汽车售后服务市场竞争日趋激烈的情况下，良好的企业形象是企业的最佳资产，具有极高的价值，能够使企业与其他企业在相同的经营条件下，取得更多社会公众的支持，赢得更多的客户。另外，树立良好的企业形象也是企业谋求长期生存和快速发展经营战略的一部分。

（一）企业理念识别

企业理念识别（MI）不仅是企业形象识别系统的精神所在，也是企业形象识别系统的最高层。

1. 基本要素

（1）价值追求。价值追求反映出一个企业在社会经济活动中的自我认知，是一个企业的本质特征之一。比如一汽轿车股份有限公司的核心价值观是"争第一、创新业、担责任"。

（2）企业精神。企业精神是指企业在长期生产经营的过程中，在其价值观念体系的支配和滋养下，逐步形成和优化出来的群体意识。比如一汽轿车股份有限公司的企业精神是"忠诚、自强、学习、创新"。

（3）经营理念。不同的企业有不同的经营理念。一汽轿车股份有限公司的经营理念是诚信共赢。丰田汽车公司把其理念归纳为五大要点：挑战、改善、现地现物、尊重与团队合作。

（4）发展战略。每个企业都为了长远经营和兴盛发达都会制定发展战略。

2. 表现形式

理念结构图、标语、警语、守则、口号、企业歌等。

（二）企业行为识别

企业行为识别（BI）是指在企业经营理念的指导下形成的一系列经营活动。由于企业行为系统是在不同于其他企业的经营理念指导下形成的，因此在经营活动的重点和具体方法上明显有别于其他企业。企业行为系统分为内部行为活动和外部行为活动两种，对于汽车维修企业，则包含以下要素：

1. 维修的主流车型与汽车维修质量

维修的主流车型以及因此而配备的设备，汽车维修质量以及对应的技术水平，它们反映了企业技术能力与经营水平，给社会公众留下整体印象。

2. 服务形象

服务的竞争已经成为维修企业间竞争的焦点。服务方式和服务态度体现了汽车维修的附加值，良好的服务会使客户产生亲切感和信赖感，因此服务形象是企业重要的行为识别要素。

3. 经营管理形象

企业经营有方、管理有序能以一种特有的文化和企业精神展现在社会公众和职工面前，产生强大"文化力"，最终形成强大的竞争力。

4. 员工状态

员工状态包括员工的文化素质、技术水平、工作态度、工作习惯、职业道德、精神风貌、礼仪及服饰及环保观念等。

（三）企业视觉识别

企业视觉识别（VI）是指在企业经营理念的基础上设计出的识别符号，以刻画企业的个性，突出企业的精神，突显企业的特征，从而使企业员工、消费者和社会各界对企业产生一致的认同感。

1. 基本要素

企业视觉系统的基本要素具体包括企业名称（全称、简称）、企业品牌标志（Logo）、企业标准色、企业造型、印象图案等，如一汽丰田的企业品牌标志（一汽丰田）。

2. 关系要素

（1）办公用品。包括变通信封、印刷品专用信封、信纸、企业专用笔记本。

（2）事务用品类。包括企业简介、企业证照、文件类、企业专用请柬。

（3）交通运输工具类。包括各类货运车辆、大中小型客车、班车、专用宣传广告车。

（4）指示、标识类。包括企业建筑物外观，招牌，旗帜，各部门铭牌，大门、各种入口，室外照明，铭牌霓虹灯。

（5）广告展示陈列类。包括广告礼品，展览会展位设计，广告手提袋等。

（6）商品及包装类。包括各种包装纸、袋、办公、营业场所、车间内部装潢等。

（7）服饰类。包括工作服、工作鞋、帽、领带、胸针、T恤衫。员工的工装应该分为冬季和夏季两种，服务接待人员的服装一般是工作套装或西装，维修人员的服装为工作装。

（8）企业网站。

二、汽车售后服务企业形象特征

1. 客观性

汽车售后服务企业形象不是经营者的自我感觉，而是一种客观存在。企业的形象由企业的价值观、经营理念、职业道德及其在具体经营活动中的表现来决定，主要由客户和社会公众进行客观评价和鉴定。

2. 整体性

汽车售后服务企业形象是在人们心目中形成的综合的、全面的印象。评价一个企业形象的好坏不是只看企业某一方面要素，或某一方面工作的好坏，而是对企业进行整体评价。既会看到它的外在形象，也会看到内在经营管理水平；既会看到它的维修技术水平，也会关注服务水平高低。优良的企业形象是外在表现与内在质量的完美统一。

3. 稳定性与可塑性

汽车售后服务企业的形象既具有稳定性，又具有可塑性。

优良的企业形象一旦树立起来，就会给社会公众留下稳定的、较为长期的印象，形成良好的口碑，既能稳定固有的客户源，还能迎来更多的新客户。相反，如果一个企业在公众心目中形成了较差的形象，扭转过来也十分困难，从而使企业慢慢失去市场。

与此同时，企业形象又是可以逐渐改变的，但是改变的时间一般要比树立初始企业形象经历的时间要长。如果一个汽车售后服务企业开始的形象差，通过企业全员的努力，靠自身优良的服务和积极的公共关系活动，可以扭转不好的形象。同样，如果一个企业如果给公众留下技术水平高、服务质量优的印象，由于某种原因导致了技术水平和服务质量滑坡，也会逐渐被社会公众知晓。

三、正确运用企业形象识别系统战略的原则

企业形象识别系统战略能够塑造鲜明和优良的企业形象,有效地把企业形象传播给公众,获得公众的广泛认同,使企业整体运营进入充满生机与活力的发展轨道。要达到这一目标,需要遵守以下原则:

1. 了解公众,尊重公众利益

若要塑造鲜明和优良的企业形象,首先必须充分了解公众,尊重公众利益,遵循"客户至上"的准则。如果一个企业在推广企业形象识别系统时,片面地主观臆想,一味追求"高端""时尚",违背公众的意愿,漠视客户的需求,最终会被公众和客户抛弃。

2. 系统性原则

塑造企业形象必须从整体出发,有计划、有步骤地整体推进,把塑造企业的内部形象与外部形象统筹考虑。

3. 个性原则

在运用企业形象识别系统战略时要善于塑造汽车维修企业自己特有的形象特征,给公众以鲜明印象,以利于企业形象的迅速传播。

4. 尊重真实,不欺骗客户

真实地说明企业的情况,坦诚地让公众更多地了解企业,争取公众对企业的理解和谅解。说明企业的情况不能夸张,更不能依靠谎言为企业树立形象。

5. 长期性原则

推广企业形象识别系统战略是一项长期任务,企业不仅需要长期不懈的努力,还要善于创造并把握机会,持续利用各种契机快速提升企业形象。

任务工单

主题	熟悉企业形象识别系统的内容	
说明	1. 企业理念识别 2. 行为识别 3. 视觉识别	时间:45分钟

★ 工作页 / 学习页

> 小张经营一家小型汽车修理厂已经一年半了,客户反映维修质量不错,但就是知名度低。请你运用企业形象识别系统战略,为小张出谋划策。
> 1. 企业理念识别方面可做的工作。

2. 行为识别方面可做的工作。

3. 视觉识别方面可做的工作。

★ 学生工作笔记（体会、收获）：

_____
_____
_____

任务 3　汽车售后服务企业经营战略落实			
任务难度	高级		
学时	2学时	班级	
成绩		日期	
姓名		教师签名	
任务目标	知识	1．了解不同类型的汽车售后服务企业在厂区布局、维修车间布置和业务接待厅布置的特点 2．了解企业新创建期间队伍建设与人员管理的工作内容	
	技能	技能	能力描述
		能够进行创建汽车售后服务企业项目的规划和执行、人力资源规划、项目营销	"1+X"汽车维修企业运营与项目管理技术高级技能【工作任务：项目管理策略制定分析】
	素养	1．培养全局意识 2．培养责任意识 3．培养创新创业意识	

情境导入

小周目前在一家汽车 4S 店工作，经过深思熟虑打算在汽车售后市场创业，在市场调研和制定经营策略后，最终决定以"加盟汽车维修连锁品牌"的模式创业，他应该马上着手做哪些准备工作呢？同学们，我们来跟小周一起学习吧！

任务相关信息

汽车售后服务企业经营战略的运用都要落实到维修项目的设置与更新、厂区选址与整体布局、员工队伍建设、备件渠道建设等方面。

一、厂区整体布局及选址

从事服务行业的企业及店铺其选址都是至关重要的。汽车维修企业在选址上需要注意交通是否便利、店面室内是否适合维修企业规划、周边车流人员是否密集、配件供应是否方便等问题。

厂区整体布局作为汽车维修企业整体形象的外观展示，包括企业各个建筑物之间的关系、停车位、大门及门卫亭、各种入口等，必须周密规划，合理布置。

1．大规模汽车售后服务企业

企业各个建筑物之间要结构合理，便于组织生产和开展业务。人和车辆的行走路线要分开，关键路段设置醒目标志。要有足够的停车位，便于客户接受维修服务，停车位应该规范施画，保持干净整洁，车辆摆放有序。客户活动区和工作区要分开。对于能够展现企业的经营特色和特种服务形式、具有创新意向的企业文化活动场所或设施，尽量设置在公众方便的地方。

2．中小规模汽车售后服务企业

中小规模汽车维修企业更需要考虑好厂区总体布局的合理性，因为中小规模汽车维修企业相对占地面积小，一定要合理利用面积和空间，最大限度地发挥土地资源的优势。区域标识一定要避免拥挤杂乱，厂区内的每一部分都要干净整齐。

二、维修车间布置及设备采购

维修车间布置要根据汽车维修企业的经营战略、特色经营项目设置而定，能够使硬件设备功能得到充分发挥，保证企业安全顺利生产。

维修车间的合理布局、环境的舒适程度对维修工作效率有直接影响，维修车间的布局和整洁程度还能影响客户对企业的信任度，维修车间应该明亮，尽可能采用自然光照明，并配备足够的人工照明。维修车间还应该充分考虑通风和排烟系统，保证维修车间空气清新。

1．大规模汽车维修企业

要能针对主要维修车型，建立健全完善的工位组合。维修车间一般分为机修车间、钣金车间和喷漆车间，机修车间、钣金车间和喷漆车间应该分开以防止噪声和污染。机修车间又可以分为检测诊断工位、快速保养工位、总成维修车间等，还要有洗车场和维修专用停车场。另外，还应配有专用工具库房和资料室，以保证专业化汽车维修的正常进行。

2．中小规模汽车维修企业

车间面积、设备配置要能保障经营项目涉及的维修作业的顺利进行，尽可能提高维修工位的利用率。备件库的进出口应该设在不妨碍车辆移动的地方。

维修车间根据经营项目需求，采购配备车辆举升机、扒胎机、轮胎动平衡机、空气压缩机、汽车故障诊断仪、各种常用工具等设备、仪器和工具。

三、业务接待厅布置

业务接待厅是接待维修客户以及为其办理相关手续的地方，其布局的合理、整体的整洁程度会给客户留下第一印象。

1．大规模汽车维修企业

所有门牌、标识字体应该清晰明亮并保持整洁，招牌、广告都应该清洁，不要褪色和陈旧。业务接待厅内明显处要张贴平面图，悬挂或者粘贴有关企业理念、服务流程、企业服务形象、近期活动的悬挂物和张贴物，以及引导客户进行定期保养的宣传画、维修工时一览表等。设立宽敞舒适的客户休息室，并提供饮料，要有娱乐设备、计算机、报纸杂志，使客户在业务接待厅等车维修的过程中得到放松和娱乐。

2. 中小规模汽车维修企业

业务接待厅不必追求宽敞气派，整洁实用即可，有时甚至可以在维修车间的一角。接待厅应该能随时观察到车辆进出情况，业务人员进出仓库和车间要方便。另外还要根据资金状况，以相对较少的投资做好企业形象宣传工作，悬挂或者粘贴有关企业理念、服务流程的悬挂物、张贴物，也应该将常用配件的价格表、维修工时一览表张贴在业务接待厅的适当位置。

四、队伍建设与人员管理

人才资源是汽车售后服务企业创立和发展的最重要资源，员工的数量和质量和汽车维修企业的规模、投资额相关，所聘员工数量越多，聘用人才层次越高，企业为此付出的成本也就越高。新创建的汽车售后服务企业，必须充分认识到招聘及培训的重要性。

在员工招聘工作中，必须控制人才的数量和质量，谨慎对待管理人员和关键技术岗位人员的选聘。团队结构合理是团队协调、协作、协同工作的基础，组建和建设汽车服务和维修团队必须注意团队结构合理，这样才能充分发挥每一名员工的才智，并能让刚刚参加工作的年轻人不断成长，而避免过多的高能力、高技术水平的人才出现内耗。

要注意调动员工的活力和智慧，进行有效的激励。选择适当的激励方式进行绩效管理和薪酬管理，使物质奖励、精神激励和工作激励相辅相成，提高员工的满意度，增强团队活力和凝聚力。

随着汽车维修技术的变革，维修技术的高新技术含量越来越高。来自职业院校的毕业生和其他经过专业培训的人才受过专业培训及高等教育，他们决定了企业的素质，能为企业的发展提供人才支撑。

对于管理人员和维修技师，必须结合企业的维修战略，定期进行针对性的企业经营理念和技术培训，提升员工队伍的整体服务能力，从而提升客户满意度。

五、备件渠道建设

在汽车维修企业管理中，备件渠道建设是非常重要的部分，及时而优质的汽车备件供应是优质汽车维修服务的有力保障，同时又能给汽车维修企业带来一定的经济效益。

订购备件、管理备件、减少库存、将库存盘活等都是备件管理重要的工作。备件的库存一直是企业占用资金最大的项目。备件的积压实际是资金的积压，库存备件的价值会随着时间的推移而贬值。

1. 备件订购管理

汽车维修企业建设备件渠道，提高采购管理水平的目标是追求"良性库存"，即以最合理的库存实现最大限度地满足客户需求的目标。

（1）做好备件需求分析。汽车备件需求分析，主要是估计市场规模的大小以及产品的潜在需求量。合理的备件需求分析能够满足客户的需求，最大限度地优化库存，降低库存对企业资金的占用。汽车备件需求分析就是用最合理的库存最大限度地满足客户需求。做好备件需求分析需要充分了解快速更换类零件、维修服务类零件、车身机械类零件、大总成、附件、其他类零件等六大类备件的销售特性。

（2）尽量缩短采购空间距离和供货时间。在建厂选址或选择备件经营厂家时，尽量选择空间距离近的厂家以便联系和采购，尽量选择供货速度快的备件商合作。

（3）制定合理的备件订购计划，保证备件库存合理。备件库存的合理性取决于备件订购计划的合理性，备件的积压就是由备件订购计划不合理造成的。从保障汽车维修的角度来讲，希望备件越多越好。从订购角度来讲，希望订购次数越少越好，订购量越大越好。制定备件采购计划时，需要兼顾以上各个方面，制定合理的备件采购计划，从而保证备件库存合理。

（4）保证备件质量。与良好信誉的备件供应商合作，加强对备件商供货质量的考核和评价，确保汽车备件质量，避免因为备件质量差而影响维修质量和企业声誉。

2. 备件库存管理

备件库存管理是备件渠道建设中的一个十分重要的环节，对备件的及时供应、成本控制有着重要影响，直接关系到维修作业的及时性。

（1）合理设置备件库房。备件仓库应有足够的面积和高度，保证多层货架的安装，保证进货及发货通道的畅通。仓库各工作区域应有明显的标牌，如收发货区、索赔区、车间领料口等。

（2）仓库发货必须有正式的单据为凭，所以要审核汽车备件出库单据，包括汽车备件调拨单或提货单。

（3）做好零备件的进出库管理。备件发放要有利于生产取用。

（4）库存盘点管理。为了掌握库存汽车备件的变化情况，避免备件的短缺丢失或积压，必须对库存零件进行定期盘点。

六、营销与宣传

营销与宣传是汽车售后服务企业开业的重要环节，有效的营销与宣传能够迅速让周边客户得到新店开业的信息。

在开业前期推广时期，应该结合企业战略制作一些能够展示企业形象、特色鲜明的宣传品，在线上和线下同时传播。不断去主动收集和挖掘客户的需求，留住老客户，开发新客户，让老客户帮忙介绍更多的新客户，最终才会有源源不断的客户进店。

开业前期准备

经营管理及发展

思政课堂

讨论：有的同学在大学快毕业的时候，因为觉得来校招聘的单位给的工资低、岗位也不可心，所以就想直接创建一个小微维修企业，你觉得毕业就创业是不是最佳时机？请利用所学知识及你对创新创业的认知发表自己的观点。

> **建议**：讨论没有对错，只有观念和思想的碰撞。毕业就创业对大多数人来说，真不是好时机。刚毕业，很多人还处于比较懵懂的时期，没有经过吃苦耐劳的历练，没有经济的积累，没有人脉的积累，属于两手空空、要人没人、要钱没钱的时期，所以不适合创业。需要到职场中去磨炼、积累，在思想和各方面相对成熟后按照本模块所讲的内容进行创业前期准备，再开始创业，更容易成功。但也会有特例：上学时期开展过创业的，或者家里人创业的，都属于人脉资源和经济资源丰富的，这样的创业更容易成功。凡事不绝对，欢迎大家继续发表自己的观点。

任务工单

主题	了解小微汽车维修企业需要的设备、工具、仪器	
说明	1. 小微汽车维修企业需要的设备 2. 小微维修企业需要的工具、仪器	时间：20 分钟

★ **工作页/学习页**

小周打算创业开办一个面积约为 200 平方米的小型汽车维修企业，从事汽车养护、汽车维修、轮胎、洗车、美容装饰、汽车改装升级等项目。如果你是小周的同学，请给他提供一下设备、仪器和工具采购的建议。

1. 填写开业设备、仪器和工具采购单。

序号	名称	品牌	型号/规格	价格/千元
1				
2				
3				
4				
5				
6				
7				
8				
9				
10				
	总计			

2. 以上的设备、仪器和工具，哪些是你能够熟练使用的？哪些还不能熟练使用？

★ **学生工作笔记（体会、收获）：**

案例解析——制定加盟某汽车维修连锁品牌的计划书

一、高专汽车维修连锁机构介绍

高专汽车维修连锁机构是东北地区汽车售后服务行业的新锐品牌，自 2014 年创立以来，高专汽车特许连锁加盟店出现在东北地区多家城市，为广大车主提供规范优质的汽车维修服务，受到消费者一致好评。高专汽车维修连锁机构起源于吉林省吉创汽车维修，从事汽车售后服务行业多年。2014 年，高专汽车维修连锁机构开始延伸快修保养业务，包括连锁机构总部、中心店和加盟店，连锁机构总部和中心店的管理人员和技术人员都是长春汽车工业高等专科学校毕业生，具有良好的专业素质和职业道德。高专汽车维修连锁机构采取中心店+加盟店的运营方式，一家中心店支撑 4～5 家加盟店，服务项目维修规范到位，价格合理，标志着高专汽车维修连锁机构经营模式的全面升级，并以此为契机致力于为居民区车主提供全方位的汽车生活服务。加盟店的服务项目包括汽车养护、汽车维修、更换轮胎、洗车、美容装饰、汽车改装升级。中心店的服务项目则针对常见的汽车后市场无所不包，除加盟店的服务项目外，还提供钣金喷漆、疑难故障排除、保险代理销售、售后理赔、协赔、提供代驾车辆、代驾等服务，能对各加盟店提供良好的服务支撑。

高专汽车维修连锁机构已是加盟商认同的高成功率创业项目和事业，已经有加盟人创业成功并开办第二个店。为了不断提高各加盟店的技术水平和管理水平，总部定期组织各加盟店相关人员参加汽车维修新技术培训和管理培训。高专汽车维修连锁机构品牌形成了多快好省的品牌特点，为广大车主所信赖。

在短短两年内，高专汽车维修连锁机构便日趋成熟，品牌文化建设形成特色，赢得了市场的好评和认同。人力资源开发及特许经营管理系统日益完善有效。盈利模式不断创新升级，专业技术能力保持先进，市场竞争能力不断加强。

高专维修连锁机构正积极推进"百店十城"的战略计划，秉承"规范，诚信，品质，整洁"的经营理念，品牌创业，品牌服务、品牌报国，做汽车后市场最受信赖的品牌！

核心价值观：客户为本，服务社会。

经营理念：规范，诚信，品质，整洁。

发展战略：汽车维修连锁机构将做到规范的服务意识和精湛的维修技艺的完美结合，为客户提供安全贴心的汽车服务，彰显汽车维修连锁机构对其企业价值观和品牌宏伟抱负的永恒信心，立志将汽车维修连锁机构打造为"汽车后市场的新锐品牌"，立足吉林，辐射东北。

汽车维修连锁机构加盟流程如图 9-2 所示。

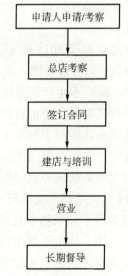

图 9-2　汽车维修连锁机构加盟流程

二、高专汽车维修连锁机构加盟店创业计划书

（一）项目介绍

项目名称：高专汽车维修连锁加盟南阳路店。

经营范围：汽车养护、汽车维修、轮胎、洗车、美容装饰、汽车改装升级。

项目投资：20万元。

回收成本期限：4年。

加盟店地址：长春市绿园区南阳路上海绿地B区正门。

项目概况：本加盟店为高专汽车维修连锁机构加盟店，采取直营连锁方式。面向绿园区西北部的私家车车主、少部分机关企事业单位汽车客户，主营汽车维护、钣金喷漆和汽车动力系统改装升级，也可以承接机电故障排除，距离高专汽车维修连锁机构高力中心店4.7公里，可以迅速获得中心店的技术支持。

企业宗旨：以服务社区为中心，为社区内汽车客户提供规范和贴心的专业汽车服务。

（二）市场分析与可行性研究

1. 宏观环境分析

根据2014年交通运输部会同包含外交部、国防部等在内的国家十部委联合印发的《关于促进汽车维修业转型升级 提升服务质量的指导意见》，鼓励汽车售后服务企业连锁经营，鼓励品牌化发展，汽车维修业将要从服务粗放型向服务品质型转变。实施汽车维修技术信息公开制度，保障所有维修企业平等享有获取汽车生产企业汽车维修技术信息的权利，促进市场公平竞争。破除维修配件渠道垄断，鼓励原厂配件生产企业向汽车售后市场提供原厂配件和具有自主商标的独立售后配件。允许授权配件经销企业、授权维修企业向非授权维修企业或终端客户转售原厂配件，推动建立高品质维修配件社会化流通网络。加强维修人才队伍建设。提高维修装备技术水平，鼓励开展汽车维修检测设备第三方安全、环保认证。充分运用互联网、大数据、云计算等技术手段，创新机制和模式，积极推进行业信息化建设。

交通运输部2015年8月对《机动车维修管理规定》（交通部令2005年第7号）作出如下修改：第五条新增一款，作为第二款。其内容为"托修方有权自主选择维修经营者进行维修。除汽车生产厂家履行缺陷汽车产品召回、汽车质量'三包'责任外，任何单位和个人不得强制或者变相强制指定维修经营者。"

新的条款限制了汽车生产企业滥用汽车保修条款，保障了消费者维修选择权，不得以汽车在"三包"期限内选择非授权维修服务为理由拒绝提供维修服务。

以上政策法规可以使保修期内的汽车客户选择到其他维修企业维修保养汽车，而不必非到4S店去维修，会出现一部分保修期内的汽车客户选择到加盟连锁店维修保养。

随着汽车越来越多地进入家庭，截至2019年年底，长春市区的机动车保有量已经超过160万辆，接近于每个市区家庭都拥有一部汽车，从2009年开始大量进入长春市民家中的私家车，目前已大批量进入维修期，长春市冬季比较长，路面湿滑的时间相应较长，汽车擦碰的概率较高。

2. 车源分析

由于选址的周围有一些新开发的成熟小区，家庭状况一般在小康水平或小康水平以上，因此加盟店主要的目标群体是区域内的私家车客户，一些豪华品牌的过保修期汽车客户。本区域住户从事汽车行业的较少，车主对汽车构造不感兴趣，除了会开汽车，其他一概不知或知之甚少。有一些做生意的年轻汽车客户，买车、用车讲究面子，喜欢玩车。

加盟店选址周围有上海绿地 B 区、碧水云天、高力德国村等近几年新建的住宅小区，而且新开通了 54 路有轨电车直达长春西客站，南阳路也加宽整修了，车流、人流逐渐增多。因此本加盟店除了面向本区域居民汽车维修客户外，还能有一部分流动汽车客户。加之《机动车维修管理规定》第五条新增的第二款的实施，未来还能有一部分 4S 店客户来本店保养。

3. 周围汽车售后服务企业分析

在西环城路的一个院子里，有一个中等规模的汽车维修厂，距离本加盟店 4.3 公里，经营项目较为齐全，有较为稳定的车源，经营风格较为传统，没有鲜明的 CI 形象，而且地理位置偏僻，到达主路交通不便。

周围零散地有一些路边店，从事一些汽车简单维护、轮胎更换业务，店面内部脏乱，管理和技术水平较差。

4. 项目规模的分析

根据高专汽车维修连锁加盟对加盟店的设计和本加盟店辐射到的区域在汽车养护、汽车维修、更换轮胎、洗车、美容装饰、汽车改装升级各项业务的维修车辆保有量，确定本加盟店为小规模的汽车售后服务企业，属于三类汽车售后服务企业，项目规模适当。

根据以上分析，本项目可行。

（三）市场风险预测

竞争者的出现，是本店主要的市场风险，为了能让企业在市场中生存和壮大，要实行四个标准的管理模式，即"标准化流程，标准化操作，标准化形象，标准化价格"，建立自身的品牌。汽车维修服务更专业、更标准、更了解本地市场。加盟店的技术人员和管理人员来自长春汽车工业高等专科学校毕业生，具有专业的汽车维修技能、汽车理论知识和职业素质，在汽车后市场具有良好的口碑。

（四）经营战略选择与制定

依托加盟总店的"广、全"战略，扩大服务范围，除了汽车养护、汽车维修、更换轮胎、洗车、美容装饰、汽车改装升级等项目之外，还可以承揽钣金喷漆、疑难故障排除、保险代理销售、售后理赔、协赔、提供代驾车辆、代驾，增加周围汽车客户的信赖感和依赖感。

针对区域内一些年轻、时尚车主，采用特色经营战略，加大宣传力度，重点实施车辆改装升级服务，提升企业技术实力方面的形象。

本店选址在高力汽贸城附近，选用维修备件十分方便。

（五）成本预算

1. 加盟店的成本预算

加盟店启动资金由加盟申请人和加盟总部共同承担，加盟申请人占 49%，联盟总部占 51%，具体安排如下：

（1）办理工商、税务登记、道路运输、环保等费用：1 万元。
（2）店铺（200 平方米）租金及押金：10 万元/年。
（3）装修：6 万元。
（4）备件及油品、易耗品：3 万元。
（5）购买设备费用：5 万元。
（6）流动资金（员工工资等）：8 万元。
（7）其他开支（水费、电费、管理费、工商管理、税费、卫生费及流动资金等）：2 万元。
合计：35 万元。

2. 加盟费用预算

因为本项目采取直营连锁方式，不需要缴纳加盟费用。

总成本预算（启动资金）：35 万元，其中加盟申请人承担费用为 35 × 49% = 17.15（万元）。

（六）行业相关法律法规

（1）《汽车维修业开业条件》（GB/T 16739.1—2014，GB/T 16739.2—2014）中规定了汽车售后服务企业必须具备的人员、组织管理、质量管理、生产管理、环境保护、设施、设备等条件。

（2）根据《中华人民共和国劳动法》的规定，跟员工签订劳动合同，交纳相应的社会保险。

（3）依法纳税，合法经营。

（七）人员机构配置

职员及岗位职能：

（1）加盟店经理 1 名：负责整个加盟店的管理工作。
（2）机修技师 1 名：负责机电维修技术工作，精通常见各车系的机电维修。
（3）机修中工 1 名：负责机电维修工作，能够处理汽车常见故障。
（4）机电/钣金徒工 2 名：机电/钣金维修工作。
（5）洗车/美容工 4 名：负责汽车美容/洗车工作。
（6）管理人员 1 名：负责财务、备件管理工作。

总共 10 名职员，要求持证上岗的，必须拥有资格证书。

（八）自身优势

（1）本人的工作经验。本人有 4 年汽车维修厂工作经验，曾任某品牌 4S 店机修组长。

（2）本人的社会资源。与丰田、福特、大众等品牌 4S 店技术经理保持密切关系，知晓主流品牌汽车维修规范。

（3）本人教育背景。本人是长春汽车工业高等专科学校汽车检测与维修技术专业毕业生，获得劳动部门颁发的汽车维修高级维修工资格证书。

（4）本人的资金支持。自主创业愿望已久，启动资金已完全到位。

思政课堂

讨论：你认为在汽车售后领域创业，除了具有热情之外，还应该具备哪些条件？

参考建议：通过本模块的学习，我们明确了创业需要做的前期准备及物质上的准备工作，但创业在心理和意识上是不是也需要做好准备呢？有的同学没做好创业的准备，也有的同学认为创业不仅仅需要物质上的准备，思想上和认知上的准备更重要，不能盲目地创业。在创业的过程中，可能会遇到各种困难，如果前期思想和认知上准备不充分，可能就没有勇气继续坚持下去了。所以，同学们创业前，在思想上和行动上都应该用"红旗"工匠精神激励自己，要有吃苦耐劳的决心和动力，创业的过程一定会有风雨，大家一定要记住：只有风雨兼程，才能更快地创业成功。欢迎大家继续发表自己的观点。

参考文献

[1] 汽车维修企业运营与项目管理技术（中、高级）职业技能标准 [S]. 北京：中车行高新技术有限公司.

[2] 汽车营销评估与金融保险服务技术（初、中、高级）职业技能标准 [S]. 北京：中车行高新技术有限公司.

[3] 丁卓. 汽车售后服务管理 [M]. 北京：机械工业出版社，2005.

[4] 张国方，等. 汽车服务工程 [M]. 北京：电子工业出版社，2004.

[5] 栾琪文. 现代汽车维修企业管理实务 [M]. 北京：机械工业出版社，2005.

[6] 倪勇，等. 汽车4S企业管理制度与前台接待 [M]. 北京：机械工业出版社，2009.

[7] 卢燕，等. 汽车服务企业管理 [M]. 北京：机械工业出版社，2005.

[8] 潘义行，等. 汽车维修销售管理实务 [M]. 上海：复旦大学出版社，2007.

[9] 杨建良. 汽车维修企业管理 [M]. 北京：人民交通出版社，2005.

[10] 王一斐. 汽车维修企业管理 [M]. 北京：机械工业出版社，2008.

[11] 董小平. 汽车维修企业管理 [M]. 北京：机械工业出版社，2005.

[12] 沈树庆，等. 汽车维修企业管理 [M]. 北京：人民交通出版社，2004.

[13] 鲍贤俊. 汽车维修业务管理 [M]. 北京：人民交通出版社，2005.

[14] 薛华成. 管理信息系统 [M]. 北京：清华大学出版社，2007.

[15] 胡建军. 汽车维修企业创新管理 [M]. 北京：机械工业出版社，2005.

[16] 范瑞亭，等. 汽车维修行业管理指南 [M]. 北京：人民交通出版社，2000.

[17] 米奇·施耐德. 汽车维修行业管理指南 [M]. 袁和，等译. 北京：机械工业出版社，2006.

[18] 高玉民. 汽车特约销售服务站营销策略 [M]. 北京：机械工业出版社，2005.

[19] 刘可湘. 汽车服务企业经营与管理 [M]. 北京：人民交通出版社，2004.

[20] 黄国相. 现代汽车维修企业管理实务手册 [M]. 广州：广东科技出版社，2001.

[21] 李保良，等. 汽车维修企业管理人员培训教材 [M]. 北京：人民交通出版社，2004.